JN247366

大学入学 共通テスト

# 地理B 予想問題集

河合塾地理科講師
高松 和也

KADOKAWA

# はじめに

## 大学入学共通テスト受験予定者のみなさんへ

令和という新しい時代の始まりにあわせて，大学入試も共通一次試験が大学入試センター試験（以下，「センター試験」）に変更されたときと同様，約30年ぶりに改変されます。しかし，大学入試センターから公表されている大学入学共通テスト（以下，「共通テスト」）にかんする問題のねらいや問いたい資質・能力などの説明には観念的で抽象的な文言が並んでおり，具体的なイメージが沸きにくいのではないかと思います。

本書は，出題傾向の徹底分析から導き出された効果的な対策をくわしく解説し，受験生にわかりやすく提示しています。共通テストの「地理B」対策として**必要なことは過不足なく盛り込み実用的な内容とした**ので，本書で示したとおりに対策を行なえばなんの心配もありません。とくに，地理の勉強に多くの時間をかけられない受験生にはピッタリです。

## 地理学習の考え方を変えよう

長年受験生と接してきた体験から言えることなのですが，地理の学習に成功するためには2つのカギがあります。

1つは，みなさんがイメージしている地理という科目について劇的な変化を受け入れられるかどうか，すなわち，**パラダイム・シフト**ができるかどうかです。これは，これまでどおりの方法で地理を勉強するのではなく，**「共通テスト地理B」という“まったく新しい科目”の勉強を，本書をきっかけにイチから始めることができるかどうか**，という意味です。試験対策を行なって「共通テスト地理B」という科目が完成すると同時にいつの間にか従来の地理という科目も理解できるようになるというすばらしいエンディングを，この本で迎えてください。

もう1つは，“**スタートできるかどうか**”です。勉強を始めるのには，どの科目でも相当なエネルギーがいるのはたしかです。小学生のときに，夏休みの自由研究というのがありましたね。始めるまではとてもおっくうでなかなかやらないのですが，やり始めるとドンドン進んで，さらには意外とおもしろくなるという体験を味わった人は多いと思います。**今から始めてください**。この本では，これと同じ体験ができます。

## この本のアピールポイント

試行調査問題2回分につき，すべての設問で“**必要な知識は何か**”と“**出題のねらいや学習のポイントはどこにあるか**”を簡潔に示したうえで，共通テストの出題に特有な**思考プロセス**に沿って詳細な解説をつけました。実際のところ，「地理B」の学習があまり進んでいない受験生が多いと思います。そのため，なるべく基礎知識からの解説を行なっていますので，地理が苦手な方や初心者なども安心して学習対策が進められます。一般的な問題集以上に，コンテンツ，ボリュームともに紙幅の許すかぎり充実を図っていることがわかってもらえるはずです。また，設問の解説は，たんなる答え合わせにとどまらず，共通テスト以外の入試にも出そうな**似たタイプの設問を解くのにも応用が利く**内容とすることによって，広範囲にさまざまなことが学べる構成としています。

さらには，2回分収録した「予想問題」の解説も，試行調査問題の解説と同じ考え方で書かれているので，計4回分の問題演習だけで**出題の核心となる範囲の実戦的な対策**ができてしまいます。

## 謝　辞

この企画を提案していただき，実際に形にしてくださいました㈱KADOKAWAの山川徹氏をはじめ，編集に携わっていただきました皆さまに，心よりお礼を申し上げたいと思います。

高松　和也

＊この本がもとづいている統計・データは，2019年12月時点での情報が最新です。

# 大学入学共通テスト　地理B予想問題集

## もくじ

はじめに ……………………… 2
この本の特長と使い方 … 5

**分析編**

共通テストはセンター試験とココがちがう ……………… 6
試行調査問題・第1回の大問別講評 ……………… 8
試行調査問題・第2回の大問別講評 ……………… 10
共通テストで求められる学力 ……………… 13
共通テスト対策の具体的な学習法 ……………… 14

**解答・解説編**

試行調査問題・第1回
解答 ……………… 18　解説 ……………… 19
試行調査問題・第2回
解答 ……………… 40　解説 ……………… 41
予想問題・第1回
解答 ……………… 62　解説 ……………… 63
予想問題・第2回
解答 ……………… 84　解説 ……………… 85

自己採点チェックリスト ……………… 104

**別　冊**

試行調査問題・第1回……………… 2
試行調査問題・第2回……………… 42
予想問題・第1回……………… 80
予想問題・第2回……………… 118

# この本の特長と使い方

**【この本の構成】** 以下が，この本の構成です。

**別　冊**

- 「問題編」：2017年度と2018年度に実施された試行調査問題２回分と，試験本番で出題される可能性が高い形式による予想問題２回分の計４セット分からなります。

**本　冊**

- 「分析編」：試行調査問題２回分の傾向を分析するだけでなく，**具体的な勉強法**などにも言及しています。
- 「解答・解説編」：大問単位の難易度が 易 ／ やや易 ／ 標準 ／ やや難 ／ 難 の５段階によって示され，共通テストの目玉方針である「思考力・判断力・表現力」の養成に役立つ実戦的な説明がなされています。

**【「解答・解説編」の構成】**

＊以下は小問単位の構成要素です。

- タイトル：例 【人口増加と食料問題】
- 難易度表示：大問単位の難易度と同様，５段階によって示されています。
- 思：「思考力・判断力・表現力」を必要とする小問に付されています。
- 必要な知識：その小問を解くうえで前提となる**基本知識**を端的に整理しています。最重要用語は**太字**で，重要用語も**太字**で表されています。
- 解説の地の文：大手予備校の河合塾で人気・実力派講師として絶大な支持を得る高松先生が，試験本番で働かせるべき**思考回路に忠実な解き方**を教えてくれます。
- +αの知識：その小問の**関連知識**を**箇条書きスタイル**や**図表スタイル**でまとめています。**高得点ねらいの人は必読**です。
- 研　究：**頻出する図・表・グラフ**を掲載しています。

**【この本の使い方】** 共通テストは，単純な知識を覚えても得点できない試験です。この本の解説を，設問の正解・不正解にかかわらず**完全に理解できるまで何度も読み返す**ことにより，センター試験時代以上に重視されている「思考力・判断力・表現力」を身につけていってください。

# 分析編

## 共通テストはセンター試験とココがちがう

**【出題形式】** **大問構成：**現行課程移行後の2016～2019年度センター試験本試験（以下，「センター試験」）では，例年おおむね，「❶　世界の自然環境と自然災害」，「❷　資源と産業」，「❸　都市・村落と生活文化」，「❹　地域地誌」，「❺　比較地誌」，「❻　地域調査」の6題構成であったのにたいし，共通テストの試行調査問題では，「第1回」「第2回」ともに「比較地誌」の出題がなくなり5題構成となった。とはいえ，出題分野に大きな変化はなく，共通テストでもこれら5つのテーマを中心に各分野や地域からまんべんなく出題されることになるだろう。

**解答形式：**2回の試行調査試験で8つの選択肢，または9つの選択肢からなる設問が計7問，また，「すべて選べ」という過不足なく選ぶ（解答が1つとは限らない）という目新しい形式で1問出題されたが，大半の設問はセンター試験と同様に4つの選択肢，または6つの選択肢からなる択一式であることに変わりない。

**【出題分量】** **大問数と解答数：**センター試験は大問数6，解答数35であったのにたいし，試行調査「第1回」は大問数5，解答数30，「第2回」は大問数5，解答数32となり，設問数は減少している。一方，1つの設問中で資料や地図，会話文などがセンター試験以上に多用されているため，1回あたりの総ページ数は平均して5・6ページ程度増加し，**1問あたりの比重が高まった**。ただし，**試験時間は60分**なので，時間内にじゅうぶん解答できる分量である。

**【難 易 度】** 各種の資料（図・表・地図・グラフ・写真）や文章など複数の情報が提示され，これらの中から必要な情報を読み取り，それらを組み合わせて思考・判断する設問や，具体的な学習場面（先生と生徒の会話，グループ学習，仮説の検証など）を想定する設問が増加した。このような設問には**有用な情報と無用な情報がそれぞれ含まれ**，解答にあたってはそれらを**整理する**ことと**取捨選択する**ことが必要であるため，難易度がやや高くなったとみることもできる。しかしながら，設問数が減少して1問あたりの解答時間が増えたことにより，慎重に設問に取り組めば，求められている知識レベルや，必要とされる思考力・判断力は，実質的にはセンター試験と変わらないことがわかる。資料や文章に大きなヒントが示されている設問も少なくない。また，統計問題では，センター試験時代にも出題された**定番の指標**が数多く使用されている。「地理B」という科目にかんしては，共通テストの作問趣旨はセンター試験と大きくは異ならず，見かけ上の一部の形式変化に慣れさえすれば対応可能と結論づけられる。

### ●「センター試験」と「共通テスト」の大問別出題内容の比較

<table>
<tr><th colspan="2">センター試験　地理B<br>（本試験）</th><th colspan="3">共通テスト試行調査　地理B<br>（上段：第1回／下段：第2回）</th></tr>
<tr><td rowspan="2">第1問</td><td rowspan="2">自然環境（地形環境，気候環境，植生，土壌，自然災害，環境問題など）</td><td rowspan="2">第1問</td><td rowspan="2">自然環境</td><td>気候環境，自然災害，植生</td></tr>
<tr><td>地形環境，気候環境，自然災害</td></tr>
<tr><td rowspan="2">第2問</td><td rowspan="2">資源と産業（農林水産業，鉱工業，商業・サービス業など）</td><td rowspan="2">第2問</td><td rowspan="2">資源と産業</td><td>農牧業，食料問題</td></tr>
<tr><td>鉱工業，資源・エネルギー</td></tr>
<tr><td rowspan="2">第3問</td><td rowspan="2">都市・村落／生活文化（衣食住，民族・宗教，人口，消費・余暇など）</td><td rowspan="2">第3問</td><td rowspan="2">都市・村落／人口／生活文化</td><td>人口，都市</td></tr>
<tr><td>生活文化（衣食住，民族・宗教）</td></tr>
<tr><td>第4問</td><td>世界地誌（単独地域）</td><td rowspan="2">第4問</td><td rowspan="2">世界地誌<br>（単独地域）</td><td>ヨーロッパ</td></tr>
<tr><td>第5問</td><td>比較地誌（2か国または3か国比較）</td><td>オセアニア</td></tr>
<tr><td rowspan="2">第6問</td><td rowspan="2">地域調査（地形図読図，資料の読み取りなど）</td><td rowspan="2">第5問</td><td rowspan="2">地域調査</td><td>地域調査（静岡県中部）</td></tr>
<tr><td>地域調査（大分市，別府市）</td></tr>
</table>

## 試行調査問題・第1回の大問別講評

＊併せて，別冊に掲載されている問題も参照してください。

**第1問** 標準 Aでは熱帯の気候，Bでは日本の自然災害が取り上げられ，センター試験と同様に，自然環境分野にかんする出題となっている。

Aでは，熱帯だけではなく，実質的には乾燥帯や温帯についても幅広く問われている。問題には図と会話文が付与されているが，図1からは「1月と7月の熱帯収束帯の位置」と，先生と生徒の会話文からは「熱帯収束帯は低圧帯であり，ここでは積乱雲が発生する」の2つの情報を読み取り，これらを活用して設問に取り組むことが前提となっている。また，気候環境分野全般の深い理解が不可欠な出題内容であるともいえる。**問1～4**はいずれも正答率が低く，たとえば，**問1**は，南北両半球での貿易風の風向を問うという，形式的には単純な設問だが，「大気の大循環と気圧帯・恒常風の関係」「高気圧と低気圧」「転向力」などの知識をしくみから理解しておかなければ確実に正答を導くことができない。なお，**問1・3・4**は，過去にセンター試験で類題が出題されている。

Bでは，火山による被害と恩恵，地理院地図を利用した災害範囲の読み取りが出題されている。**問5**では共通テストの新形式である下線部正誤の8択形式にもとづく3箇所すべての正誤判断が，**問6**では等高線などの読み取りがそれぞれ必要だが，注意深く検討すれば難はなく，両設問とも正答率は比較的高めとなった。

**第2問** やや易 世界の食料問題をテーマとした産業分野にかんする出題である。地理の授業が行なわれているという設定であり，各班でカードに調べる課題を書き出したり，統計数値から国を類型化して表にまとめたり，ポスターを作成したりしてクラスで探究するという状況で構成されているが，実質的な内容はセンター試験と変わらない。**問1**は複数の資料から関連性を考察して結論を導く思考力や判断力を，**問4**は農業の特色を「自給的」という適切な地理用語で表現できるかどうかを判定している。また，**問5**は，統計数値から国をグループ分けしたものを考察して選択肢が判定できるかを試している。これらはいずれも共通テスト特有の出題といえる。一方で，**問2・3・6**は，問われている内容自体は従来のセンター試験と変わらない。また，産業分野の出題では統計資料を利用した設問が多いが，「穀物自給率」「穀物・豆類の生産上位5か国とその割合」「1人1日あたり食料供給熱量」など，使われている統計指標は過去のセンター試験にも見られる定番のものが中心となっている。

**第3問** 標準　世界と日本の人口と都市をテーマとした社会分野にかんする出題である。センター試験で見られた生活文化にかんする設問はなくなり，「人口」から3問，「都市」から3問の構成となっている。問4の文章中3箇所の下線部正誤8択形式以外はセンター試験を踏襲した内容と形式である。問5・6については，センター試験で類題が出題されている。第2問と同様に，社会分野でも統計資料を利用した設問が多く出題されるが，「性別年齢別人口構成（人口ピラミッド）」「合計特殊出生率」「昼夜間人口比率」など，使われている統計指標はやはりセンター試験でもよく出題されていた定番のものばかりといえる。また，問4では，リオデジャネイロ，シャンハイ，ドバイといった具体的な都市についての知識が問われているが，逆に，問5・6では，大都市圏内における地域別の機能や性格などを模式図や抽象的な文章，統計数値によって読み取らせ，個別事例の知識ではなく一般化して理解できているかについて問われている。ただし，このような出題はすでにセンター試験で見られるものであり，目新しくはない。

**第4問** 標準　ヨーロッパにかんする世界地誌分野の出題であり，気候環境，農牧業，言語・宗教，国際関係，経済，人口移動についての設問構成となっている。大問5問構成となったため，世界地誌分野の大問として「比較地誌」の出題がなくなり，「地域地誌」1題のみとなった。高校生の課題研究という学習場面が設定され，問4では「先生のメモ」という図も出てくるが，問題を解くうえではあまり参考にはならない。この大問もセンター試験との大きなちがいはないが，問6については「仮説」と「その立証に必要なデータ」の組合せが問われ，新たな切り口での出題として注視するに値する。この設問では，3つの仮説と3つのデータが示されているが，正しく対応するのは1組のみであるため，客観的な視点に立って注意深く判断する必要がある。

**第5問** やや難　センター試験の第6問と同じタイプである地域調査の出題であり，静岡県中部を題材として，地理院地図の読図，日本の気候，資料の読み取り，地形・自然災害と防災などについて問われている。地理院地図が使用されたこと，問4では「すべて選べ」という複数正答の可能性がある選択形式の設問が見られたことが目新しいトピックといえる。第1問の問5・6に加えて，この大問でも後半の3問はすべて「自然環境と防災」をテーマとしており，2022年度からの新学習指導要領で重視される内容を先取りしていて，今後の出題の方向性を示すものとも考えられる。また，問1にある複数の地理院地図と設問文からは，空間認識だけでなく時間認識までも問われており，**問5**は下線部正誤の8択で形式的にも複雑であるうえ，地理院地図，地形分類図，写真，先生と生徒の会話文など複数の資料から正答を導く必要がある。このような設問の正答率は低い。まずは設問全体に目を通したうえで，少し時間をかけて必要な情報を収集・整理してから解くとよい。

## 試行調査問題・第2回の大問別講評

＊併せて，別冊に掲載されている問題も参照してください。

**第1問** 標準　センター試験，試行調査問題「第1回」と同じく自然環境分野からの出題であり，地形・気候・自然災害をテーマとして自然環境と人間生活とのかかわりを考察する力が問われている。**問1**ではGISで作成した地図が使用されている。**問3**の「気候」の設問では，センター試験であれば降水量の数値から場所を判定させる形式が一般的だったが，本問は場所を判定するさいの理由や根拠を正誤判定で問うており，各地の気候の特徴だけでなくその要因にかんする理解も重視されていることがわかる。**問4**は，主観的な表現を客観的なデータにもとづいて示す方法を選ぶ「仮説の検証方法」を問うもので，センター試験では少ないタイプの設問だったが，共通テストの特徴的な出題として定着する可能性もある。**問6**は，同じ統計指標を使った設問がセンター試験でも出題されている。センター試験では地域の判定，この設問では指標の判定を行なうが，必要とする知識は同じなので，対策としてセンター試験の過去問演習が効果的だと気づく1問である。

**第2問** 標準　資源・エネルギーと工業をテーマとしながら，環境問題の内容も加えた産業分野の出題である。冒頭に資源・エネルギーの開発と工業の発展にかんする模式図が掲載され各設問の関連性が示されているが，問題を解くうえでは参考にはならない。全般的には，センター試験を踏襲しながらも共通テスト独自の要素も織り込まれている。**問1**では，統計表に示された「埋蔵量」と「可採年数」の数値のみで選択肢を判定するのは困難で，この2つの指標から「年間生産量」という新たな指標の数値を導き出して考える必要があり，統計数値の処理や応用という高度な技能が試されている。**問3**では，世界の具体的な工業都市などを題材とせずに，仮想地域での工業立地の変化が問われている。ウェーバーの工業立地論の知識を前提とし，仮想地域において仮想の条件変化（原料の使用量，採掘法など）が提示されるという設定で製鉄所の立地が３つの時期でどのように変化するのかを考えさせるものであり，仮想地域の地図や条件が示された文章から適切な情報を読み取って整理して設問に取り組むことが重要である。問6は，図から個別の国を判定するよりも，「先進国」と「経済成長の著しい発展途上国」に類型化してその特徴を考察させるという，共通テストの特徴的な出題となっている。これら以外の設問はオーソドックスな内容であり，問2は，図中に写真が6枚も使われているにもかかわらず，結果的に統計知識の誤りを指摘するだけのものとなっている。

**第3問** やや易　世界と日本の生活文化をテーマとした社会分野にかんする出題であり，試行調査問題「第１回」に見られたような「都市・村落」や「人口」をテーマとしたものは出題されず，民族・宗教，衣食住と自然・社会環境の設問で構成された生活文化のみの大問となっている。文化祭での展示資料の作成という設定がとられているが，センター試験の**第3問**で出題されていたタイプである。問1・2・5は知識重視の設問のように見えるが，図・表の中に解答を導くための有意な情報が含まれており，これらに気づけば設問はかなり解きやすくなる。このことは，共通テストの設問に取り組むうえで重視すべき姿勢である。問6は**第1問**の問4と同じく「仮説の検証方法」を問うもので，やはり客観的な視点で選択肢を注意深く吟味する必要がある。

**第4問** やや易　オセアニアにかんする世界地誌分野の出題であり，地形環境，気候環境，農牧業，生活文化，国際関係，経済，人口移動などについて幅広く問われている。試行調査問題「第１回」と同じく世界地誌分野の大問としては「比較地誌」は出題されず，本題も「地域地誌」１題のみとなっているが，問5・6は比較地誌を意識した作問となっている。設問形式については，問1は9択，問6は8択，また，問2・6は「二つ選べ」という複数選択での出題も見られた。問2は地形をテーマとしているが，あえて地理用語は問わず，図の読み取りや成因のほうに力点をおいた出題となっている。問4も地図と資料の読み取りを重視した出題であり，問5は空欄補充形式ながら地理用語や地名ではなく文を選択肢とした出題となっていて，知識偏重の設問が多くなりがちな世界地誌分野においても思考力や判断力を測るという作問意図がうかがえる。また，問6は「2国間の人口移動」という１つの地理的事象を「送出国側」と「受入国側」という２つの視点から考察させるもので，多面的なものの見方が求められている。このように，設問形式がやや複雑化し，作問にもさまざまな工夫が見られるが，問われている内容自体は平易な設問が多いといえる。

**第5問** やや易 センター試験の第6問，試行調査問題「第1回」の第5問と同じタイプの地域調査の出題であり，大分市と別府(べっぷ)市を中心とする地域を題材として，地理院地図の読図，新旧地形図の比較読図，資料の読み取り，日本の観光業などについて問うている。試行調査問題「第1回」では地理院地図が5枚使用されたが，本題では地理院地図が2枚，旧版地形図が1枚となった。問3は資料を注意深く読み取らなければならないため，やや時間を要する設問といえる。問4は，第1問の問4，第3問の問6と同様に「仮説の検証方法」を問うものだが，本問では実際にデータの入った階級区分図，折れ線グラフ，メッシュマップから3つの仮説の根拠となるものを選ぶ形式がとられ，より実践的な思考力や分析力が試されている。また，問5には第二次世界大戦後の日本経済にかんする知識が必要であり，公民の「現代社会」や「政治・経済」の要素も若干含まれていて，科目横断型の学力を試すことを意識した出題とも考えられる。

# 共通テストで求められる学力

**【出題のねらい】** 大学入試センターからは詳細な分析が示されているが，受験生としては以下の内容だけを心得ておけばじゅうぶんである。

共通テストの出題のねらいは，「知識・技能」だけでなく，「思考力・判断力・表現力」を試すことにある。**「知識」とは地理的事項・事象についての理解**，**「技能」とは地図や地理情報を読み取る技術**であり，これらの内容は教科書に掲載されている。**「思考力・判断力・表現力」とは，知識と技能を活用して**設問を解くさいの情報を統合・分析・分類・比較しながら**論理的に考えて結論を導く力だととらえればよい**。共通テストでは，知識・技能を重視しながらも思考力・判断力・表現力を試すというねらいを強く意識した出題がセンター試験以上に増えると考えられる。

**【問題の解き方】** 次の5つのポイントに留意して取り組もう。

- **❶ 場面設定などは無視する**：親戚が焼津市に住んでいる，文化祭で凡庸な展示資料を作るなどの設定は，問題を解くうえではなんの関係もない。作問者の意図に反することにはなるが，これらのノイズはまず排除しよう。

- **❷ 新しい出題形式にとらわれすぎない**：試行調査問題では，設問中にカード，ポスター，先生のメモ，妙なイラスト入りのプレゼンテーション用資料，模式図，チャート図，綴じ穴つきレポート用紙などが登場した。これらの形式に気をとられてしまうと，必要な情報を見落としてしまう。

- **❸ 時間配分の緩急をつける**：解答数が減って1問の比重が大きくなったことによって，時間配分のメリハリが必要になった。設問は，シンプルなものと，**複数の資料や文章などが使用されたもの**（とくに複数ページにまたがるもの）の大きく2種類に区分できるが，**時間をかけるべき設問は後者のタイプ**である。このタイプでは初見の資料が頻繁に使用されるので，時間をかけて取り組む必要がある。

- **❹ 必要な情報を整理・抽出し，組み合せて考える**：❸で触れた“時間をかけるべき設問”では，設問文をよく読んで出題の意図をとらえることと，それぞれの資料（地図，主題図など）が表現している内容を正確に把握することが重要である。そのうえで，情報を統合・分析・分類・比較しながら正解を考えよう。また，**会話文では空欄前後の記述に，資料では脚注にヒントがあることも多い**。

- **⑤ 資料などの読解力は問題演習の経験値を積む**：たとえば，**統計・データ**では，とくに**大きな数値や小さな数値**，**数値の急増・急減などの大きな変化に着目**したり，**複数の地図や主題図**では，**それらを重ね合わせたりする**ことによって，**相違点**や**類似点**が見えてくる。問題演習量がモノをいう。

## 共通テスト対策の具体的な学習法

**【スケジュール】** 対策にかける期間は，長すぎても短すぎても非効率である。2年間もかければダラダラと間延びするし，2か月間では時間切れになる。**スタートの時期は**，**受験生としての自覚が芽生える新学期開始月**，**すなわち**，**4月が理想**である。**残り9か月しかないというほどよい緊張感がやる気を加速させる**。

- **4月~夏期（5か月間）**：**「系統地理分野」の知識・技能の習得**
  自然環境，産業，社会などの分野。ここは，**地理的な考え方の基礎となる**だけでなく，大問5題のうち4題分にあたる中心的な出題分野である。

- **9・10月（2か月間）**：**「世界地誌分野」の知識・技能の習得**
  世界の地域・国別の分野。先に学習した系統地理分野の内容は，この分野が含む**世界の諸地域の具体的事例などを通じてより深く理解できる**。この期間に，世界地誌分野の新たな知識の習得と，系統地理分野の知識の補充を行なう。

- **直前期（2か月間）**：**全範囲の「問題演習」で実戦的な得点力を養成**
  **知識・技能を習得するだけの対策で失敗する受験生が多い**。本番で高得点を取った受験生は，「**入試直前に問題演習を行なうことによって実戦力が一気につき**，**得点がとれるようになった**」と声をそろえる。

**【５つのポイント】** **学習指導要領にもとづいて実施される2021～24年の共通テストにおける出題範囲は，センター試験と同じ**である。この期間の出題は問い方のアングルが少し変わるだけであり，センター試験の出題の延長線上にあると考えてよい。

- **❶ 知識・技能の習得は大前提**：共通テストのねらいとして思考力や判断力が強調されがちだが，これらは**確然とした知識と技能**があってはじめて使えるものである。「**知識がなくても，考えれば解ける**」**というのは間違い**である。

- **❷ 短期記憶から長期記憶へ**：定期テスト対策として丸暗記した知識は，1日で忘れてしまう。一方，「**なぜそうなるのか**」「**その根拠は何か**」**など，理由・背景・根拠を考えながら納得して覚えた知識は，忘れにくいばかりか，思考力を育てるのにも役立つ**。

- **❸ 出題内容の確認も必須**：試行調査問題とセンター試験の過去問で，分野ごとにどのように出題されているのかを確認してみよう。何がどのように問われるのかを知ることによって，**何をどのように覚えれば得点できるか**が“実感”としてわかる。

- **❹ 地図に強くなる**：国や都市，自然地形は，名称ではなく，おもに**地図上での“位置”**が問われる。**地図帳**を開く頻度を増やし，くり返し目を通すことによって，重要な国や都市，山脈や河川など自然地形の位置がおのずと頭に入ってくる。

- **❺ 統計・データの見方をつかむ**：基礎的な統計知識だけでなく，選択肢となる**国の人口規模や経済水準の把握**が不可欠である（国を判定する設問で大きなヒントとなる）。また，**同じ指標がくり返し出題される**ので，試行調査問題だけでなく，センター試験の過去問も有効な情報源となる。

# 2017年度

# 試行調査問題
# 第1回
# 解答・解説

# 試行調査問題・第1回　解　答

〔マーク式〕

| 問題番号 | 設問 | | 解答番号 | 正解〈正答率〉 | 備考 |
|---|---|---|---|---|---|
| 第1問 | A | 1 | 1 | 4〈38.7〉 | |
| | | 2 | 2 | 2〈35.9〉 | |
| | | 3 | 3 | 3〈28.3〉 | |
| | | 4 | 4 | 4〈28.7〉 | |
| | B | 5 | 5 | 3〈65.3〉 | |
| | | 6 | 6 | 4〈86.7〉 | |
| 第2問 | 1 | | 7 | 2　— | |
| | 2 | | 8 | 3〈79.0〉 | |
| | 3 | | 9 | 1〈33.4〉 | |
| | 4 | | 10 | 2〈64.3〉 | |
| | 5 | | 11 | 2〈71.7〉 | |
| | 6 | | 12 | 4〈81.3〉 | |
| 第3問 | 1 | | 13 | 2〈87.4〉 | |
| | 2 | | 14 | 4〈44.5〉 | |
| | 3 | | 15 | 4〈51.9〉 | |
| | 4 | | 16 | 1〈34.4〉 | |
| | 5 | | 17 | 4〈49.4〉 | |
| | 6 | | 18 | 3〈30.0〉 | |
| 第4問 | 1 | | 19 | 2〈65.9〉 | |
| | 2 | | 20 | 2〈47.3〉 | |
| | 3 | | 21 | 3〈29.8〉 | |
| | 4 | | 22 | 3〈47.9〉 | |
| | 5 | | 23 | 5〈70.8〉 | |
| | 6 | | 24 | 9〈55.2〉 | |
| 第5問 | 1 | | 25 | 1〈17.2〉 | |
| | 2 | | 26 | 5〈40.4〉 | |
| | 3 | | 27 | 4〈57.4〉 | |
| | 4 | | 28 | 3〈21.6〉 | * |
| | 5 | | 29 | 1〈35.5〉 | |
| | 6 | | 30 | 4〈86.4〉 | |

(注)
*は，過不足なくマークしている場合のみ正解とする。

*「試行調査問題・第１回」は，大学入試センターによる配点の公表が行なわれていないため，配点を掲載していません。

# 第1問　熱帯の気候と日本の自然災害　標準

## A　熱帯の気候

問1　【貿易風の風向】　1　**正解**：④　やや難　思

〉必要な知識〈　大気の大循環と気圧帯・恒常風／高気圧と低気圧／転向力

たんなる風向の暗記知識ではなく，**大気の大循環のしくみから考えることで類題にも応用が利く！**　研究❶ 参照（➡ p.21）。

赤道付近は太陽エネルギーを多く受けて空気が温められるため，上昇気流が生じ，**熱帯収束帯**（**赤道低圧帯**）が形成される。一方，南北回帰線付近はこれが下降気流となり**亜熱帯高圧帯**（**中緯度高圧帯**）が形成される。地表面付近において亜熱帯高圧帯から熱帯収束帯へ向かって吹く恒常風が**貿易風**であり，理論上は北半球では北風，南半球では南風となるが，実際には**北半球では進行方向直角右向き，南半球では左向きに転向力**（**地球自転による力**）**がかかる**ため，それぞれ**北東風**，**南東風**となる。

問2　【熱帯収束帯とその周辺地域の気候】　2　**正解**：②　 

〉必要な知識〈　気圧帯とその季節移動

**大気の大循環**（**気圧帯**の形成場所・**恒常風**の吹く場所）**は，季節によって移動する**ことを理解しておく。研究❶ 参照（➡ p.21）。

太陽の回帰により太陽光が直射する場所は変化するため，**熱帯収束帯**などの気圧帯の形成場所は季節によって移動する。熱帯収束帯の影響下では**上昇気流**が生じ**降水量が多く**，**亜熱帯高圧帯**の影響下では**下降気流**が卓越し**降水量が少ない**。

①　正文。熱帯収束帯は1月前後には南へ移動するが，その度合いによっては，北緯15°前後に位置するサヘル地域では干ばつになることがある。

③　正文。年中高温多雨の**熱帯雨林**（**Af**）**気候**のそれぞれ南北高緯度側には，**雨季と乾季のあるサバナ**（**Aw**）**気候**が分布する。気圧帯の移動により熱帯収束帯に覆われる季節は**雨季**，亜熱帯高圧帯に覆われる季節は**乾季**となる。

④　正文。**熱帯低気圧**は熱帯収束帯の影響下で発生し，温帯地域に襲来することもある。

②　誤文。**エルニーニョ現象**を示しているが，これは**貿易風が弱まることで生じ**，熱帯収束帯とは直接関係しない。

＋αの知識　●**エルニーニョ現象**：太平洋東部の赤道周辺（ペルーやエクアドル沖）の海域において，数年に一度，**海面水温が数か月以上にわたって平年よりも高くなること**。

問3 【世界の河川の流量とその季節変化】 3 **正解**：③ やや難 思

必要な知識 世界の気候区分布／季節風（**モンスーン**）と降水の関係

**熱帯収束帯**の形成範囲の**図からの読み取りがポイント**。資料をよく見ることが共通テスト解法の鉄則!!

図1より，7月前後に**熱帯収束帯の北上の影響を受けて多雨となり流量が増加する**のは，**ナイル川**または**メコン川**と読み取れるため，これらは最大流量が9月，7月となっている①・③のいずれかである。なお，メコン川は季節風の影響を強く受けることも，太陽高度が高い高日季（夏季）に多雨となる要因である。一方，年流出高の指標は，設問の脚注に「河川総流出量を流域面積で除し」とあるため，**流域面積の大小を考慮する必要がなく**，単純に流域が**湿潤地域**なのか，**乾燥地域**なのかを考えればよい。ナイル川流域は乾燥地域の占める割合が大きいため年流出高は小さくなり③，メコン川流域はモンスーンアジアの多雨地域であるため年流出高は大きくなり①と判断できる。残る選択肢については，ライン川は**西岸海洋性（Cfb）気候**が卓越する湿潤地域を流れるため年流出高の大きい②，オレンジ川は流域に乾燥地域が多いため年流出高の小さい④と判断できる。

+αの知識 ●**季節風**と降水の関係：一般にモンスーンアジアでは，**高日季（夏季）**は**海洋からの湿潤風**が卓越し**雨季**に，**低日季（冬季）**は**大陸からの乾燥風**が卓越し**乾季**になる地域が多い。

問4 【世界の植生分布】 4 **正解**：④ やや難 思

必要な知識 気候区と植生の関係

オーソドックスな従来型のセンター試験形式の設問のように見えるが，これも**共通テスト特有の出題**であり，やはり**熱帯収束帯**の形成範囲の**図からの読み取りがポイント**となる。

**ア**は**砂漠**である。図1より，Y地点は**1月も7月も熱帯収束帯の影響が及ばない**ことが読み取れ，降水量が非常に少なく砂漠が分布すると考える。

**イ**は**熱帯雨林**である。図1より，Z地点は**1月および7月の熱帯収束帯の形成範囲のおおむね低緯度側に位置する**ため，気圧帯の季節移動により年中熱帯収束帯の影響を受けて年中多雨となり熱帯雨林（Af）気候がみられる。また，会話文に「赤道付近が熱帯雨林気候（Af）になる」とあることもヒントになる。

**ウ**は**熱帯草原**（**疎林**（そりん）と**長草草原**），いわゆる**サバナ**である。図1より，X地点は7月は**熱帯収束帯の影響が及び多雨**となるが，1月は**その影響が及ばず少雨**となり，**雨季と乾季が明瞭なサバナ（Aw）気候**となる。

**研 究 ❶**　大気の大循環と気圧帯・恒常風／その季節移動

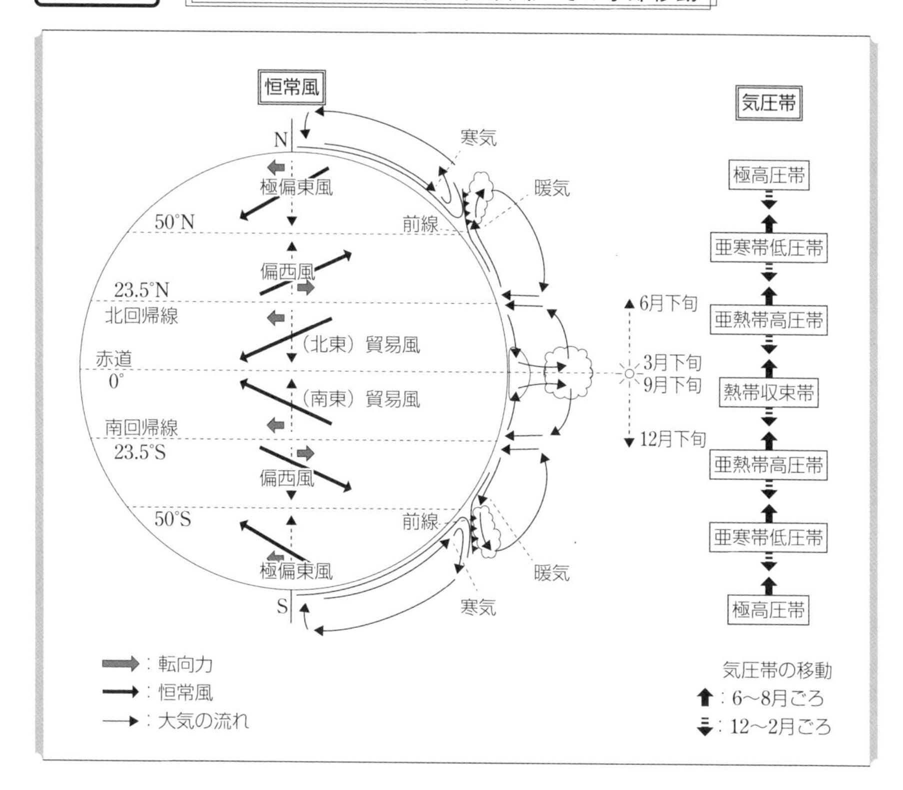


**B** 日本の自然災害

問5 【火山による被害と恩恵】 5 **正 解**：③ やや易

必要な知識 **火砕流／火山噴火と気象の関係／地熱発電**

3箇所すべての正誤判定が必要な**共通テストの新形式**。

c 正しい。**火砕流**(かさいりゅう)は，**高温のガスと固体粒子の火山砕屑物**(さいせつぶつ)**が高速で斜面を流下**する現象をいう。

d 誤り。噴火による火山灰などが大気中に長期間とどまると，**地表に届く日射が弱まり，気温低下**をまねく。

e 正しい。**地熱発電**は，地熱によって生じる水蒸気などを利用した発電方式で，火山付近は地表面近くに熱源がありこれを利用しやすい。

問6 【ハザードマップ［防災地図］の読み取り】 6 **正解**：④

必要な知識 自然災害（河川氾濫・土砂災害・**津波**）と被害地域

地理院地図から傾斜地や標高などの情報を読み取り，災害範囲を類推させることがねらい。

河川氾濫（はんらん）による浸水は，**河川沿いの低地**に被害をもたらすため，キに該当する。急傾斜地の崩壊は，**山麓（さんろく）や崖下（がいか）**などに被害をもたらすため，クに該当する。**津波**は10 m を超えるものも発生し，また湾奥（わんおう）では高さが増幅され**陸上に深く浸入することもある**ため，カに該当する。

## 第2問　世界の食料問題

問1【人口増加と食料問題】 7 **正解**：② やや難 思

必要な知識　世界における**栄養不足人口率・穀物自給率・人口増加率**の高低分布の傾向

2つの図表から得られる情報を組み合わせて，栄養不足人口率と穀物自給率，人口増加率の関連性を導かせることがねらい。

② 正文。アは，**先進地域のヨーロッパや大規模な農牧業が行なわれている新大陸地域**などで**高位**，**アフリカ諸国**などで**中位**，**低位**となっている国が多いため，**穀物自給率**と判断できる。

イは，**アフリカ諸国や中東諸国**などで**高位**となっている国が多いため，**人口増加率**と判断できる。また，表1より，発展途上国の中でも**とくにアフリカ諸国での栄養不足人口率が高い**ことが読み取れるため，**栄養不足人口率が高いところは**，**穀物自給率が低く**，**人口増加率が高い傾向**がみられると結論づけることができる。

問2【主要穀物・豆類の生産上位国】 8 **正解**：③ やや易

必要な知識　主要穀物・豆類の生産上位国

農作物生産にかんする基礎的な統計知識が問われている。

P **中国**。**米・小麦の生産量**は世界**第1位**，**トウモロコシの生産量**は世界**第2位**で，穀物生産量は世界最大である。

Q **アメリカ合衆国**。**トウモロコシ**，**大豆の生産量**は世界**第1位**，小麦の生産量も世界有数を誇る。

R **ブラジル**。**大豆の生産量**は世界**第2位**，**トウモロコシ**の**生産量**は世界**第3位**。とくに，大豆は1990年代末以降，おもに中国向けの生産・輸出が急増している。

問3 【農牧業にかんする諸指標】 9 正解：① やや難

必要な知識 世界の地域別農牧業経営の特徴／世界の気候区分布／世界の森林分布

農地割合と単位面積あたりの肥料消費量から，世界の農牧業の地域別の特徴をとらえさせる設問であるが，両指標の傾向があまり明瞭ではないため，やや難解である。

**総面積に占める農地**（耕地，牧草地など）**の割合**は，牧草地が含まれることもあり，遊牧などが営まれる乾燥地域の割合が大きい**アジアやオセアニア，アフリカで比較的高くなり**，森林の割合が相対的に大きい**ヨーロッパや北・中央アメリカ，南アメリカでは比較的低く**なる傾向にある。**単位面積あたりの肥料消費量**は，比較的集約的で経営規模が小さい農業が行なわれるアジア，とりわけ中国や韓国など**東アジアで多く**なり，粗放的な農業が中心である**アフリカでとくに少なく**なる傾向がみられる。したがって，①がアジア，②がヨーロッパ，③がオセアニア，④がアフリカと判断する。

問4 【主要穀物・豆類の国際流通と用途変化】 10 正解：② やや易

必要な知識 主要穀物・豆類の用途／所得水準と畜産物消費量

**米**は**自給作物**，**大豆**は**商品作物**としての性格が強いこと，先進地域では**大豆やトウモロコシは飼料作物**としての性格が強いことを確認しておきたい。

**カ 米**は，生産国の国内での消費が中心となる場合が多く，モンスーンアジア地域に代表されるように**自給的に生産**している国が多い。そのため，**生産量に占める輸出量の割合が小さく**なっている。

**キ 中国**では，経済発展にともなって国民の所得水準が向上し食生活が変化した。すなわち，**穀物や豆類を直接摂取するのではなく，これらを家畜に飼料として与えて肉類や牛乳・乳製品などの畜産物にしてから摂取する**ことが増加した。そのため，飼料用の大豆の需要が高まり，輸入量が急激に増加した。

+αの知識 • **自給作物**：生産者・生産地域・生産国などでの消費を目的に栽培される作物。• **商品作物**：国内外の市場での販売を目的に栽培される作物。

問5 【食料・健康にかんする諸指標】 11 **正解**：② やや易

〉必要な知識〈 主要国の経済水準／**石油危機**／モンスーンアジアの食文化

表3の指標から読み取れる特徴をもとにして各国をグループ分けした表4が示されており，正答を導く大きなヒントとなっている。

**サウジアラビア**は**世界有数の産油国**であり，原油の国際価格が高騰した1970年代の**石油危機**以降に**急速に経済成長**をとげた。そのため，**1人あたり食料供給熱量**と**太りすぎ人口の割合**は**高位**であり，欧米の先進国であるアメリカ合衆国と同じXグループの**サ**に該当する。

**タイ**は，モンスーンアジアの**新興国**であるが，**米を主食とし，魚，豆類，野菜などをとる食文化**をもつため，**1人あたり食料供給熱量**は**中位**，**太りすぎ人口の割合**は**低位**であり，日本と同じZグループの**ス**に該当する。

**ボリビア**は，ラテンアメリカの**発展途上国**であるため，**1人あたり食料供給熱量**は**低位**，5歳未満の**子どもの死亡率**は**高位**であり，中南アフリカの発展途上国であるザンビアと同じYグループの**シ**に該当する。なお，太りすぎ人口の割合がやや高いのは，表4の文章にもあるように食生活の欧米化の影響が考えられる。

問6 【世界の食料問題とその解決策】 12 **正解**：④ 易

〉必要な知識〈 **フェアトレード**

ポスターにまとめるという体(てい)をとっているが，**単純な下線部の正誤判定問題**である。

④ 誤文。**フェアトレード**（公正貿易）は，**発展途上国**で生産された農産物や製品を**適正な価格で継続的に取引き**し，その国の**生活水準の向上に役立てようとする取り組み**をいう。市場価格の変動や流通過程における不公正な取引によって発展途上国の生産者が労働や生産費に見合わない価格で商品を販売せざるを得ない状況を改善することが目的である。したがって，フェアトレードを推進することで発展途上国の農家の生活水準が悪化することはない。

**+αの知識** ●**緑の革命**：1940年代から1960年代にかけて，**高収量品種の導入**や，**灌漑(かんがい)施設の整備**，**化学肥料の投入**など栽培技術の向上によって発展途上地域の**農業生産性を高めた技術革新**のこと。

# 第3問 世界の人口と都市

問1 【世界主要国の人口・人口密度】 13 正解：② 易 思

必要な知識 世界の地域別人口／統計地図とその表現方法

統計地図が表現している指標を理解し，目的に応じた情報を読み取る技能が試されている。

② 正文。図1は人口の大小を国の大きさで表現した**カルトグラム**（変形地図）である。**アジア地域が最も大きく描かれている**ため，**人口が最も多い**ことがわかる。また，東アジアや南アジアでは，人口密度はほとんどの国で高位や中位となっている。

① 誤文。図1は面積の大小は表現されていない。また，人口密度が高位の国は2か国しか見られない。

③ 誤文。図1は人口増加率の高低は表現されていない。人口密度が高位の国は2か国しか見られない。

④ 誤文。中央アメリカでは，人口密度はほとんどの国で中位である。

問2 【世界各国の性別年齢別人口構成】 14 正解：④ 標準

必要な知識 **人口転換**と**人口ピラミッド**の変化／主要国の経済水準

各国の経済水準と人口ピラミッドの関係についての理解が問われている。**人口分野のベースとなる知識**である。研究❷参照（➡ p.30）。

人口動態は，かつての長い期間，**出生率と死亡率がともに高い**❶「多産多死型」であったが，**衛生・栄養状態の改善や医療の進歩**などによって，**出生率が高いまま死亡率が急激に低下する**と❷「多産少死型」となり，**人口が急増する（人口爆発）**。その後，**出生率は徐々に低下し**❸「少産少死型」へと移行する。この変化を**人口転換**という。これに対応するように，性別年齢別人口構成をグラフ化した**人口ピラミッド**も，❶「富士山型」，❷「ピラミッド型」，❸「釣鐘（つりがね）型」の順に変化する。さらに，**出生率の低下が続く**と❹「つぼ型」となり，**人口の高齢化**とともに**自然増加率**は**マイナス**となる。

② 発展途上国の多くにみられるピラミッド型で，B（インド）に該当する。

③・④ いずれもピラミッド型から釣鐘型への移行期の状態にあたり，新興国のC（中国），D（ブラジル）のいずれかであるが，中国では1979年から2015年まで**人口抑制政策（一人っ子政策）**を実施したため**30代以下の若年層の割合が相対的に小さい**ので，③が中国，この割合が相対的

に大きい④がブラジルと判断できる。

① 先進国の多くに見られる釣鐘型で，A（フランス）に該当する。

+αの知識 •**一人っ子政策**：人口急増を食い止めるため，**中国**において実施された**人口抑制政策**で，優遇・罰則規定を設け**夫婦1組にたいして子どもは原則として1人しか認めない**。出生率が低下して**人口抑制に成果を上げたが**，急速に進行する**少子高齢化**など諸問題が生じたため，**現在は廃止**されている。

問3 【経済水準と合計特殊出生率】 15 正解：④ 標準

必要な知識 **人口転換／合計特殊出生率**／主要国の経済水準

経済水準と出生との関係の理解が試されている。

**合計特殊出生率**は，**1人の女性が平均して一生のあいだに何人の子どもを産むかを表す数値**で，一般に，**経済・社会の発展とともに低下する**。**GDP**（国内総生産）は，**国内で1年間に生産された財とサービスの付加価値額の合計**で，これを人口で除した**1人あたりGDP**が**国の経済水準を示す数値**と考える。中南アフリカの後発発展途上国のナイジェリアは，1人あたりGDPが最も低く，合計特殊出生率が最も高い**ア**に該当する。アメリカ合衆国資本の進出などで工業化が進展するメキシコは，1人あたりGDPが**世界平均水準の1万ドル程度**に達しているため**イ**に，農村人口が多いインドネシアは，依然として1人あたりGDPは比較的低い水準にあるので**ウ**に該当する。

問4 【開発の進む世界の都市】 16 正解：① やや難

必要な知識 世界の主要都市／中東の産油国

3箇所すべての正誤判定が必要な**共通テストの新形式**。世界の主要都市は，その**特徴と地図上での場所**をチェックしておきたい。

a 正しい。発展途上国の大都市では，**農村部の余剰労働力が雇用機会を求めて流入**するが，じゅうぶんな仕事や住居を得られない場合も多く，リオデジャネイロの場合，傾斜地や低湿地などに**生活環境の劣悪な不良住宅地であるスラムが形成されている**。写真**カ**の手前にスラムが見られる。

b 正しい。写真**キ**は，シャンハイ（上海）市域東部に位置する**プートン（浦東）新区**で，1990年代以降，国際的な金融・貿易・経済の中心地として開発された。国際空港，国際会議センター，テレビ塔，ハイテク企業団地などがあり，高層ビルが林立する新都心が形成されている。

c 正しい。**アラブ首長国連邦**の**ドバイ**は，21世紀に入り**中東の金融・流通・観光の中心地**として急激に発展した。写真**ク**の左側に，2018年現在，高さ800mを超える世界最高層のビルが見える。

+αの知識 •**ファベーラ**：**ブラジル**の大都市に見られる**スラム**の総称。

問5 【日本の大都市の内部構造】 17 **正解**：④ 標準

必要な知識 都市構造の同心円モデル／**インナーシティ**

大都市の内部構造を一般化した模式図が示され，都市機能の地域分化の理解が問われている。

E 漸移(ぜんい)地帯とよばれる区域で，CBD（中心業務地区）の外側周辺部にあたる。早い時期から開発されたため，**中小規模の住宅・商店・工場が混在**しており，**インナーシティ問題**が生じることもある。よって，シに該当する。

F 都市域の拡大によって新たに市街地化されたところで，とくに，都心部への通勤に便利なため，鉄道に沿った地域には**住宅地が形成**された。よって，スに該当する。

G 都心からやや離れた海に面する区域である。地価が安いうえ，埋立地の造成も可能で広大な用地が得られるため，**工場**のほか，**港湾関連施設や倉庫などの物流関連施設が立地**する。よって，サに該当する。

+α の知識 ●**インナーシティ問題**：おもに先進国の**大都市の都心周辺部**において生じる**居住環境の悪化による諸問題**をいう。このような地域は，早い時期から都市化が進んだため，**住宅・商店・工場などの建物が混在・密集**し，道路もせまく，ライフラインなどの社会基盤も老朽化していることが多い。そのため，**高所得者や若年層が郊外に流出**する一方で，**低所得者や高齢者，外国人労働者が相対的に増加し，経済活動の停滞，地域コミュニティの崩壊，治安の悪化**などの社会問題が生じている。

問6 【都市の中心地機能と諸指標】 18 **正解**：③ やや難

必要な知識 都市の中心地機能／昼夜間人口比率／卸売業・小売業

抽象化された文で表現される，3種類の性格が異なる都市（市区）と統計指標との関連性を問う。**昼夜間人口比率・年間商品販売額**は，**頻出かつ定番の統計指標**なので，その傾向をきっちり把握しておく！

昼夜間人口比率は**昼間人口÷夜間人口×100**で表される値で，**夜間人口（常住人口）にたいする昼間人口の比率**を示す。一般に，就業・就学機会が多い**中心地機能の高い大都市圏の中心部**で**高い**値となり，郊外の住宅地域である**ベッドタウン**で**低い**値となる傾向にある。**年間商品販売額は，卸売業と小売業の商品販売額の合計**である。**卸売業**は生産者から仕入れた商品を小売店などに販売する業態で，物流の中心をになう**中心地機能の高い都市に集中する傾向**が強い。**小売業**は卸売業者などから仕入れた商品を最終消費者に直接販売する業態で，中心地機能の高い都市に多く立地するが，**卸売業にくらべれば人口分布に応じた立地傾向**が強い。

設問文のとおり，3つの市区は人口規模が同程度という前提で，まず，

Yは「大都市圏の**副都心**」とあることから，商業・サービス業が集積し**中心地機能が最も高い**と考えられ，就業機会が非常に多く昼夜間人口比率は100を大きく上回り年間商品販売額も最も大きい**タ**に該当する。次に，Xは「**行政と文化の中心となっている地方都市**」とあることから，**一定の中心地機能をもつ**と考えられ，昼夜間人口比率は100を上回り年間商品販売額も比較的大きい**チ**に該当する。一方で，Zは「二つの大都市にはさまれた立地」，「**ベッドタウン**としての住宅開発」とあることから，**ほかの大都市の通勤・通学圏や商圏に含まれる郊外に位置し中心地機能は低い**と考えられ，昼夜間人口比率は100を下回り年間商品販売額も最も小さい**ツ**に該当する。

なお，**タ**は東京都豊島区（副都心の池袋が位置する），**チ**は群馬県前橋市（県庁所在都市），**ツ**は大阪府高槻市（大阪市と京都市の中間地点に位置する）の統計指標である。

+αの知識　●副都心：**都心の中枢管理機能の一部を分担**する地区で，**オフィスビル**や**商業・娯楽施設**などが立地する。東京都の**池袋**，**新宿**，**渋谷**，大阪府大阪市の**天王寺**などがこれにあたる。

## 研究❷ 人口転換と人口ピラミッドの変化

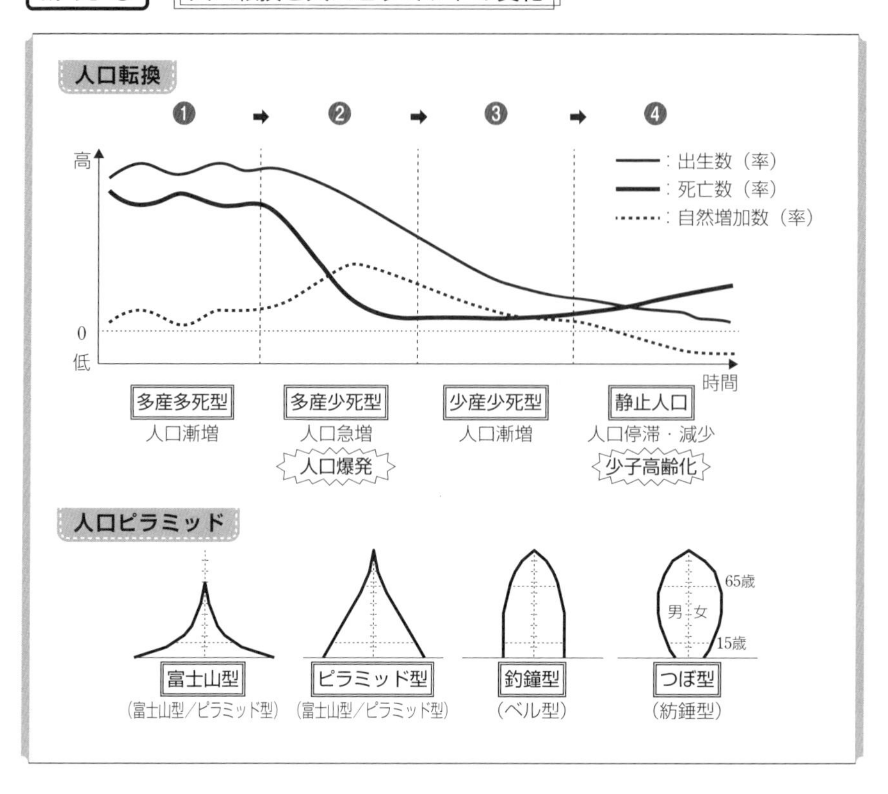

# 第4問　ヨーロッパの地誌　標準

問1　【ヨーロッパの気候（ハイサーグラフの判定）】　19　正解：②

やや易

必要な知識　**ハイサーグラフ**の判定／気温の**年較差**／気圧帯とその季節移動／世界の気候区分布

緯度や隔海度のちがいによって，気温や降水量の季節変化にどのようなちがいが生じるのかを問うている。研究❶参照（➡ p.21）。

ダブリンは島嶼部に位置し，偏西風によって**海洋の影響を強く受ける**ため，**気温の年較差が最も小さい**②に該当する。緯度のわりには温暖で，**最寒月平均気温が－3℃以上18℃未満**で**年中平均した降水**が見られ，**最暖月平均気温が10℃以上22℃未満**なので，**西岸海洋性**（**Cfb**）気候に属する。

タリンは最も高緯度に位置し，東側の**大陸の影響も受ける**ため，**気温の年較差が大きく**，とくに**冬季に気温が低く**なる④に該当する。**最寒月平均気温が－3℃未満，最暖月平均気温が10℃以上**で**年中平均した降水**が見られるため，**亜寒帯**（**冷帯**）**湿潤**（**Df**）気候に属する。

アテネとマドリードは，北緯50°線と北回帰線のあいだに位置するため，**夏季は亜熱帯高圧帯の影響を受けて乾燥**し，**冬季は亜寒帯低圧帯**（**偏西風帯**）**の影響を受けて湿潤**となるため，①・③のいずれかにあたる。海洋に面するアテネは**気温の年較差がより小さくなる**ため③，内陸に位置するマドリードは**気温の年較差がより大きくなる**ため①に該当する。

問2　【ヨーロッパの農牧業】　20　正解：②　標準

必要な知識　ヨーロッパの農牧業地域／**混合農業**／**酪農**／**地中海式農業**／**移牧**

ヨーロッパにおける主要な農業形態を景観写真から**イメージする**ことができ，それらが行なわれている地域を**地図上の場所として把握**できているかどうかを試すのがねらい。

A　**混合農業**が行なわれるドイツ南部にあたり，**穀物を栽培する耕地**が見られる**ア**に該当する。混合農業では**家畜の放牧**も見られる。

B　アルプス山脈付近にあたり，**高地の牧場**（**アルプ**）**での乳牛の放牧**が見られる**ウ**に該当する。**夏季は高地の牧場**で放牧し，**冬季は山麓の定住地で舎飼い**する**移牧**形態がとられる。

C　**地中海式農業**が行なわれる地中海沿岸付近にあたり，**オリーブの栽培**が行なわれている**イ**に該当する。

+αの知識　● **混合農業**：小麦・ライ麦などの**食用作物**と，エン麦，トウモロコシ，根菜類，牧草などの**飼料作物**を**輪作**によって栽培するとともに牛，豚，鶏などの肉用家畜の飼育を行ない，畜産物の販売を主目的とする農業をいう。

● **地中海式農業**：**高温乾燥の夏季**は，商品作物としてオリーブ，ブドウ，柑橘類，コルクがしなどの**耐乾性の強い樹木作物**を，**温暖湿潤な冬季**は自給作物として小麦などを栽培する農業をいう。また，**羊**や**山羊**なども飼育される。

問3 【ヨーロッパの言語・宗教】　21　正解：③　やや難

必要な知識　**ヨーロッパ諸国の言語（民族）・宗教分布**

ヨーロッパの言語・宗教は，資料集などを使って，**地図上での分布**を確認しておきたい。

G（ポーランド）は，言語は**スラブ語派**，宗教はキリスト教**カトリック**が，H（ブルガリア）は，言語は**スラブ語派**，宗教はキリスト教**正教会**（**東方正教**）が多数を占めている。ヨーロッパの言語は，おおむね北西部に**ゲルマン語派**，南西部に**ラテン語派**，東部に**スラブ語派**が分布する。宗教は，おおむね北西部から北部に**プロテスタント**，南西部から中央部に**カトリック**，東部に**正教会**（**東方正教**）が分布する。

問4 【EU［ヨーロッパ連合；欧州連合］の統合】　22　正解：③　標準

必要な知識　EU［**ヨーロッパ連合**］／**東欧革命**／**東西冷戦**／**関税**のしくみ／ブドウの栽培限界

EUの統合が進んだ理由について，4つの観点からの理解を問うている。

③　正文。東ヨーロッパ諸国では，第二次世界大戦後から**社会主義**体制がとられてきたが，独裁的な政治体制への不満や経済の行き詰まりから，1989年の**東欧革命**が起こった。**社会主義を放棄し議会制への転換**や**市場経済の導入**などが行なわれ，**東西冷戦**も終結した。その後は，**経済再建**と**EUへの加盟**が望まれたため，EUからの補助金によって経済・社会基盤の整備に努め，2004年以降，多くの**東ヨーロッパ諸国がEUへの加盟**を果たした。

①　誤文。EU加盟国内での貿易では，工業製品や農産物にかかる**関税が撤廃されている**ため，域内での**貿易は非常に活発**である。

②　誤文。戦略物資である石炭と鉄鋼を共同管理下におくことを目的に，**ヨーロッパ石炭鉄鋼共同体**（**ECSC**）が1952年に設立された経緯などからも，かつては資源をめぐる国家間の対立はあったが，**現在では目立った対立は見られない**。また，自然再生エネルギー導入も含めた**エネルギー政策が現状では国によって異なっており**，エネルギー単一市場の形成をめざしてはいるものの，実現にはいたっていない。

④　誤文。ワインの日常的な飲用習慣は**原料のブドウ栽培が可能なヨーロッパ中南部を中心とした食文化**であり，EU 域内全域での共通文化であるとは言いがたい。

+αの知識　• **東西冷戦**：第二次世界大戦後の世界において，**アメリカ合衆国**，**西ヨーロッパ諸国**などの**資本主義諸国**と，**ソビエト連邦**，**東ヨーロッパ諸国**などの**社会主義諸国**とのあいだに生じた対立状況をいう。激しい対立であったが直接的には戦火を交えなかったため，Cold War（冷たい戦争）と呼ばれた。

問5　【EU［ヨーロッパ連合；欧州連合］諸国の拠出金分担と経済水準】

23　**正解**：⑤　やや易

必要な知識　EU諸国の経済規模／EU 諸国の経済水準

2種類の異なる統計指標から，**EU 各国の経済規模**と，**地域や加盟時期による経済水準のちがい**を理解しているかどうかが問われている。

EU の予算収入は**加盟国分担金**が多くを占め，これは各国の **GDP**（国内総生産）**に応じて拠出**される。また，**GNI**（国民総所得）は，**国民が1年間に生産した財とサービスの付加価値額の合計**で，これを人口で除した**1人あたり GNI** は，**国の経済水準を示す数値**と考える。

P　EU への拠出金額は小さいが，1人あたり GNI が高いことから，**国の経済規模は小さい（人口は少ない）が経済水準は高い**国家群といえるため，クに該当する。ノルウェーやオーストリアなど，**北ヨーロッパ諸国**や**アルプス諸国**などにあたる。図4中の近い位置にルクセンブルクがあることもヒントになる。

Q　EU への拠出金額は大きく，1人あたり GNI も比較的高いことから，**国の経済規模が大きく（人口が多く）経済水準も比較的高い**国家群といえるため，カに該当する。**EU の中心的な役割を担ってきた**イギリス，フランス，イタリアなどにあたる。近い位置にドイツがあることもヒントになる。

R　EU への拠出金額は小さく，1人あたり GNI も低いことから，国の**経済規模が小さく経済水準も低い**国家群といえるため，キに該当する。ハンガリー，ルーマニアなど，21 世紀になってから**新たに加盟した旧社会主義**の**東ヨーロッパ諸国**などにあたり，EU 域内では経済規模や経済水準が相対的に低い。

+αの知識　• **EU** 諸国で経済規模の大きい国（GDPの大きい国）：❶ **ドイツ**，❷ **イギリス**，❸ **フランス**，❹ **イタリア**（2017年）の順となる。• EU諸国における経済序列：概して，❶ 従来からのEU加盟国で**人口の少ない国**，❷ 従来からのEU加盟国で人口の多い国（**西ヨーロッパ主要国**），❸ **南ヨーロッパ諸国**，❹ 東ヨーロッパ諸国（**新加盟の旧社会主義諸国**）の順となる。

問6 【ヨーロッパとその周辺地域の人口移動】 24 正解：⑨ 標準

必要な知識　工業付加価値額と賃金水準

仮説とその立証に必要なデータの組合せが問われている。客観的な思考力や判断力を試すのがねらい。**共通テストの新形式**。

X　サ・シ・スのいずれも適当なデータではない。この仮説を確かめるためには，対象となる旧宗主国と旧植民地における**現在の使用言語**にかんするデータが必要である。

Y　サ・シ・スのいずれも適当なデータではない。この仮説を確かめるためには，EU加盟国における**国境審査廃止前後の両時期の出入国者数**にかんするデータが必要である。

Z　工業付加価値額は，生産額から**賃金を除く**原材料費などの諸費用を差し引いた値で，**新たに作り出された価値**を金額で示したものであるが，1人あたりの数値を算出すれば**賃金水準のある程度の目安となる**ため，スは有用なデータになり得る。

# 第5問　地域調査（静岡県中部）　やや難

## 問1【地理院地図の読み取り】 25 正解：① 難 思

必要な知識　地形図・地理院地図の記号／読図の技能

地理院地図に描かれた情報を正しく読み取り，地図中の地域における空間認識ができるかどうかの技能が試されている。

①　正文。図1にある「安倍川（あべかわ）」のように**河川敷の広い河川**では，地図作成に使用された**空中写真**（飛行機に搭載した専用の航空カメラから地表を撮影した写真）**に写っている水流の状態で描かれる**ことが多い。**水流の位置や幅，形状などは流量によって変化する**ため，実際に水の流れている位置が地図と異なっている場合が多い。

②　誤文。サクラさんは，「静岡駅」から「東海道本線」で「焼津駅（やいづ）」へ向かっており，**列車は南に向かって進行している**ため，車窓の進行方向の右側は，図2においては**「東海道本線」の西側（左側）にあたる**。市街地より山側の斜面は，針葉樹も見られるが，**多くが果樹園となっている**。

③　誤文。サクラさんは，「静岡駅」を午前10時に出発したとあることや，「静岡駅」から「用宗駅（もちむね）」の距離は図1の右下に示されたスケールバーから6㎞程度であることから，「用宗駅」付近を走行しているさいはもちろん**午前中**で，**太陽の方向は真南より東側**であることがわかる。列車はおおよそ南西に向かって走っているため，日差しは**進行方向の左側から差し込む**ことになる。

④　誤文。この区間の列車は南西に向かって進行しているため，進行方向の左側は，図3においては「東海道本線」の南東側（右下側）にあたる。トンネルを出たところから「サッポロビール工場」までのあいだは，「東海道本線」の海側にあたる南東側には**50～200m 程度の丘陵地が連なるため，海は見えない**。

## 問2【日本の気候】 26 正解：⑤ 標準

必要な知識　**海洋性気候**と**内陸性気候**／日本付近の海流／**避暑地**と**避寒地**

日本の地名から場所が把握できること，緯度，海抜高度，隔海度（かくかいど），海流などの気候因子から気温とその変化の特徴が導けることが試されている。

軽井沢（かるいざわ）は，長野県の**避暑地**として知られる。**内陸部の高原地帯**に位置するため，**最も気温が低く年較差も大きいウ**に該当する。

八丈島（はちじょうじま）は，伊豆（いず）半島の南東部に連なる伊豆諸島に位置する島で東京都に属する。**最も低緯度**に位置し**暖流の日本海流（黒潮）が流れる海洋の影響**

**を強く受ける**ため，年間を通して**最も温暖で年較差も小さいイ**に該当する。

静岡は，太平洋に面し**暖流の日本海流の影響を受ける**ため，**冬季は東京よりも温暖であるア**に該当する。また，設問文に「**避寒地**」，「東京在住の明治の元勲(げんくん)や元老(げんろう)たちの別荘があった」とあることもヒントになる。

問3 【人口分布と第3次産業・高齢化】 27 正解：④ 標準

必要な知識 日本における各地域の**第3次産業就業者率／老年人口率／老年人口の増加率**

与えられた複数の資料から地域の特徴を読み取り，地域ごとの各統計指標の大小の傾向を考察する力を要する。

図5より，**南東部の海岸部**は人口が集中している**都市的地域**であること，**北部や西部の内陸部**は人口が少なく**農山村地域**であることが読み取れる。まず，**第3次産業就業者率**は商業，サービス業，運輸業などに従事する人の割合で，**都市的地域で高く農山村地域で低くなる**傾向にある。よって，図5の人口分布図の数値の大小と対応するキに該当する。次に，人口の高齢化については，農山村地域では**現状ですでに高齢化が相当進行**しており老年人口率は高い。一方，都市的地域では農山村地域にくらべて現状では老年人口率は低いが，**現在では高齢化が進行してきている地域も増えている**。したがって，**老年人口率**は，**農山村地域では高位**，**都市的地域では低位**の傾向にある**カ**に該当する。それにたいして，**老年人口の増加率**は，**都市的地域にも高位や中位が比較的多く分布**する**ク**に該当する。

問4 【防災施設とその目的・役割】 28 正解：③ やや難 思

必要な知識 自然災害（**津波**・河川氾濫(はんらん)・**液状化現象**・土砂災害）と被害地域

該当する選択肢を**すべて選択**させる**共通テストの新形式**。防災施設の目的や役割が，**災害自体を防ぐもの**なのか**避難のためのもの**なのかを明確に区別して考える必要がある。

③ 正しい。写真1の防災施設は，図7より，**津波が遡上(そじょう)する可能性のある河川沿いの海側の低地や海岸部などに設置**されており，また，**ある程度の高さをもつ施設**であることから，**津波緊急待避施設**であると考える。

① 誤り。洪水による浸水時には一時的な避難場所としても利用できるが，この施設には**洪水による浸水自体を防ぐ機能があるわけではない**。

② 誤り。同様に，**地震による液状化現象自体を防ぐ機能があるわけではない**。

④ 誤り。**土石流**は，岩屑(がんせつ)や砂礫(されき)などが水と混然一体となって高速で流下する現象で，**山間部や山麓(さんろく)の谷口などに被害を及ぼす**。

問5 【地形と防災】 29 **正解**：① やや難 思

〉必要な知識〈 自然災害（土砂災害・河川氾濫）と被害地域／**砂防ダム**

3箇所すべての正誤判定が必要な**共通テストの新形式**。地理院地図，地形分類図から地形を読み取り，起こり得る自然災害の危険性を推測する力が問われている。

サ　正しい。M地点の谷の上流側に**砂防ダム**を設置すれば，**土石流が発生した際に勢いを弱め被害を軽減する効果が期待できる**。

シ　正しい。L地点付近は，**台地の崖下**に位置するため，**斜面崩壊など土砂災害の危険性**がある。また，30年前から，住民の話として洪水を経験したことがないとあるが，**自然災害は30年程度の短期間では危険の有無を判断できない**。**谷底平野**に位置することから，**河川氾濫による洪水の危険性**もあると判断するのが妥当である。

ス　正しい。N地点付近は**河川敷**にあたり，**河川の増水時には冠水する**と想定されている場所であるため，大雨のさいには危険な場所といえる。

問6 【日本の自然災害と防災対策】 30 **正解**：④ 易

〉必要な知識〈 日本の地形・気候環境

問4・5と関連づけて文章の内容を論理的・客観的に読み取る力が試されている。

④　誤文。時代や地域によって**自然環境**や**防災対策の程度**など，あらゆる**条件が異なっている**ため，同規模の地震・大雨であってもその被害の大きさは異なる。

①　正文。日本は**プレート境界付近に位置し地震が多く**，また，前線の停滞や台風の来襲などで**短期間に多くの雨が降ることが多い**。

②　正文。**霞堤**による治水は，河川氾濫をある程度受け入れる防災対策といえる。

③　正文。日本は**人口密度が高い**うえ，**山地・丘陵地が国土の7割以上を占める**。そのため，地形的に自然災害の危険性がある場所にも多くの人々が居住している。

+αの知識 ●**霞堤**：一部が二重になるよう**雁行状**（河川の方向にたいして斜め）に築いた**不連続な堤防**をいう。増水時には開口部から水を逆流させ**一部を氾濫させて水流を弱める**機能をもち，減水すれば氾濫した水を**速やかに河川へ排水する**ことができる。

# 2018年度

# 試行調査問題 第2回

# 解答・解説

# 試行調査問題・第2回　解　　答 

## 〔マーク式〕

（100点満点）

| 問題番号（配点） | 設問 | 解答番号 | 正解〈正答率〉 | 配点 |
|---|---|---|---|---|
| 第1問（20） | 1 | 1 | 3〈86.6〉 | 3 |
| | 2 | 2 | 6〈62.9〉 | 4 |
| | 3 | 3 | 3〈12.1〉 | 4 |
| | 4 | 4 | 3〈78.4〉 | 3 |
| | 5 | 5 | 6〈47.1〉 | 3 |
| | 6 | 6 | 3〈44.1〉 | 3 |
| 第2問（20） | 1 | 7 | 4〈27.9〉 | 3 |
| | 2 | 8 | 2〈61.4〉 | 3 |
| | 3 | 9 | 5〈60.2〉 | 4 |
| | 4 | 10 | 4〈46.7〉 | 3 |
| | 5 | 11 | 4〈41.2〉 | 3 |
| | 6 | 12 | 3〈77.2〉 | 4 |
| 第3問（20） | 1 | 13 | 1〈29.9〉 | 3 |
| | 2 | 14 | 2〈59.9〉 | 3 |
| | 3 | 15 | 5〈71.6〉 | 4 |
| | 4 | 16 | 1〈79.2〉 | 3 |
| | 5 | 17 | 2〈72.2〉 | 3 |
| | 6 | 18 | 3〈64.6〉 | 4 |

| 問題番号（配点） | 設問 | 解答番号 | 正解〈正答率〉 | 配点 |
|---|---|---|---|---|
| 第4問（20） | 1 | 19 | 3〈45.0〉 | 3 |
| | 2 | 20－21 | 3－7〈すべて正答：51.6／部分正答：35.5〉 | 4（各2） |
| | 3 | 22 | 1〈91.7〉 | 3 |
| | 4 | 23 | 4〈59.4〉 | 3 |
| | 5 | 24 | 6〈82.5〉 | 3 |
| | 6 | 25－26 | 3－7〈すべて正答：57.9／部分正答：27.7〉 | 4（各2） |
| 第5問（20） | 1 | 27 | 2〈58.9〉 | 3 |
| | 2 | 28 | 2〈25.4〉 | 3 |
| | 3 | 29 | 3〈58.0〉 | 3 |
| | 4 | 30 | 3〈88.8〉 | 4 |
| | 5 | 31 | 1〈72.6〉 | 4 |
| | 6 | 32 | 3〈85.5〉 | 3 |

（注）
－（ハイフン）でつながれた正解は，順序を問わない。

# 第1問 世界の自然特性 標準



問1 【沈水海岸の形状と成因】 1 **正解**：③ 易

必要な知識 **内的営力と外的営力**

衛星データからGISで作成した地図と3D化した鳥瞰図(ちょうかんず)より，地形形状の読み取り技能と地形成因の理解が試されている。**ダルマティア海岸**自体の知識は不要。地形の方向は図に示されたとおりで，陸上の谷はおもに侵食・運搬作用で形成されることがわかれば，容易に解答できる。

図1・2に示された海岸地形は，**クロアチアのダルマティア地方海岸部**にみられるダルマティア海岸とよばれるものである。設問の文章で説明されているように，海岸線とほぼ同じ方向の稜線(りょうせん)をもつ山地と谷が沈水して形成されたもので，海岸線に平行する細長い入り江や島が発達し，複雑な形状の海岸線となる。このような地形を形成し変化させる力のうち，地球の内部からもたらされるものを**内的営力**，外部からもたらされるものを**外的営力**という。内的営力は地球の内部の熱エネルギーによる隆起や沈降といった**地殻変動**や**火山活動**にあたり，地形の起伏を大きくする方向にはたらく。外的営力は地球の外側からの太陽エネルギーを起源とする風，流水，波，氷河などによる**風化・侵食・運搬・堆積(たいせき)作用**にあたり，地形を平坦(へいたん)にする方向にはたらく。

空欄アについては，図1・2より，**海岸線とほぼ平行して**細長い島々が並んでいることがわかる。空欄イについては，海に沈水した谷はもともと雨水や河川による流水のはたらきでつくられているので，**外的営力により形成された地形**である。

問2 【世界のプレート境界と火山・地震】 2 **正解**：⑥ やや易

必要な知識 おもなプレート境界の分布／プレート境界と火山・地震活動

おもなプレート境界の分布をふまえて，火山分布と地震の震源（震央）分布相互の位置関係や規則性の理解が問われる。研究❸参照（➡ p.45）。

図3中のA～Cは，いずれも**プレートの狭まる境界**を含む地域であり，**地震活動や火山活動が活発**である。**狭まる境界の沈み込み帯**では，**プレート境界面で海溝型地震が発生**するほか，**周辺の海底や陸地の断層でも地震が発生**する。また，**沈み込み帯の陸地側**では，沈み込んだプレートが深さ100㎞程度に達するとその上面付近にマグマが生じ，これが上昇して火山噴火が起こって**火山帯を形成**する。

したがって，地震，火山の分布はともにプレート境界に沿って帯状となるが，**地震は比較的広範囲で発生**するのにたいし，**火山噴火は比較的狭い範囲に集中**するため，j が地震の震央，k が火山と判断できる。

場所の組合せについては，A では，おおむねカリブ海を囲むようにプレート境界がみられ，これに沿うように地震の震央が分布する。南北アメリカ大陸地峡（ちきょう）部付近と西インド諸島東部付近がこのうちせばまる境界にあたり，これに沿うように火山が分布する**ク**に該当する。B では，千島列島，日本列島，伊豆諸島付近がプレートのせばまる境界にあたり，おもにこれに沿うように両者が分布する**カ**に該当する。C では，スンダ列島付近などがプレートのせばまる境界にあたり，おもにこれに沿うように両者が分布する**キ**に該当する。

+αの知識 ●**震源**：地震が発生した地下の場所。●**震央**：震源の直上にあたる地表点。

問3 【降水の季節変化とその要因】 3 正解：③ 難 思

必要な知識 大気の大循環と気圧帯・恒常風／気圧帯とその季節移動／高気圧と低気圧／転向力／世界の海流／**海岸砂漠**

3箇所すべての正誤判定が必要な**共通テストの新形式**。降水の季節変化とその要因を，地図上の位置からとらえることがねらい。**大気の大循環を，しくみから理解しておくことが必須条件！** 研究❶参照（➡ p.21）。

サ　正しい。地点 E に該当する。太陽の回帰により気圧帯は季節によって移動するが，地点 E は**ほぼ赤道直下に位置する**ため，**年中熱帯収束帯（赤道低圧帯）の影響を受けて年中多雨となる**。赤道付近は**気温が高い**ため，**飽和水蒸気量**（大気中に含むことのできる水蒸気の最大量）**が多くなり**，一般に熱帯収束帯の影響を受ける地域は，**降水量が非常に多くなる**。また，熱帯収束帯では，南北高緯度側に形成される**亜熱帯高圧帯**（**中緯度高圧帯**）から**貿易風**が吹き込む。理論上，北半球では北風，南半球では南風であるが，**北半球では進行方向直角右向き**，**南半球では左向きに転向力**（**地球自転による力**）**を受ける**ため，実際にはそれぞれ**北東貿易風**，**南東貿易風**となる。

シ　誤り。地点 F に該当するが，降水量がきわめて少なくなる要因が不適当である。地点 F は比較的気温の高い低緯度地域であり，**沿岸を寒流（ペルー海流）が流れ**蒸発量が少ないため，**大気中の水蒸気量が少なく**気温の高い**陸上では湿度が低下し乾燥する**。また，**海面で大気が冷やされ重くなり上昇気流が起こりにくく雲が発生しにくくなるため，降水はきわめて少なくなる**。このような砂漠を**海岸砂漠**と呼ぶ。なお，高い山脈の風下側に位置することも影響するという説もあるが，ここでは**寒流がおもな**

**要因**となっていると考えてよい。

ス　正しい。地点Gに該当する。**中緯度地域に位置し**，高緯度側の寒気と亜熱帯高圧帯から流れ込む暖気がぶつかって**寒帯前線**（**亜寒帯低圧帯／高緯度低圧帯**）が形成され，**年中平均した降水がみられる**。

問４【仮説の検証方法】　4　**正解**：③　やや易　思

必要な知識　特定の知識は不要／文章の内容を論理的・客観的に読み取る力

「今年の夏季は例年に比べて暑かった」という主観的な感覚表現を客観的なデータにもとづいて示す方法が問われている。

③　正文。**夏季の平均気温の平年値と，今年の夏季の平均気温とを比較**すれば，客観的な検証ができる。

①　誤文。猛暑日の数はひとつの目安にはなり得るが，仮に最高気温35℃以上の日の数が平年より多かったとしても，それ以外の日で気温が低い日が多ければ，必ずしも「今年の夏季は例年に比べて暑かった」とはいえない。**低温日が考慮されていない一面的な見方**であり，客観的な検証ではない。

②　誤文。今年の夏季の気温データだけでは，例年にくらべて暑かったかどうかの判断はできない。**平年のデータとを比較**しなければ客観的な検証はできない。

④　誤文。暑さの感じ方は**個人の主観によるもの**であるため，聞き取り調査は客観的な検証方法としては不適切である。

問５【日本の河川周辺の平野と土地利用】　5　**正解**：⑥　標準

必要な知識　**台地**の形成と土地利用／**扇状地**の形成と土地利用／**氾濫原**の形成と土地利用

河川がつくった平野地形の特徴と土地利用についての理解を試す。

P　**更新世**（約260万年前～1万年前）に形成された扇状地，氾濫原，三角州などの堆積平野や浅い海底が，相対的に隆起して形成された**台地**にあたる。平坦面が広がるが**水が得にくい**ため，**森林**のままで**開発が遅れているところも多かった**が，用水路の整備や上水道の普及にともない，**畑や果樹園，宅地としても利用される**ようになった。よって，ツに該当する。

Q　河川が山地から平地に流れ出る場所では砂や礫が堆積し，ゆるやかな傾斜をもつ**扇状地**が形成される。Qはその**扇端**付近にあたる。河川は水はけのよい扇状地の砂礫層を**伏流**し**水無川**となることが多いが，**扇端付近では地表に湧出するため古くから集落が形成**された。よってチに該当する。

R　扇状地の下流側には，河川の増水時にあふれた水が土砂を堆積させ，**氾濫原**と呼ばれる低平な地形が形成される。氾濫原は，**河川に沿って比較**

**的大きな砂礫などが堆積した微高地である自然堤防**と，**河川から離れたところに細かな砂泥などが堆積し水はけの悪い後背湿地**からなる。**前者は伝統的な集落や畑など，後者は水田などに利用される**ことが多い。よって，タに該当する。

なお，QとRは**完新世**（約1万年前～現在）の堆積物からなっており，扇状地や氾濫原は**沖積平野**に分類され，Pよりも形成年代が新しい。

+αの知識　• **沖積平野：堆積平野**のうち，**河川が土砂を堆積させてつくった平野**で，**谷底平野**，**扇状地**，**氾濫原**，**三角州**がこれにあたる。

問6【自然災害の発生と被害】　6　正解：③　標準

必要な知識　世界各地域の経済水準／世界の地域別人口

自然災害の地域性ではなく，世界各地域の経済・社会的特徴と災害にかんする指標との関連性の考察が重要となる設問。

自然災害には，風水害や雪害，干ばつなどの気象災害，地震，津波，火山噴火，土砂災害などがある。**発生件数**については，世界の各地域の自然環境のちがいによって発生する災害の種類は地域ごとにちがいはみられるが，**おおむね各地域の面積に比例して発生**すると考えられるため，数値割合が分散しているニに該当する。

一方で，**被災者数**や**被害額**は，各地域の**経済水準**や**人口規模・密度**によって大きく異なる。まず，**被災者数**は，**人口の多い地域や密集地域，防災対策が不十分な発展途上地域ほど多く**なる。**アジアには世界人口の約6割が集中**し，発展途上地域も多くみられるため，被災者数の割合は大きくなり，逆に防災対策が整っている先進地域を含むヨーロッパ，南北アメリカ，オセアニアでは小さくなると考えられる。よって，ヌに該当する。

次に，**被害額**は，**ライフラインや道路，建物などの社会資本が整備され経済規模の大きい地域ほど大きく**なる。先進地域のとくに都市部などで大規模な自然災害が発生すると被害額は膨大になる。したがって，先進地域を含む南北アメリカなどでは被害額の割合は大きくなり，逆に発展途上地域，とくに社会資本の整備が遅れているアフリカではきわめて小さく，また発展途上地域を多く含むアジアでは人口規模のわりに小さくなると考えられる。よって，ナに該当する。

+αの知識　• **ライフライン：**電気，ガス，水道，通信設備など，生活や生命を維持するのに最も重要となる設備のことで，自然災害時には復旧が最優先される。

**研究❸** プレートのせばまる境界付近の火山帯・地震帯

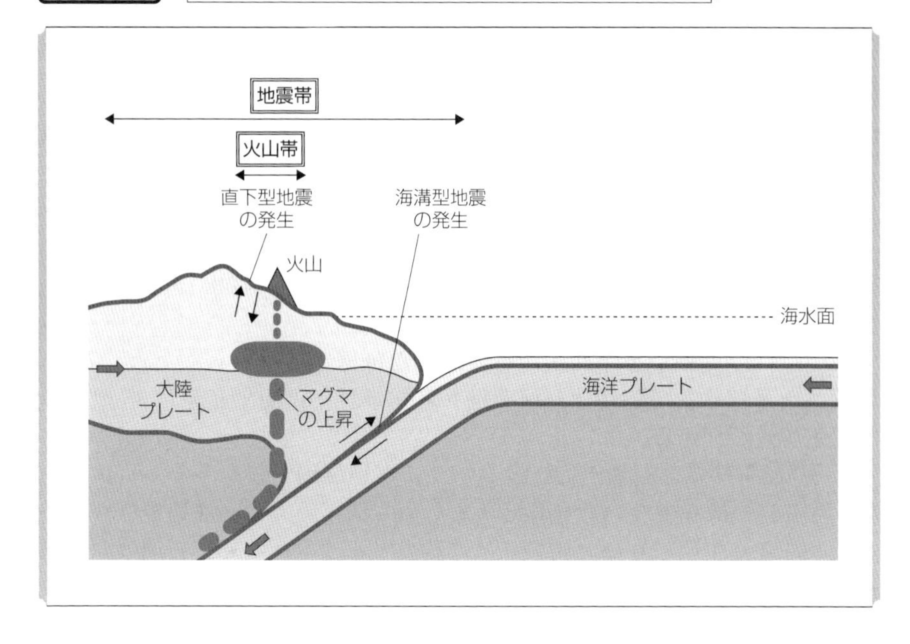

# 第2問　資源・エネルギーの開発と工業の発展 

問1 【世界のエネルギー資源の分布と利用】 7 正解：④ やや難 思

必要な知識　主要エネルギー資源の生産上位国／大地形3区分（**新期造山帯，古期造山帯，安定陸塊**（りくかい））と資源分布の関係

埋蔵量と可採年数の数値のみで各地域の判定をするのは困難。「埋蔵量」「可採年数」という指標の意味を考え，両者の関係性から「**年間生産量」という新たな指標を導き出せるかがポイント！**

設問文に「**埋蔵量を年間生産量で除した可採年数**」とあるため，逆に，**埋蔵量を可採年数で除せば（埋蔵量÷可採年数＝年間生産量），各地域の年間生産量がわかる。**

① 年間生産量は**石油が**約115億バレルと**地域別で最も多く，石炭が**約160万トンと**最も少ない**と計算できるため，**世界最大の産油地帯**をかかえ石炭はあまり生産されない西アジアに該当する。もちろん，**石油の埋蔵量自体が他地域よりも圧倒的に多い**ということも判断の決め手になる。

③ 同様に，**天然ガス**が約1兆$m^3$と**欧州と並んで多く，石油**も約73億バレル，**石炭も**約7億7,000万トンと**比較的多い**ため，北アメリカに該当する。北アメリカの主要国である**アメリカ合衆国は，天然ガスの生産量が世界最大**（2017年），**石油も第1位**（2018年），**石炭も第3位**（2017年）である。

②・④ **中・南アメリカは大規模な古期造山帯がない**ため**石炭の埋蔵量が少なく**，年間生産量で約1億トンと計算できる②が中・南アメリカに，残る④がアフリカに該当する。

問2 【主要資源の産出から消費まで】 8 正解：② やや易

必要な知識　主要エネルギー資源の輸出・輸入上位国／主要原料資源の輸出・輸入上位国／大地形3区分（**新期造山帯，古期造山帯，安定陸塊**（りくかい））と資源分布の関係

原油と鉄鉱石の産出，加工，利用・消費の特徴についての理解を試すことがねらい。**資源分野は統計知識を問う出題が多い**ため，対策が必須!!

② 誤り。**原油の輸入量**は，**世界第1位がアメリカ合衆国，第2位が中国**（2016年）である。両国は産出量も世界有数であるが，**人口が多く経済規模が大きい**ため，**消費量が多く輸入量も多い**。日本も世界有数の原油輸入国ではあるが，国別では第4位（2016年）である。

① 正しい。**鉄鉱石の輸出量**は，**世界第1位がオーストラリア，第2位**

**がブラジル**（2016年）である。両国ともに**安定陸塊が広く分布**するため**鉄鉱石の産出量が多い**が，とくに人口の少ないオーストラリアは，アメリカ合衆国や中国などのように国内消費量が多くはないため，輸出余力が十分にある。

③　正しい。**石油化学コンビナート**や製鉄所は，生産施設の大規模化やオートメーション化により，少数の労働力で効率よく均一品質での大量生産が可能になった。

④　正しい。先進国ではすでに工業化をとげ生活水準も高く，長年多くの工業製品を消費しているのにたいして，多くの**発展途上国では**近年工業化が進展し生活水準も向上しており，**工業製品消費量の増加率が高い**。

+αの知識　**• 石油化学コンビナート：**製油所，エチレンプラントを中心に複数の工場間を原料・中間製品の輸送のための送油管・ガス管で結合し，生産工程が効率的になるように配置した工場群のこと。

問3 【製鉄所の立地変化】　9　正解：⑤　やや易　思

必要な知識　原料・製品重量と輸送費の関係（**ウェーバーの工業立地論**）

条件の変化によって工業立地がどのように変化するのかについての概念的な理解が問われている。研究❹参照（➡ p.50）。

前提として，**鉄鋼業**は**原料指向型**工業であり，**製鉄所は石炭や鉄鉱石など原料の得られる場所に立地**する。それは，重量減損型（**原料重量＞製品重量**）工業であり，消費市場に製鉄所を立地させると重い原料を運ぶのに輸送費がかかるのにたいして，原料産地に製鉄所を立地させれば軽い製品を運ぶことになり輸送費が軽減されるためである。そして，設問文に「**輸送費**の観点から」とあるため，各年代において**輸送費が最も小さくなる立地**を最重要条件として考える。

まず，1900年前後の原料使用量は，表2に示された1901年の数値より，**石炭＞鉄鉱石**と読み取れる。もし，使用量の少ない鉄鉱石産地に製鉄所を立地させ使用量の多い石炭を運べば，輸送費は大きくなってしまう。逆に，**使用量の多い石炭産地に製鉄所を立地させ，使用量の少ない鉄鉱石を運べば，輸送費は最小限に抑えることができる**。よって，石炭産地付近に製鉄所が立地しているウに該当する。

次に，1960年前後の原料使用量は，表2に示された1960年の数値より，**石炭＜鉄鉱石**と読み取れる。1900年前後とは反対の条件であり，**使用量の多い鉄鉱石産地に製鉄所を立地**させ，使用量の少ない石炭を運べば，**輸送費は最小限に抑えることができる**。よって，多くの製鉄所が，石炭産地付近から鉄鉱石産地付近に移動したとみられるアに該当する。

そして，2000年前後については，図2の条件に「1970年代以降，**坑道**（こうどう）**掘りは産出量が減少**する一方，**露天掘りは産出量が増加**して，図中の**南東側の国が資源輸出国となった**」とあることや，鉄鋼生産国の国内にある**小規模で採掘効率の悪い坑道掘り鉱山**よりも，資源輸出国の**大規模で採掘効率のよい露天掘り鉱山**の原料を輸入して使用したほうが**生産費を安く抑えられる**ことから，**輸入原料への依存度が高まった**と考えられる。よって，多くの製鉄所が，国内の鉄鉱石産地付近から原料輸入に便利で輸送費を抑えられる貿易港をもつ都市付近に移動したとみられる**イ**に該当する。

+αの知識　**●坑道掘り：**地中の鉱脈に坑道（トンネル）を掘りながら鉱産資源を採掘する方法で，一般に**小規模で採掘効率が悪い。落盤事故などの危険性**があり，地下水の排水も不可欠である。**●露天掘り：**地表から直接地面を掘り返して鉱産資源を採掘する方法で，一般に**安全性が高く大規模で採掘効率がよい。**

問4　【発展途上国の工業化】　10　正解：④　標準

必要な知識　東南アジア諸国の国際分業／発展途上国の工業化政策（**輸入代替型工業化と輸出指向型工業化**）／中国の経済発展と地域格差の拡大

東アジア・東南アジア諸国における1980年代以降の工業化についての知識が問われている。

④　正文。たとえば，タイでは日本などから多くの自動車メーカーが進出し，**最終製品の輸出拠点として自動車産業の集積地**となっているが，部品製造は**ASEAN**（アセアン）**諸国や東アジア諸国との国際分業体制**をとり，相互に部品供給を行なって生産の効率化をはかっている。

①　誤文。発展途上国の工業化は，**従来輸入に頼っていた工業製品を国内で生産した工業製品に置き換える輸入代替型工業化**からはじまり，次に，外国資本を積極的に導入し，**工業製品を輸出することで世界市場を開拓しさらに工業化を進展させる輸出指向型工業化**へ転換することで進められるのが一般的である。

②　誤文。従来は先進国との**垂直貿易**が中心であったが，工業化の進展にともない**国際分業がとられる**ようになると，**ASEAN諸国どうしや東アジア諸国との貿易**が増加した。

③　誤文。中国では経済開放政策の開発拠点とした**沿岸部に外国資本の進出が集中**したため，重化学工業化は沿岸部中心に進展し，**内陸部との地域間経済格差は拡大**した。また，工業化によって都市化も進行し，**都市人口の増加**をもたらした。

+αの知識　●**垂直貿易**：発展途上国と先進国間の貿易構造のことで，**発展途上国からは農産物や鉱産資源などの一次産品が輸出**され，**先進国からは工業製品が輸出**される。



問5　【世界の自然エネルギーによる発電量】　11　正解：④　標準

必要な知識　**地熱発電／水力発電／バイオマス発電**／大地形3区分（**新期造山帯，古期造山帯，安定陸塊**(りくかい)）の分布

**地熱発電**や**水力発電**などの立地適地を自然環境の面から考察する。

地熱発電は**カ**に該当する。アメリカ合衆国，フィリピン，インドネシアなど上位5か国はすべて**国土に新期造山帯を含み火山が分布**している。火山付近は地表面近くに熱源があり，地熱発電に利用しやすい。

水力発電は**ク**に該当する。**ブラジル**，**カナダ**などは，**水量の豊富な河川に恵まれ**地形的にもダム建設が可能で，**水力発電がさかんな国**として知られる。また，中国には**長江のサンシヤダム**，ブラジルとパラグアイの国境を流れる**パラナ川には両国が管理するイタイプダム**があり，それぞれ世界最大級の発電出力をもつ水力発電所を併設している。

**バイオマス発電**は地域的特徴に乏しく，残る**キ**に該当する。生物資源を燃料とするもので，**木材**，**木くず**，**廃棄物**，**家畜の糞尿**(ふんにょう)，**廃油**，**下水汚泥**(おでい)などを，そのまま燃焼またはガス化して燃焼させ発電する方式で，**再生可能エネルギー**の一つとされる。現状では，アメリカ合衆国，ドイツなどで発電量が多い。

問6　【世界の二酸化炭素排出量上位国】　12　正解：③　やや易

必要な知識　先進国と発展途上国の二酸化炭素排出量／**再生可能エネルギー**／世界の主要国の人口規模

対象の4か国の国名判定は不要。**先進国と経済成長の著しい発展途上国に分類**して考えるのがポイント！

**1人あたり二酸化炭素排出量が世界平均を上回り**，**二酸化炭素排出量の増減率が世界平均を下回るサ**と**シ**は，**すでに経済発展をとげ生活水準の高い先進国**と考える。一方，**1人あたり排出量が小さく**，**排出量の増減率が世界平均を大きく上回るス**と**セ**は，**近年**，**経済成長の著しい発展途上国**と考える。また，二酸化炭素排出量は一般に**国の経済規模に比例して大きくなる**。なお，**サ**がアメリカ合衆国，**シ**が日本，**ス**が中国，**セ**がインドである。

③　誤文。太陽光，風力などの再生可能エネルギーや電気自動車が普及すると，石油などの**化石燃料の使用量が減少**し，**二酸化炭素排出量**，**1人あたり排出量ともに低下**するため，それぞれの円の位置は図の**左下方向に移行**する。

① 正文。1人あたり二酸化炭素排出量が最大であることが読み取れる。サのアメリカ合衆国は，豊富なエネルギー資源を背景にエネルギー多消費型社会が構築されてきた。

② 正文。スの中国は，急速な工業化によって**化石燃料の使用量が急増**したため，二酸化炭素排出量，1人あたり排出量ともに急増している。

④ 正文。スの中国とセのインドは，**巨大な人口をかかえる**ため，このままの状態で経済発展が進むと**化石燃料の使用量はさらに増加**し，今後も二酸化炭素排出量が大きく増加することになる。

**研究❹** ウェーバーの工業立地論〈簡略版〉

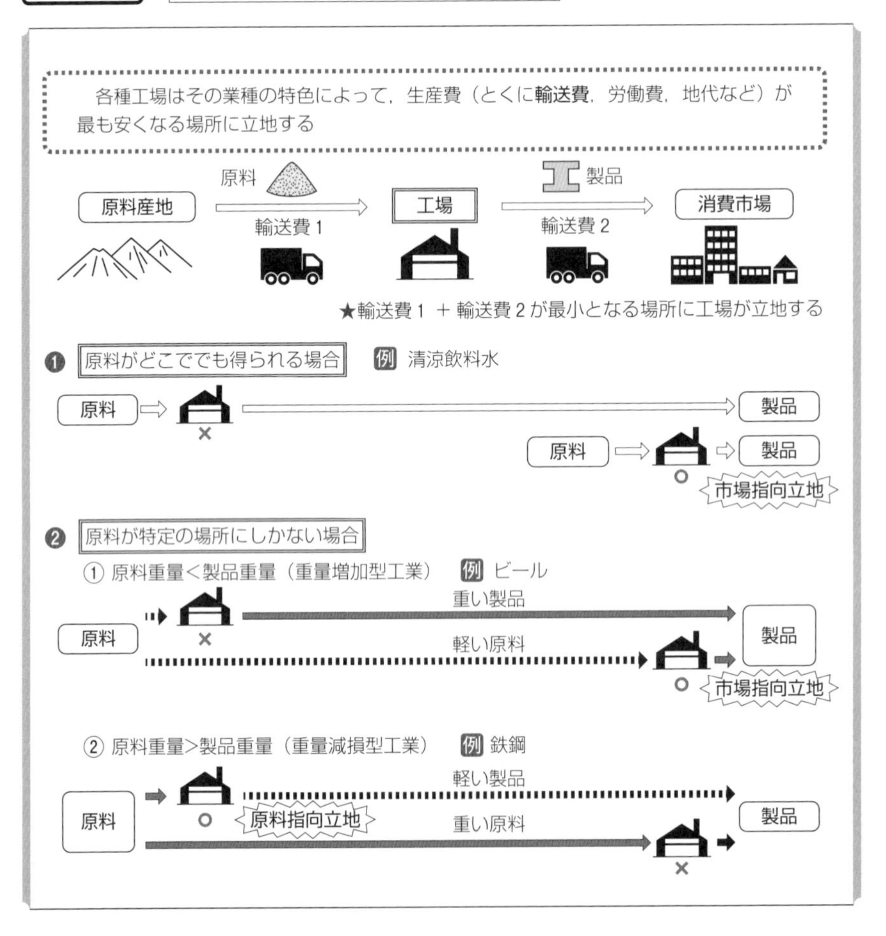

# 第3問　生活文化の多様性　やや易

問1　【世界の宗教・宗派別人口】　13　正解：①　やや難

必要な知識　**キリスト教／イスラーム／ヒンドゥー教**／世界の主要国の人口規模

宗教・宗派別人口の統計知識の暗記は必要なし。「主な宗教の分布」の図が示されているため，**世界各地域の人口規模から類推**して解答を導く。

**ヒンドゥー教**は，**インドの民族宗教で人口約13.5億人のうち7割以上が信仰**し，周辺の南アジア諸国などにも信者が分布するため，10億人強のBに該当する。

キリスト教は宗派別に示されており，**プロテスタント**の分布地域が，図より**北西ヨーロッパ**，**アングロアメリカ**，**オーストラリア**，**ニュージーランド**などであることから，プロテスタントのみで17億人を超えるとは考えにくく，Cに該当する。

**イスラーム**（イスラム教）は，**西アジアをはじめ**，**北アフリカ**，**中央アジア**，**南アジアや東南アジアの一部**などに分布し，17億人を超えるAに該当する。インドネシアは人口約2.7億人でその8割以上が，パキスタンは約2億人でその9割以上が，バングラデシュは約1.7億人でその約9割がイスラームであり，南アジアや東南アジア地域での信者数も多い。

問2　【世界宗教の伝播（でんぱ）】　14　正解：②　標準

必要な知識　ヨーロッパの言語分布（**ゲルマン語派**，**ラテン語派**，**スラブ語派**）／ヨーロッパの宗教分布（**プロテスタント**，**カトリック**，**東方正教**）／**キリスト教**／**イスラーム**／**仏教**（**上座部仏教**と**大乗仏教**）

現在の宗教の分布図を参考にしながら，世界の宗教の伝播とその歴史的背景についての知識を試すのがねらい。

②　誤り。図からも読み取れるように，**東方正教**は**ヨーロッパ東部**に分布しており，**スラブ語派の言語を話す国々を中心に伝播**した。

①　正しい。ヨーロッパ人の新大陸への入植や植民地支配，宣教師の活動によって，**キリスト教**は**南北アメリカ大陸**や**オーストラリア**，**ニュージーランド**などへも広まった。

③　正しい。7世紀前半に西アジアで始まった**イスラーム**（イスラム教）は，交易や軍事力を背景に，**アラビア半島**から**北アフリカ**へ急速に伝播した。

④　正しい。**南アジア**から**東南アジア**へ伝わったものを**上座部仏教**，**中国経由**で**東アジア**や**ベトナム**に伝わったものを**大乗仏教**とよぶ。

問3 【自然環境と伝統的な衣服・住居】 15 **正解**：⑤ やや易

必要な知識 雨温図の判定／ケッペンの各気候区の特徴／気候区と植生の関係

気候環境と伝統的な衣服や住居との関連性を考察させるのがねらい。

K 年間を通して比較的**気温が高く降水量が非常に少ない**ため，**砂漠（BW）気候**の地域である。衣服は**高温に対応する**ため，放熱性にすぐれた**麻**や**木綿**を素材とするものが，家屋は**植生に乏しく木材を得にくい**ため，**土を材料とした日干しれんが**が用いられると考えられる。よって，ウに該当する。

L **最寒月平均気温が－3℃以上18℃未満**で，**夏季に乾燥**しているため，**地中海性（Cs）気候**の地域である。仮に地中海沿岸地域であれば，衣服は羊や山羊の**毛織物**を使ったものが用いられ，夏季は高温で乾燥し**森林が生育しにくいため**，**木材は得にくいが石灰岩が豊富**であり，家屋の建材には**石**を利用すると考えられる。よって，アに該当する。

M **最寒月平均気温が－3℃未満**，**最暖月平均気温が10℃以上**で，**強い乾季がない**ため，**亜寒帯（冷帯）湿潤（Df）気候**の地域である。衣服は**寒冷な気候である**ため保温性と断熱性に富む**獣皮革**（じゅうひかく）（動物の毛皮や皮）が，家屋は**針葉樹の森林が分布する**ためモミやマツなどの**木材**が用いられると考えられる。よって，イに該当する。

問4 【砂漠地域の伝統的家屋の特徴】 16 **正解**：① やや易

必要な知識 砂漠地域の伝統的住居の特徴／砂漠気候／ナツメヤシ

景観写真に示した砂漠地域の伝統的家屋の特徴と自然環境との関連性を考察させるのがねらい。

① 正文。砂漠地域では，日中の**強い日差しを避ける**ため，家屋の**窓は小さく**なっている。また，日差しだけではなく，1日の寒暖差が大きいため，外気の急激な温度変化が室内に及ばないように，家屋には，壁を厚くし窓などの開口部はなるべく小さく最低限の数だけ設置するなどの工夫がなされている。

② 誤文。屋根を平らにすることで集落内の風通しがよくなるとは考えにくい。一般に，**屋根に傾斜をつける目的は雨水の排水のため**であり，砂漠地域ではほとんど降水がないため，傾斜をつける必要性がなく平らになっているだけである。

③ 誤文。家屋の密集は，病害虫や疫病の防止策としては逆効果といえる。用水の得られる**オアシス**に家屋が集まっている。

④ 誤文。防風林としての機能は小さいと考えられる。食用や酒，油脂（ゆし）原料などとして利用される**ナツメヤシ**である。

+αの知識　•日干しれんが：土や粘土に藁や草を混ぜて成形し天日乾燥させたもので，**木材や石材の乏しい乾燥地域や高山地域**で建材として広く使われる。焼成れんがとは異なり水にぬれると崩れやすくなるが，雨がほとんど降らない乾燥地域などでは支障はない。ただし，強度は不十分であるため，地震による建物被害が大きくなる要因となっている。

問5　【トウモロコシの原産地と伝播経路】　17　正解：②　やや易　思

必要な知識　トウモロコシの原産地／新大陸地域の旧宗主国

**おもな農作物の原産地は必須の知識**。トウモロコシの伝播にはヨーロッパ諸国の新大陸への進出という背景があり，**広角の視点をもって取り組む必要のある設問**!!

**トウモロコシの原産地**は**アメリカ大陸の熱帯地域**とされ，図ではｐにあたる。ヨーロッパへの伝播は，15世紀末に**探検家のコロンブスが現在のキューバからｑのスペインへもち帰った**のが最初といわれ，その後短期間にｒを含むヨーロッパ全域へ，さらにｓを含む北アフリカや中東方面へと伝播した。これは世界史の史実であるが，地理の知識としては，**トウモロコシの原産地や主食となっている地域**は大航海時代以降におもに**スペインが進出した地域**であり，トウモロコシのヨーロッパへの伝播は，**ｑのスペインをいったん経由**してから旧大陸の各地域へ渡ったのであろうと推測できればよい。図中のジャガイモの伝播経路，表中の小麦とジャガイモの特徴の記述がヒントとなる。したがって，模式図としては②の表現が最も適当である。

問6　【食文化の画一化／仮説の検証方法】　18　正解：③　やや易　思

必要な知識　食文化の画一化の事例／文章の内容を論理的・客観的に読み取る力

食文化の画一化の具体的事例と，それを示すための客観的なデータが問われている。

空欄カには，会話文の文脈から**食文化の画一化についての日本での事例**が入る。同一のハンバーガーショップの全国各地へのチェーン展開というＵの事例が適当である。さまざまな国の料理店が立地するというＴの事例は，むしろ**食文化の多様化**といえる。

空欄キには，**日本での食文化の画一化を説明できるデータ**が入り，それは**長い期間の推移をグラフにすると有効なデータとなる**ということが会話文から読み取れる。

Ｘの**1人あたりカロリー摂取量**と，その内訳として，穀物，イモ類，野菜，肉類，牛乳・乳製品，魚介類などの**食料品目別のデータ**や，たん白質，脂質などの**栄養素別のデータ**で示される変化などを日本と欧米諸国で比較し，**両者の数値的な特徴が近づく傾向**にあれば，**食文化の画一化**を説明する客観的なデータの一つとなる可能性がある。

Ｙの農産物輸出額とその内訳のデータの変化は，それぞれの国内で**国民が摂取する食品にかんするデータではない**ため，食文化の変化を直接反映するものではない。

# 第4問 オセアニアの地誌 やや易



問1 【オセアニアの気候】 19 **正解**：③ 標準

必要な知識 世界の気候区分布／大気の大循環と**気圧帯・恒常風**／気温の**年較差**

**偏西風帯の位置**と**海洋性気候**の理解がポイント！ 年中海洋から**偏西風**が吹く場所では気温の**年較差**が小さくなり，中・高緯度地域では**西岸海洋性気候**となる。

オークランドは，**南緯40°付近に位置し偏西風帯にあたる**。広大な海域に囲まれた小さな島嶼(とうしょ)部であるため，**年中海洋からの偏西風の影響を受けて気温の年較差の小さい西岸海洋性（Cfb）気候**となっている。

③の都市（メルボルン）も同じく**南緯40°付近に位置し**，**年中西側の海洋から偏西風が吹くため西岸海洋性気候**となっている。

①は**赤道と南回帰線間**に位置し，雨季と乾季のある熱帯気候の**サバナ（Aw）気候**，ないしは**熱帯モンスーン（Am）気候**，②は**中緯度の大陸東岸**に位置し，**温暖湿潤（Cfa）気候**，④は**中緯度の大陸西岸**に位置し，**地中海性（Cs）気候**となっている。

問2 【サンゴ礁の分布と形成条件】 20・21 **正解**：③・⑦ 標準

必要な知識 **サンゴ礁(しょう)**の形成条件／**グレートバリアリーフ**／世界の海流

図の読み取りの技能と，サンゴ礁（**堡礁(ほしょう)**）とその関連知識や形成要因の理解が問われている。

**海洋に生息する**造礁(ぞうしょう)サンゴは，長期間をかけてその遺骸や分泌物(ぶんぴつぶつ)などで**石灰質のサンゴ礁**をつくる。**水温が高く**，**水深が浅い透明度のある海域**にしか生息できないため，サンゴ礁は**熱帯・亜熱帯で河川による土砂流入などのない海域**に形成される。陸地を縁取る形で発達する**裾礁(きょしょう)**，陸地から離れた沖合に発達する堡礁，陸地はほとんど水没しその周囲に環状に発達する**環礁(かんしょう)**に分類され，裾礁をのせた陸地が沈水すると，礁は徐々に上方へと発達して堡礁，さらに沈水して陸地が水没すると環礁へと変化する。

A 正しい。図1より，オーストラリア大陸の東岸には多くの堡礁（▲）が分布する。gにあるとおり，**グレートバリアリーフ（大堡礁）**と呼ばれ，**世界自然遺産**となっている。

B 誤り。図1より，サンゴ礁分布の周辺域（斜線部分）には堡礁（▲）はほとんど分布していない。fについては，サンゴ礁分布の周辺域は**間氷期(かんぴょうき)**，すなわち温暖な時期になってサンゴ礁ができる条件が整ったことについての説明である。

C　正しい。図1より，南アメリカ大陸の西岸には堡礁（▲）は分布していない。その理由として，eにあるとおり，**寒流のペルー海流が低温の湧昇流**(ゆうしょうりゅう)**をともなって流れている**ため，低緯度のわりに**海水温が低くサンゴ礁は発達しない**。したがって，A，gとC，eの組合せが適当である。

問3 【太平洋島嶼国(とうしょこく)の住居・食文化】 22 **正解**：① 易

必要な知識　高温多湿地域の伝統的住居の特徴／タロイモ

景観写真と文章から，伝統的住居の特徴と農作物名の組合せが問われている。平易な内容なので確実に得点を取っておきたい1問。

ア　文章中に「**一年中暑く湿度が高いため**」とあることや，写真1のKからわかるように，住居は**屋根と柱のみで壁がみられない**ため，「**風通しの良い**」という語が正しい。ファレとよばれるサモアの伝統的な住居である。

**イ**　サモアでは，**タロイモ**，**バナナともに主食**になっているが，写真1のLから，バナナの草本であればもう少し高さがあることから，タロイモと判断できる。

問4 【太平洋島嶼国へのODA供与】 23 **正解**：④ 標準

必要な知識　**ODA**（**政府開発援助**）の供与先の傾向

地図と旧宗主国などが示された資料から，**ODA**供与先の傾向を分析し結論を導く技能が試されている。

**ODA**（政府開発援助）は，**先進国の政府**が**発展途上国**や国際機関に行なう資金（無償または長期低金利融資）や技術提供による**援助のこと**である。一般に，各先進国の供与額は，**近隣地域やかつての植民地・属領にたいして大きくなる傾向**にある。

表1より，**マーシャル諸島**，**ミクロネシア連邦**，**パラオ**は，**アメリカ合衆国の信託統治領**であったため同国からの供与額が相対的に大きく，アメリカ合衆国は**キ**に該当する。同様の理由で，**パプアニューギニア**はオーストラリアからの供与額がとりわけ大きいことや，**太平洋島嶼国**は**オーストラリアの近隣地域**として同国とつながりが強く供与額が大きいことから，オーストラリアは**ク**に該当する。日本は，3か国の中では太平洋島嶼(とうしょ)国とのつながりが相対的に弱いため，供与額も相対的に小さく，**カ**に該当する。

問5 【ニュージーランドとカナダへの移民】 24 正解：⑥ 易

必要な知識 アジアの新興国

両国への移民の共通点と相違点の背景・要因を理解しているかどうかを試すのがねらい。

P オーストラリアとサモアはニュージーランド，アメリカ合衆国はカナダの近隣諸国であり，**地理的に近接している**といえる。よって，**ス**に該当する。

Q 2015年の送出国では，インド，中国，フィリピンが共通しており，**経済発展**したアジアの新興国といえる。よって，**シ**に該当する。

R 両国ともに難民受け入れには貢献している国であるが，とくにカナダは**積極的な政策**がとられている。受入国での難民にたいする対策が異なるので，**サ**に該当する。

問6 【人口移動の要因】 25 ・ 26 正解：③・⑦ 標準

必要な知識 発展途上地域における人口移出の要因／先進地域における人口移入の要因

国際的な人口移動の要因を，送出国と受入国それぞれの面から考察させることがねらい。

**送出国**側は，図2に示された**発展途上地域**の太平洋島嶼国にあたり，紛争や政情不安定，陸地水没の危険性による「① 居住環境の悪化」，経済・産業が未発達であることによる「② 雇用機会の不足」，「④ 人口増加」による国内人口圧の上昇やそれにともなう環境問題などは，**人口移出の要因**となる。ところが，「③ 少子高齢化」は**これらほとんどの国では進行しておらず，人口移出の要因にもなりにくい**。

一方で，**受入国**側は**先進地域**のオーストラリア，ニュージーランドにあたり，経済水準が高く「⑤ 相対的に高い賃金」水準であること，移民に寛容な「⑥ 多文化主義」が掲げられていること，国内人口が少なく「⑧ 労働力不足」であることなどは，**人口移入の要因**となる。しかし，受入国側の国内に「⑦ デジタルデバイド（情報格差）」の問題があることは**人口移入の要因とはならない**。

+αの知識 ●デジタルデバイド（情報格差）：コンピュータ，携帯電話やインターネットなどの**情報技術の利用可否**によって生じる，**得られる情報量の格差**のことで，個人間，世代間，地域間，国家間などさまざまな段階でみられ，貧富の差を拡大する要因の一つとなっている。

## 第5問　地域調査（大分市と別府市を中心とした地域）

問1　【地理院地図の読み取り】　27　**正解**：②　標準

必要な知識　地形図・地理院地図の記号／読図の技能

地理院地図にかかれた情報を正しく読み取り，地図中の地域における空間認識ができるかどうかの技能が試されている。

経路Ａでは，別府（べっぷ）市から大分市に入ると(市区町村界の記号(——・・——・・——)部分を通り過ぎたあと)，列車は**北西から南東方向に進む**ため，**進行方向右側には「高崎山」などの山地**が，左側には別府湾が広がる景観が展開することになり，アに該当する。

経路Ｂでは，大分市に入るまで（市区町村界を通り過ぎる前）は，高速バスは大分自動車道を**標高1,300mを超える「鶴見岳」の山麓**や「小鹿山」の北東斜面などを通って進むため，**ウ**に該当する。

経路Ｃでは，大分市に入るまで（市区町村界を通り過ぎる前）は列車が「**大分川」の谷沿いを国道210号**（210）とほぼ並行して走るため，**イ**に該当する。

問2　【旧地形図・地理院地図の読み取り】　28　**正解**：②　やや難

必要な知識　地形図・地理院地図の記号／読図の技能

**新・旧地形図を比較**してさまざまな地理的事象を読み取る設問は，センター試験から引き続き**定番の出題**である。地形図の読み取りには，地図記号の知識は必須であることを強調しておきたい。

②　誤り。2018年（新図）にみられる「フェリー発着所」は，1930年（旧図）にあった「師範校」の**北西部の海域を埋立て造成して新たにつくられた土地**に位置している。

①　正しい。旧図では「おういた」駅から北部の市街地や海岸に向かう道路上に，路面電車の線路を示す**路面上の鉄道の記号**（═══）があるのが読み取れる。

③　正しい。旧図の「歩四七」や「練兵場（れんぺいじょう）」などの軍用地だった場所には，新図では**小・中学校**（文），**高等学校**（⊗）**の記号**や，「大分大（大分大学)」，「特別支援学校」の表記がみられ，一部は**学校用地**になっていることがわかる。

④　正しい。旧図の「大分城」北東部の直線的な道路が引かれ区画整理された地区は，新図では建物などの記号で覆い尽くされており，**宅地化が進行**したことがわかる。

+αの知識　●新旧地形図の比較読み取り問題における位置の基準となる事物：**神社**（⛩），**寺院**（卍），**城跡**（凸），**温泉**（♨），**史跡・名勝・天然記念物**（∴）などは，一般的に場所が変化する可能性が低いため，2枚の地図を見くらべるさいに**位置の目印**として利用することができる。

問3【資料の読み取り】 29 正解：③ 標準 思

必要な知識　特定の知識は不要／資料や文章を論理的に読み取るための思考力，判断力など

絶対値である**実数**の変化を示したグラフ，相対値である**割合**の変化を示したグラフを正しく読み取る技能と，それらから正しい結論を導く思考力が求められている。

③　誤り。1980年から1990年代末にかけての時期には，図4より機械工業の従業者数の割合が12.5％から32.7％に大幅に増加していることが読み取れ，**相対的に機械工業が発展**したことがわかり，下線部の前半部分は正しい。ところが，工業を主とする第二次産業人口割合については，図3より，1980年の全就業者数が16万人弱にたいし第二次産業就業者数は4.6万人でその割合はおよそ29％であったが，2000年のそれらは20万人強にたいし5.3万人で，その割合はおよそ26％となっており，**就業者数（実数）は増加**しているが**割合は縮小**しているため，後半部分は誤りである。

①　正しい。図4より，1963年の軽工業と地場資源型素材工業の従業者割合の合計は66.9％で，約3分の2を占めることが読み取れる。

②　正しい。1964年以降1970年代の時期は，図4より臨海型素材工業の従業者割合が拡大し，図3より第二次産業人口も1965年の2.4万人から1980年の4.6万人へと増加したことが読み取れる。

④　正しい。図3より，第三次産業人口割合は1960年の約48％から，2015年の約75％へと拡大したことが読み取れる。

問4【資料の読み取り】 30 正解：③ 易 思

必要な知識　統計地図（**階級区分図，メッシュマップ**）／資料や文章を論理的に読み取るための思考力，判断力など

複数の資料の読み取りから，保育所不足の背景をとらえ，仮説との関連性を判断させることがねらいである。

資料キより，1995年から2015年の20年間で，**20歳代後半から30歳代の女性労働力率が大きく上昇**していることが読み取れ，乳幼児を子どもにもち家庭外で働く女性が増えたのではないかという仮説（D）を考えることができる。

資料カより，同じくこの20年間で大分市の人口が増加し，近隣の市の

人口が減少していることが読み取れ，**県庁所在地で雇用機会の多い**大分市に市外からの転入が多く，人口が増えたのではないかという仮説（E）を考えることができる。

資料**ク**より，市の中心部にあたる大分市役所周辺地域に**6歳未満の世帯員がいる世帯数が多い**ことが読み取れ，乳幼児のいる家庭が市の中心部に集中し保育需要が偏在しているという仮説（F）を考えることができる。

問5 【日本の経済状況と余暇市場】 31 正解：① やや易

必要な知識 日本の**高度経済成長期**／**石油危機**／**バブル経済**の崩壊

日本における第二次世界大戦後の経済状況の変化を把握しているかどうかが問われている。

Pは**高度経済成長期**にあたり，所得の向上にともなってレジャーに出かける人々が増加した。よって，**サ**に該当する。

Qは，**石油危機**後の**低成長期**に入ったことや，道路整備などが進むと**観光地への日帰りが可能となること**から，宿泊客数が落ち込んだと考えられる。よって，**シ**に該当する。

Rは**バブル経済崩壊**後の景気悪化の時期にあたり，総観光客数が減少したと考えられる。よって，**ス**に該当する。

+αの知識 •日本の高度経済成長期：**経済成長率がきわめて高い状態を維持した1950年代後半から1970年代前半の石油危機まで**の時期をいう。•石油危機：**1973年，79年**に発生した**原油価格の高騰**による**世界的な経済混乱**のことで，この後の日本経済は**低成長（安定成長）期**へ入った。•バブル経済期：1980年代後半ごろからはじまった，実体をともなわない株や土地などへの投機による**好景気**で，**1991年に終焉**し，その後の日本経済は**急激な景気悪化**に見舞われた。

問6 【日本へのインバウンドと地域活性化策】 32 正解：③ 易

必要な知識 日本への外国人観光客訪問先の傾向

空欄の前後の会話文の内容を正確に理解できれば，解答は容易といえる。

**タ**は，会話文に「**歴史的，地理的**なつながりの深い」とあることから，**韓国**と判断できる。また，**韓国人**観光客は，距離的に近い**九州地方**を訪れる人が多い。

**チ**では，会話文に「**地域の活性化**を目指している」とあることから，これからの観光に向けた取り組みとしてはXの**専門的な人材の育成**が妥当だと判断できる。また，Yのように**観光消費額の抑制**を行なえば**観光市場は縮小**してしまうため，観光を通した地域の活性化策としては逆効果。

# 予想問題
# 第1回
# 解答・解説

# 予想問題・第1回　解　答 

## 〔マーク式〕

（100点満点）

| 問題番号（配点） | 設問 | 解答番号 | 正解 | 配点 |
|---|---|---|---|---|
| 第1問（20） | 1 | 1 | 1 | 3 |
| | 2 | 2 | 2 | 3 |
| | 3 | 3 | 1 | 3 |
| | 4 | 4 | 3 | 3 |
| | 5 | 5 | 6 | 4 |
| | 6 | 6 | 2 | 4 |
| 第2問（20） | 1 | 7 | 4 | 4 |
| | 2 | 8 | 1 | 3 |
| | 3 | 9 | 4 | 3 |
| | 4 | 10 | 2 | 3 |
| | 5 | 11 | 4 | 4 |
| | 6 | 12 | 1 | 3 |
| 第3問（20） | A 1 | 13 | 4 | 3 |
| | A 2 | 14 | 3 | 3 |
| | A 3 | 15 | 3 | 4 |
| | B 4 | 16 | 5 | 3 |
| | B 5 | 17 | 2 | 3 |
| | B 6 | 18 | 1 | 4 |

| 問題番号（配点） | 設問 | 解答番号 | 正解 | 配点 |
|---|---|---|---|---|
| 第4問（20） | 1 | 19 | 3 | 3 |
| | 2 | 20 | 3 | 4 |
| | 3 | 21 | 4 | 3 |
| | 4 | 22 | 2 | 4 |
| | 5 | 23 | 1 | 3 |
| | 6 | 24 | 1 | 3 |
| 第5問（20） | 1 | 25 | 7 | 3 |
| | 2 | 26-27 | 3-5 | 4*1（各2） |
| | 3 | 28 | 4 | 3 |
| | 4 | 29 | 2,4 | 2*2 |
| | | 30 | 1,3 | 2*2 |
| | 5 | 31 | 3 | 3 |
| | 6 | 32 | 1 | 3 |

（注）
＊1は，－(ハイフン)でつながれた正解は，順序を問わない。
＊2は，過不足なくマークしている場合のみ正解とする。

## 第1問　世界の自然環境　標準



問1【世界の造山帯と安定陸塊】　1　正解：①　やや易

必要な知識　**新期造山帯・古期造山帯・安定陸塊**の分布

**新期造山帯，古期造山帯，安定陸塊**に属するそれぞれの代表的な山脈，高原，平野などは，名称ではなく**地図上での場所を覚えておく!!**

①　誤文。A付近は**アフリカ大地溝帯**にあたり，プレートの**広がる境界**となっており，キリマンジャロ山などの高く険しい山脈もみられるが，**安定陸塊に属するアフリカ卓状地**（**アフリカ楯状地**）である。

②　正文。B付近は古期造山帯のウラル山脈にあたる。

③　正文。C付近は安定陸塊の**カナダ**（**ローレンシア**）**楯状地**にあたる。

④　正文。D付近は安定陸塊のブラジル高原にあたる。

問2【世界のプレート境界】　2　正解：②　やや易

必要な知識　おもなプレート境界に形成される地形とその分布

**広がる境界，狭まる境界，ずれる境界**それぞれに**形成される地形**と，代表的な**場所を地図上で覚えておく!!**

ア　F付近はプレートの広がる境界の代表的事例で，**大西洋中央海嶺**が分布する。

イ　H付近はプレートの狭まる境界の代表的事例で，**ペルー海溝**が分布する。

ウ　G付近は**プレートの境界ではなく**，ユーラシアプレート上に位置する南シナ海の**大陸棚**となっている。

+αの知識　• **大陸棚**：大陸周辺の**水深200 mまでの浅海底**で，現在は海面変動で水面下にあるが，地質的には陸地と同じ性質をもつ。

問3【等温線の判定】　3　正解：①　やや難　思

必要な知識　**海洋性気候**と**大陸性気候**／世界の気候区分布

**冷帯気候と温帯気候の分布地域から気温を類推する**ことがポイントとなる。

等温線Pは北半球の大陸において，**海岸部で高緯度側に，内陸部で低緯度側に張り出している**ため，同緯度では**海岸部で気温が高く，内陸部で気温が低くなっている**ことを示している。このような気温分布となるのは，**北半球が冬季の1月**である。同緯度で比較すると，**海岸部は気温の年較差**

**が小さい海洋性気候**のため冬季は気温が低下しにくく，逆に内陸部は気温の年較差が大きい**大陸性気候**のため冬季は気温が低下しやすい。

一方で，ケッペンの気候区分による冷帯（D）気候と温帯（C）気候との気温区分の定義は，**最寒月平均気温が－3℃**未満か以上かであり，等温線Ｐは北半球の大陸において冷帯気候と温帯気候の境界線（1月－3℃の等温線と考えてよい）にあたる場所よりも**少し低緯度側を通っている**ことから，1月は0℃と類推することができる。

問４【降水の季節変化】　4　**正解**：③　標準

必要な知識　大気の大循環と気圧帯・恒常風／気圧帯とその季節移動／**季節風（モンスーン）**と降水の関係

**気圧帯の移動や季節風などによって降水の季節変化が生じるしくみ**を理解できているかが問われている。研究❶参照（➡ p.21）。

③　ビエンチャンは，北回帰線と赤道の間に位置するため**サバナ（Aw）気候**で，**高日季（7月前後）に熱帯収束帯（赤道低圧帯）**や海洋からの**湿潤な季節風**の影響で**多雨**，**低日季（1月前後）に亜熱帯高圧帯（中緯度高圧帯）**や大陸からの**乾燥した季節風**の影響で**少雨**となる。

①　ラルナカは，北緯50°線と北回帰線の間の大陸西岸部にあたるキプロス島に位置するため**地中海性（Cs）気候**で，**冬季（1月前後）に高緯度低圧帯（寒帯前線）**や海洋からの**湿潤な偏西風**の影響で**降雨が見られ**，**夏季（7月前後）に亜熱帯高圧帯**の影響で**乾燥**する。

②　シンガポールは，赤道付近に位置するため**熱帯雨林（Af）気候**で，**年間を通して熱帯収束帯**の影響を受け**年中多雨**となる。

④　カラチは，北回帰線付近の大陸西岸に位置するため**乾燥帯（B）**となるが，**高日季（7月前後）に**海洋からの**湿潤な季節風**の影響を受け**若干の降水が見られる**。

問５【成帯土壌の分布と成因】　5　**正解**：⑥　やや難

必要な知識　おもな**成帯土壌（ポドゾル，ラトソル，褐色森林土）**の分布と成因／世界の気候区分布

**成帯土壌の名称の単純な暗記知識のみでは対応できない**。気候や植生の分布や，それらと関連する土壌の成因にまでふみ込んだ対策を要する設問。

土壌のうち，**気候や植生の影響**を強く受けるのが成帯土壌である。

**カ**　Ｊは**冷帯**（D）気候であり，**灰白色**の**ポドゾル**が分布する。低温であるうえ，とくに針葉樹の葉は分解が遅いなど**有機物の分解が進みにくい**。そのため，じゅうぶんに分解されない植物遺骸は表層で**泥炭**（でいたん）となるなど**酸性**を呈し，降水が鉄分などの諸成分を溶かして流し出すことで，残された

土壌は**白っぽい色**（**灰白色**）となり**肥沃度は低い**。したがって，Ｚに該当する。

キ　Ｋは**熱帯**（A）気候であり，**赤色**（**赤褐色**）の**ラトソル**が分布する。高温の気候環境下で昆虫や微生物などの活動が活発であるため，土壌中の**有機物の分解は進みやすい**が，分解された養分は短期間に植物に吸収されたり**多量の降水によって洗い流される**ため，表面にはアルミニウムや鉄などの金属の酸化物が集積し，土壌は**赤色**となり**肥沃度は低い**。したがって，Ｙに該当する。

ク　Ｌは**温帯**（C）気候であり，**褐色森林土**が分布する。落葉の堆積物からできた比較的厚い腐植層をもつため**肥沃度は比較的高い**。したがって，Ｘに該当する。

問６【都市化と豪雨による災害】　6　**正解**：②　標準

必要な知識　**沖積平野**／河川の三作用（侵食，運搬，堆積）／**都市型水害**／**液状化現象**

３箇所すべての正誤判定が必要な**共通テストの新形式**。文章の内容を論理的・客観的に読み取る力を要する設問。

ａ　正しい。**沖積平野**は，河川の侵食，運搬，堆積の３つの作用が関連して形成されるが，**沖積平野への土砂の堆積には河川氾濫をともなう**。

ｂ　正しい。ほとんどの地表面がアスファルトやコンクリートで覆われている都市部では，豪雨の際に小河川や下水道に**雨水が集中的に流入**するため，排水しきれない場合には浸水被害が生じる。これを**都市型水害**と呼ぶ。

ｃ　誤り。**液状化現象**は，地層中に水分を多く含む沖積地や埋立地などの地盤が**地震動によって一時的に流動化**し，建物や構造物が沈下・浮上したり砂が噴き上がったりすることをいう。**地震の際に発生する場合はある**が，豪雨の際に発生するものではない。

# 第2問　世界の農林水産業

問1 【三大穀物の生産・貿易の特徴】 7 正解：④ やや難

必要な知識　三大穀物（小麦，米，トウモロコシ）の生産・貿易の特徴／**自給的農業／商業的農業**

3箇所すべての正誤判定が必要な**共通テストの新形式**。図（グラフ）から読み取った情報と三大穀物についての基礎的な知識の両面からアプローチする。

ア　正しい。図1より，小麦の生産量に占める輸出量が中国やインドではきわめて少ないため**自給的である**といえるが，アメリカ合衆国やカナダでは比較的高いため**商業的生産がさかんである**といってよい。

イ　誤り。図1にも示されているように，米の生産量の世界上位5か国は，**すべてアジアの国々で占められている**。また，実際にも**世界総生産量の約9割がアジアで生産**されており，小麦やトウモロコシとくらべて**生産地域が偏っている**といえる。

ウ　誤り。図1より，トウモロコシの世界総生産量は約10.6億t，総輸出量は約1億5,000万t弱であるのにたいし，アメリカ合衆国，ブラジル，アルゼンチン，メキシコの4か国における生産量は約5億t，輸出量は約1億tであり，生産量は約半分，輸出量は約7割である。

問2 【嗜好品や工業原料となる農作物の輸入国】 8 正解：① やや難

必要な知識　嗜好（しこう）作物・工芸作物の生産地域と消費地域／宗教と食の禁忌／**労働集約型工業**の立地傾向

嗜好作物（コーヒー豆，茶など）や工芸作物（綿花，天然ゴムなど）の輸入上位国を判定する設問であるため，これらの**消費地域の傾向を理由とともに把握**しておくことが重要となる。

カ　コーヒー豆。**先進国は，温帯や冷帯に位置し熱帯・亜熱帯性作物であるコーヒー豆の生産が難しいことに加え，生活水準が高く嗜好品としてコーヒー豆の消費量が多いため，輸入量が多くなる傾向**にある。アメリカ合衆国をはじめ，西ヨーロッパ諸国や日本などで輸入量が多い。

キ　茶。**嗜好品として茶を多く飲む習慣のある**ロシアやイギリス，**アルコールを禁忌する代わりに嗜好品として茶を多く飲む習慣のあるイスラム教徒**が多数を占める国などで**輸入量が多くなる傾向**にある。**前者は寒冷な気候**であること，**後者は降水量が少なく茶の生産が難しい**ことが理由。

ク　綿花。綿花を原料とする**綿工業**は，**現在，発展途上国が生産の中心**

となっているため，中国，トルコ，ベトナムなど**アジアの発展途上国を中心に輸入量が多い**。

問３【農牧業にかんする諸指標】 9 **正解**：④ 標準

必要な知識　世界の地域別農牧業経営の特徴

複数の農牧業関連の諸指標から，農牧業の地域別の特徴をとらえさせることがねらい。

**総就業人口に占める農林水産業就業人口の割合**は，一般に，**発展途上国で高く先進国で低く**なる。したがって，①・②は発展途上国のウルグアイ，タイのいずれか，③・④は先進国のイギリス，カナダのいずれかとなる。

**農業従事者１人あたりの農地面積**は農業の規模を表す指標で，一般に，**アジア・アフリカ諸国が最も小さく，ついでヨーロッパ諸国，新大陸地域の国々の順で大きくなる傾向**にある。したがって，①はアジア諸国のタイ，④はヨーロッパ諸国のイギリス，②・③はウルグアイ，カナダのいずれかとなるが，農林水産業就業人口の割合がより大きい②が発展途上国のウルグアイ，より小さい③が先進国のカナダとなる。

これら以外に，判断の決め手となる事項を挙げておく。**農林水産業就業人口の割合**は，発展途上国の中でも**アジア諸国などでは経営規模が小さく労働集約的な農業が行なわれている**ため**とりわけ高くなる**が，**新大陸地域の国々では経営規模が大きく機械化の進展した農業が行なわれている**ため，**発展途上国水準では低くなる**。よって，①がタイ，②がウルグアイである根拠ともなる。また，**ウルグアイやイギリスは**牛，羊などの放牧や酪農がさかんであるため**牧場・牧草地の割合が高い**こと，一方，**カナダは**寒冷な気候のため**耕地の割合，牧場・牧草地の割合がいずれも低い**ことも確認しておきたい。

問４【世界各国の木材伐採高に占める針葉樹・用材の割合】 10 **正解**：② 標準

必要な知識　**針葉樹**と**広葉樹**の分布／**用材**と**薪炭材**（しんたんざい）／世界の気候区分布／主要国の経済水準

林業に関する定番の出題。選択肢の国々の気候環境と経済水準から考える。

おもに**針葉樹は寒冷な地域**，**広葉樹は温暖な地域**に分布する。用途としては，**用材**は建築，パルプ，家具など産業用に利用される木材であり，一般に**産業が発展した国で伐採高に占める割合が大きい**。**薪炭材**は薪（まき）や木炭など燃料用に利用される木材であり，一般に**産業が未発達な国で伐採高に占める割合が大きい**。

① スウェーデン。寒冷な気候であるため針葉樹の伐採割合，先進国であるため用材の伐採割合がいずれも高い。

② 中国。近年の産業発展によって用材の伐採割合が高くなってきている。

③ ケニア。中南アフリカの発展途上国であるため，用材の伐採割合が非常に低い。

④ マレーシア。熱帯気候が国土の大半を占めるため針葉樹の伐採割合はきわめて低く，発展途上国であるが**用材としての木材輸出が多いため，**用材の伐採割合が高い。

問 5 【主要漁業国における水産業の特徴と生産量・貿易額】 11

正解：④ やや難

必要な知識 漁業生産量の上位国／水産物の輸出額・輸入額の上位国／主要漁業国（中国，アメリカ合衆国，ペルー）の水産業の特徴

基礎的な統計知識と**各国の経済規模から水産物の需給関係を考察**できるかどうかが試されている。

A：シ 中国。**漁業生産量**，**水産物の輸出額**ともに世界**第 1 位**であるが，人口が多く**国内消費量が大きい**ため，**水産物の輸入額**も**世界上位**となっている。**内水面漁業**も行なわれ，とくに近年はコイ科の魚類を中心に**養殖業での漁業生産量が拡大**している。

B：ス アメリカ合衆国。**水産物の輸入額**は世界**第 1 位**。**排他的経済水域**内では水産資源を管理する組織を設けて，漁獲枠を設定するなどして資源管理が行なわれている。

C：サ ペルー。**アンチョビー**（カタクチイワシ）漁がさかんであり**漁業生産量は世界有数**であるが，人口が比較的少なく**国内消費量が小さい**ため，**水産物の輸入額は少ない**。アンチョビーはフィッシュミール（魚粉）に加工され，**飼料や肥料として欧米諸国に輸出**される。

+αの知識 ● **内水面漁業：**海洋以外の**河川**，**湖沼**などで行なわれる漁業。**中国**や**インド**などでさかんである。

問6 【指標計算のためのデータ選択】 12  

必要な知識 食料供給量の定義

ある指標を導くために必要なデータの組合せが問われている。客観的な思考力や判断力を試すのがねらい。**共通テストの新形式**。

1人1年あたりの牛肉供給量は，（**牛肉の生産量＋牛肉の輸入量－牛肉の輸出量**）÷**人口**で概算することができる（いずれも年次統計データ）。すなわち，1年間におけるインドでの「牛肉の生産量」と「牛肉の輸入量」を合計したものから「牛肉の輸出量」を控除する（差し引く）と，インド全体の「牛肉の供給量」が算出され，この値を人口で除す（割る）ことで，1人1年あたりの牛肉供給量を導くことができる。牛1頭あたりどれだけの牛肉を生産できるのかというデータは示されていないため，この概算には「牛の飼育頭数」のデータは不必要である。

# 第3問 人口・都市 

A 世界と日本の人口分野についての課題探求

問1 【人口大国の分布とその人口動態】 13 正解：④ 標準 思

必要な知識 世界の人口大国／人口抑制政策／人口の**自然増加数**（**出生数－死亡数**）／主要国の経済水準／世界の気候区分布

図の読み取りと，世界主要国の人口動態に関する基礎が問われている。研究❷参照。

④ 正文。**オセアニア**は，**オーストラリア大陸とニュージーランドを含む太平洋島嶼部**の地域である。図1より，オセアニアのみ人口8,000万人以上の国は存在しない。

① 誤文。人口10億人以上である中国，インドではともに**人口抑制政策がとられた**が，現在でも**出生率が死亡率を上回っている**ため，人口は増加している。

② 誤文。2億人以上10億人未満の国は，アメリカ合衆国，インドネシア，ブラジル，パキスタンであるが，少なくとも**アメリカ合衆国は先進国**であり人口が急増（**人口爆発**）しているとは言いがたい。

③ 誤文。1億人以上2億人未満の国は，ナイジェリア，バングラデシュ，ロシア，メキシコ，日本，エチオピア，フィリピンであるが，**乾燥帯はメキシコなど**に，**寒帯はロシア**に分布している。

+αの知識 • 人口1億人以上の国（2018年）：❶ **中国**（約14.2億人），❷ **インド**（約13.5億人），❸ **アメリカ合衆国**（約3.3億人），❹ **インドネシア**（約2.7億人），❺ **ブラジル**（約2.1億人），❻ パキスタン（約2.0億人），❼ ナイジェリア（約2.0億人），❽ バングラデシュ（約1.7億人），❾ ロシア（約1.4億人），❿ メキシコ（約1.3億人），⓫ 日本（約1.3億人），⓬ エチオピア（約1.1億人），⓭ フィリピン（約1.1億人）

問2 【世界各国の出生率・死亡率の特徴】 14 正解：③ 標準

必要な知識 **人口転換と人口ピラミッドの変化**／主要国の経済水準

**世界主要国の人口動態の理解を問う定番の出題**!! 発展途上国，**アジアNIES**，新大陸の先進国，イタリア・ドイツなどの人口動態の特徴をきっちり把握しておきたい。研究❷参照（➡ p.30）。

③ 韓国・シンガポールでは，近年の急速な**経済成長による女性の社会進出**などで**出生率が低水準**にある。また，現在の人口構成は，**生産年齢人**

**口割合が高く，老年人口割合が低い**状態で，まだ高齢化があまり進展していないため**死亡率も低水準**にある。**死亡率は，高齢化の進展にともない上昇する**。

① 後発発展途上国であるエチオピア・ガーナでは，**栄養，衛生，医療面の改善**などで**死亡率は急激に低下**したが，**出生率は依然として高水準**にある（**多産少死型**）ため，**人口が急増**（**人口爆発**）している。

② 新大陸の先進国であるアメリカ合衆国・オーストラリアでは，**発展途上国からの若年層の移民が多い**ため，先進国水準から見れば，**出生率が比較的高く**，高齢化の進展度も低くて**死亡率が比較的低い**。

④ イタリア・ドイツは，先進国の中でもとりわけ**少子高齢化が進展しており，出生率が低く死亡率が高い**。

問3 【日本の少子高齢化問題】 15 正解：③ やや易 思

必要な知識 先進国における**少子高齢化**の進行速度／少子高齢化社会の課題

日本の**少子高齢化**問題の現状と課題を把握できているのかを試すのがねらい。

ア 日本では，第二次世界大戦後に**出生率が急激に低下し，平均寿命が延びた**ため，欧米の先進国にくらべて**少子高齢化の進行が速い**。

イ 直後の会話文中に「少子高齢化が進行すると，生産年齢人口も減少する」とあり，これがヒントになる。日本の年金や介護保険などの社会保障制度は，**現在の生産年齢人口世代が支払う保険料によって現在の老年人口世代を支える**しくみとなっているため，少子高齢化によって生産年齢人口が減少し老年人口が増加すれば，**生産年齢人口世代１人あたりの経済的負担が大きくなる**。

B 日本の村落・都市分野についての課題探求

問4 【村落立地の地形条件】 16 正解：⑤ 標準

必要な知識 地形（扇状地，台地，氾濫原（はんらんげん），海岸平野，山間部）と伝統的村落の立地

**扇状地**や**氾濫原**など各地形の“**形状**”**をイメージできる**ことが前提。教科書や資料集などで地形を“**ヴィジュアル**”**的に理解**しておくこと。

⑤ 誤り。北半球に位置する日本の山間部では，**日照時間が長い南向き斜面**に村落が立地（**日向（ひなた）集落**）することが多いが，**土砂災害が避けられることとは関係しない**。

①・② 生活用水が得にくい乏水地（ぼうすいち）の扇状地や台地では，**扇端付近**や**崖（がい）下（か）付近**に古くからの村落が立地する場合が多い。これらの場所は**湧水帯（ゆうすいたい）**となっていることが多い。**良質な生活用水が得られる**ためである。

③・④　低平な氾濫原や**海岸平野**では，**自然堤防上**や**浜堤上**に古くからの村落が立地する場合が多い。これらの場所は土砂などが堆積した**微高地であり，洪水による被害を最小限にすることができる**ためである。

+αの知識　• **日向集落**：山間部の東西方向の谷間において南向き（北側）斜面に立地した集落。山地の山間部では日照時間が長い場所に家屋や耕地をつくることが多い。

問5　【日本国内の人口移動と都市化】　17　**正解**：②　難

必要な知識　第二次世界大戦後の日本国内の人口移動／**ドーナツ化現象**／都市の内部構造

**高度経済成長期**以降における**地方農山村地域から大都市圏への人口移動**と，**大都市圏での人口のドーナツ化現象**，また**地方中枢都市への人口流入**を，**統計数値の変化から読み取らせる**ことがねらい。大阪市，札幌市，横浜市の都市としての性格や大都市圏内での位置づけの把握も不可欠である。

**大阪市は，大阪大都市圏内の中心地域**にあたる。高度経済成長期後半以降，ドーナツ化現象によって**大阪市の人口は減少した**。いっぽうで，ドーナツ化現象による大阪市からの人口流入と地方からの人口流入によって，**大都市圏内の郊外**（大阪市の周辺地域）**にあたる大阪市以外の大阪府の人口は増加**した。そのため，**大阪府に占める大阪市の人口割合は低下**した。したがって，**カ**に該当する。

これにたいして，**横浜市と横浜市以外の神奈川県は，ともに東京大都市圏内の郊外**（東京都区部の周辺地域）にあたる。ドーナツ化現象による東京都区部からの人口流入と地方からの人口流入によって，両者ともに人口が増加した。そのため，**神奈川県に占める横浜市の人口割合はほとんど変化しなかった**。したがって，**キ**に該当する。

**札幌市は北海道地方の中枢都市**にあたり，雇用機会が多いなどの理由から札幌市以外の北海道内から**人口が流入し増加**してきた。また，札幌市以外の北海道からは首都圏など道外への人口流出もみられた。そのため，人口増加率は札幌市以外の北海道よりも札幌市のほうが高いため，**北海道に占める札幌市の人口割合は上昇**してきた。したがって**ク**に該当する。

+αの知識　• **ドーナツ化現象**：都市の発展による**都市圏**の拡大にともない，**中心地域（都心部）の人口が減少**し，**周辺地域（郊外）の人口が増加**する現象をいう。中心地域の地価高騰や生活環境の悪化，都心部と郊外を結ぶ交通機関の発達による職住分離などが原因となって生じる。

問6 【日本のニュータウンの特徴と課題】 18 **正解**：① やや易 思

〉必要な知識〈 日本の**ニュータウン**の特徴と課題／**大ロンドン計画**

K先生の質問にたいして**レイコさんが誤った解答を答えるという会話の設定になっていることに注意する**必要がある。正答は誤っている内容の組合せとなるため，ていねいに会話文を読み進めなければならない。

サ Qの「職住分離型」が正しいが，Pの「職住近接型」と誤っている設定のため，解答はPとなる。**高度経済成長期**に東京都郊外で整備された**ニュータウン**は，**都心部への通勤者の住宅としての機能が中心であるベッドタウン**であり，「**職住分離型**」であるといえる。一方で，20世紀半ばにイギリスの**大ロンドン計画**で建設されたニュータウンは，**工場や事務所などの職場と住宅の両機能を備えた**「**職住近接型**」であった。

シ こちらもYの「**建物のバリアフリー化**」が正しいが，Xの「小学校や中学校の不足」と誤っている設定であるため，解答はXとなる。このようなニュータウンでは，完成時に**おおむね30歳代前後の若年勤労者とその子どもの世代が一斉に入居する**場合が多いため，経年変化によって21世紀に入るころから子どもの世代が大人になって独立や結婚で転出し，親の世代は高齢者となり，**人口の減少と高齢化が進んでいる**。したがって，建物のバリアフリー化が現在の課題の一つといえる。

+αの知識 •日本の**ニュータウン**の課題：人口減少による**商業の衰退**や空き家の増加，少子高齢化による**学校の統廃合問題**や**高齢者福祉施設の不足**，コミュニティの希薄化による**高齢者の孤立問題**，住宅や諸施設の老朽化による**建て替え問題**や**バリアフリー化**などが挙げられる。

## 第4問　東南アジアの地誌

問1【東南アジアの自然環境】 19 **正解**：③ 標準

必要な知識　気候区と植生の関係／**熱帯林**の破壊／**国際河川**／エスチュアリー（三角江）／**三角州（デルタ）**／おもなプレート境界に形成される地形とその分布／**大陸棚**／**季節風（モンスーン）**と降水の関係

世界地誌分野の出題では，**系統地理分野の知識が地域ごとに問われる**ため，復習の際には**系統地理分野の内容を再チェック**すると効果的！

③　正文。Cの地域はほぼ赤道直下に位置し**熱帯雨林**が分布するが，**アブラヤシなどの農園やエビの養殖池の開発が行なわれ**，森林破壊が進行している。

①　誤文。Aの地域はチャオプラヤ川の河口付近で，同河川は**タイ国内のみを流れる**ので，**国際河川ではない**。また，河口部には**三角州**（**デルタ**）が発達する。なお，同河川も含めて，東南アジア大陸部に位置する主要河川の**ホン川**，**メコン川**，**エーヤワディー川**は，上流部に**新期造山帯**の険しい山地・山脈が分布し降水量も多いことなどから，**河口部には三角州が形成**されている。

②　誤文。Bの地域は，**西に位置する大陸プレートの下に東に位置する海洋プレートが沈み込む狭まる境界にあたる**ため，**海溝**が形成されている。**海溝**（フィリピン海溝）**は**，**弧状列島**（こじょう）（フィリピン諸島）**の海洋プレート側につくられる**。

④　誤文。Dの地域は**山脈の北側**にあたり，南寄りの**季節風**が卓越する**6〜8月ごろは山脈の風下側になるため乾季となる**。

＋αの知識　●**国際河川**：複数の国の領土を流れ，条約により自由航行が認められた河川。**メコン川**，**ライン川**，**ナイル川**，**アマゾン川**など。

問2【東南アジア諸国の農林産物・鉱産資源の生産・産出】 20

**正解**：③ やや難

必要な知識　主要農林産物・鉱産資源の生産・産出上位国

おもな一次産品の基礎的な統計知識が問われているが，生産・産出国が類似した産品が含まれるためやや難しい。

③　**天然ゴム**。**生産量**世界**第1位**は**タイ**，**第2位**は**インドネシア**で，**この2か国のみで世界の生産量の約6割を占める**。第3位がベトナム，第6位がマレーシア，第7位がフィリピン，第10位がミャンマー（2016年）

の順に続き，**東南アジア地域が世界の主産地**となっている。

① **すず鉱**。**第2位はインドネシア**，第3位はミャンマーであるが，**インドネシアが世界の主産地**であることはおさえておきたい。第9位がベトナム，第10位がマレーシア（2015年）。

② **米**。**第3位はインドネシア**，**第5位はベトナム**，第6位はミャンマー，第7位はタイ，第8位はフィリピン（2016年）で，多くの国々が世界上位国であるが，**マレーシアはプランテーション作物の生産が中心**であり，**米の生産量は少ない**。

④ **石炭**。上位10位以内には**第3位にインドネシアが入るのみ**である（2015年）。

問3 【東南アジア諸国の旧宗主国】 21 正解：④ やや易

必要な知識 東南アジア諸国の旧宗主国

発展途上国の多くを支配していた欧米諸国を**旧宗主国**という。旧宗主国は，各地域ごとにまとめておきたい。

④ 正しい。1984年に**イギリス**から独立した。

① 誤り。インドネシアの旧宗主国は**オランダ**。

② 誤り。カンボジアの旧宗主国は**フランス**。

③ 誤り。イギリス領とフランス領の間にはさまれた位置にあり，両勢力の**緩衝国**（かんしょうこく）**として独立を維持**することができた。

⑤ 誤り。旧宗主国は**フランス**。

+αの知識 ●**緩衝国**：複数の強国やその植民地の間に位置し，相互の衝突の危険性を緩和・回避する役割をもつ国。

問4 【東南アジア諸国の言語（民族）・宗教】 22 正解：② やや難

必要な知識 東南アジア諸国の言語（民族）・宗教分布／東南アジア諸国の公用語／**ブミプトラ政策**

東南アジア諸国の言語・宗教は，資料集などを使って**地図上での分布**を確認しておきたい。

② 正文。**エ**（フィリピン）では，首都周辺地域で使われていたタガログ語をもとにした**フィリピノ語を公用語**としたが，ほかの地域にはあまり普及しなかったため，19世紀末以降のアメリカ合衆国植民地時代に普及した**英語も公用語**となっている。宗教は，約300年間に及ぶスペイン植民地時代に広まった**キリスト教**（**カトリック**）の信者が多い。

① 誤文。**イ**（タイ）では，**インドから伝わった上座部**（じょうざぶ）**仏教が広く信仰**されている。

③　誤文。**オ**（シンガポール）では，**特定の民族を優遇する政策は実施されていない**。マレー系住民を優遇する政策は，**マレーシアで実施されているブミプトラ政策**である。

④　誤文。**キ**（東ティモール）では，ポルトガル植民地時代に広まった**キリスト教**（**カトリック**）が広く信仰されている。

+αの知識　●**ブミプトラ政策**：マレーシアにおいて，経済的優位にある中国系住民にたいして，マレー系住民との経済的格差を是正するために，雇用や教育などの面で先住民のマレー系住民を優遇する政策。

問5　【東南アジア諸国の経済・産業政策】　23　正解：①　標準

必要な知識　**マキラドーラ／ドイモイ政策／ルックイースト政策**

発展途上国の経済・産業政策の知識が問われている。**共通テスト対策では思考力や判断力が強調されるが，教科書レベルの知識を正確に習得しておくことも忘れずに**。

①　誤文。**ア**（ミャンマー）は2011年に軍政から民政に移管され，**経済特区を設置するなど経済開放政策をとっている**が，**マキラドーラはメキシコで税制優遇による外国企業の誘致などをはかった保税輸出加工区および工場**のことである。

②　正文。**ウ**（ベトナム）では**ドイモイ政策**がかかげられ，**社会主義を維持しながらも市場経済を導入**し，国際分業を前提とした産業分野の改革が行なわれて成果をあげた。

③　正文。**オ**（シンガポール）は，**美化・緑化政策**を実施した。「クリーンアンドグリーンシティ」「ガーデンシティ」とよばれる良好なイメージは，投資や観光面で寄与している。

④　正文。**カ**（マレーシア）では，**日本をはじめ韓国や台湾などの経済的成功を模範として工業化をめざすルックイースト政策**が行なわれ，これらの国・地域から企業誘致や技術導入が積極的に実施された。

問6　【ASEANと他地域の国家間協力機構の比較】　24　正解：①　標準

必要な知識　主要な国家間協力機構（ASEAN（アセアン），EU，MERCOSUR（メルコスール），NAFTA（ナフタ））／**人口密度**／**GDP（国内総生産）**／貿易総額

それぞれの国家間協力機構の加盟国について，面積，人口，経済水準などの理解が試されている。

**人口密度**は，概観すれば**旧大陸地域**（アジア，ヨーロッパ，アフリカ）**で高く**，**新大陸地域**（北アメリカ，南アメリカ，オセアニア）**で低い傾向**にある。また，**GDP**や**貿易総額**は，付加価値の高い財やサービスを生み

だし，取り引きしている**先進地域で大きい傾向**にある。

① ASEAN。モンスーンアジアはとくに人口が多いため，**人口密度が高い**。発展途上国の国家間協力機構であるため，**GDP や貿易総額は比較的小さい**。

② EU。ヨーロッパも面積のわりには人口が多く，**人口密度が比較的高い**。先進国中心の国家間協力機構であるため，**GDP や貿易総額は大きい**。**域内の関税が撤廃**されているため貿易が非常に活発で，**とくに貿易総額は大きくなる**。

③ NAFTA。新大陸地域であるため，**人口密度が低い**。先進国中心の国家間協力機構であるため，**GDP や貿易総額は大きい**。

④ MERCOSUR。新大陸地域であるため，**人口密度が低い**。発展途上国の国家間協力機構であるため，**GDP や貿易総額は小さい**。

+α の知識 • GDP（国内総生産）：一定期間内に国内で**生産された財（モノ）とサービスの付加価値の合計額**。**国の経済活動の規模**を示す指標。

分析編 解答・解説編 試行調査・第1回 試行調査・第2回 予想問題・第1回 予想問題・第2回

# 第5問　地域調査（和歌山県新宮市）

問1 【地理院地図の読み取り】　25　正解：⑦　難　思

必要な知識　地形図・地理院地図の記号／読図の技能／日本の地体構造／日本の小地形（**リアス海岸，陸繋島，陸繋砂州**）／日本の多雨地域

地理院地図にかかれた情報を正しく読み取り，地図中の地域における空間認識ができるかどうかの技能が試されている。くわえて，日本における各地形の代表的事例の場所などの知識も要する。

表1に，モモエさんは「和歌山市」を出発し「本州最南端に位置する**陸繋島**と**陸繋砂州**」を経由したとあるため，図1の**紀伊半島最南端の潮岬付近を経由**したと考えられる。また，「一般道と自動車専用道路を走る自家用車」を利用したとあることからも，図2中の南西端に読み取れる「**那智勝浦新宮道路**」「**新宮南IC（インターチェンジ）**」から**国道42号**のC地点にいたり，南側から新宮市の市街地に向かったと考えられる。C地点から市街地に向かって国道は「**左にカーブ**」し，「**進行方向右側」に海が見える**位置を通るため，アに該当する。

一方で，ジュンコさんは「奈良市」を出発し「**西南日本外帯**にあたる山地の内陸部」を経由したとあるため，図1の**紀伊半島内陸部の紀伊山地を経由**したと考えられる。また，「一般道のみを走る路線バス」を利用したとあることからも，図2中の西部に読み取れる「熊野川」に沿った国道168号のB地点にいたり，西側から市街地に向かったと考えられる。B地点から市街地に向かって，国道は「**進行方向左側」に河川が見える**位置を通り，「**越路隧道」などの「トンネル**」が読み取れるため，ウに該当する。

そして，マサコさんは「敦賀市」を出発して「国内最多雨地域のひとつ」「リアス海岸」を経由したとあるため，図1の**紀伊半島南東岸の尾鷲付近を経由**したと考えられる。また，「JR線の在来線」を利用したとあることからも，図2中の北東部に読み取れる**JR線**のA地点にいたり，北側から新宮市の市街地に向かったと考えられる。A地点から市街地に向かってJR線は「**左にカーブ」し，「低地」，「河川」，新宮城跡のある小丘の下の「トンネル」を順に**通るため，イに該当する。

＋αの知識　●日本の多雨地域：暖かい海上を吹いてきた風が山にあたって上昇気流となる（**地形性降雨**）山地の風上側などに見られる。冬季**季節風**の風上側にあたる**日本海側北西斜面**や，夏季季節風や**台風**襲来時の風上側にあたる**太平洋側南東斜面**など。紀伊半島南東岸は，これらにくわえて**梅雨前線**や**秋雨前線**も停滞しやすく，国内最多雨地域の一つとなっている。

問2 【日本の気候】 26 ・ 27 **正解**：③・⑤ 標準

必要な知識 日本付近の気団／日本の海流／**季節風（モンスーン）**／風と降水の関係（地形性降雨）／気温の**年較差**

日本の気候に影響を及ぼす気団，**季節風**，海流などの総合的な理解が問われている。研究⑤参照（➡ p.81）。

③ 誤り。**小笠原気団**は北太平洋にあり，**高温・湿潤で夏季**の日本の気候に影響を及ぼす。

⑤ 誤り。敦賀（つるが）市の位置する北陸地方の日本海沿岸には**暖流**の**対馬海流**が北上しており，冬季には海上を吹いてくる湿潤な北西季節風により雪や雨が多くなる。**千島海流（親潮）**は千島列島から北海道，東北地方の太平洋沿岸を南下する寒流である。

① 正しい。**日本海流（黒潮）**は，太平洋沿岸を北上する暖流であり，新宮市に温暖な気候をもたらす一つの要因となっている。

② 正しい。海から離れた**内陸部では気温の年較差が大きくなる**ため，冬季は低温となりやすい。

④ 正しい。新宮市の位置する太平洋側は，冬季には北西**季節風**の**風下側となり陸地からの乾燥した風が吹く**ため，晴天が多く降水量が少ない。

⑥ 正しい。一般に海岸部では強い風が吹く傾向にある。

問3 【地理院地図の読み取り】 28 **正解**：④ やや易

必要な知識 地形図・地理院地図の記号／読図の技能／商業形態・立地の変化

3箇所すべての正誤判定が必要な**共通テストの新形式**。**地図の記号**は読図では基礎かつ必須の知識！

a 正しい。写真1のカには**鳥居**が確認でき，図3の地形図のE地点西側に「**熊野速玉大社**（くまのはやたまたいしゃ）」が位置していることが読み取れるため，**神社の参道**と考えられる。

b 誤り。キには**道幅の広い道路**が確認でき，F地点を通る道路は地形図の記号からも**国道**（42）であることが読み取れる。付近には**郵便局**（〒）や**交番**（X）は見られるが，**警察署**（⊗）や**税務署**（◇）は見られない。

c 誤り。G地点に見られるような**地方都市の中心商店街は，モータリゼーションの進展によって，郊外の大型ショッピングセンターに顧客を奪われ衰退している**。クに見られるように，平日の昼間の時間帯に閉店している小規模な個人商店が建ち並ぶ商店街が土・休日には一転して多くの買い物客でにぎわうとは考えにくい。

問4 【地形と災害による被害】 29 **正解**：②・④
30 **正解**：①・③ やや易 思

必要な知識　自然災害（河川氾濫，土砂災害，**津波**）と被害地域

該当する選択肢を**すべて選択**させる**共通テストの新形式での出題**！　地理院地図から地形を読み取り，起こり得る自然災害の危険性を推測する力が試されている。地形とそれぞれの自然災害発生との関連性の理解が不可欠。

Iの地域は，図3の地形図から，標高40～70m程度の傾斜地であることが読み取れるため，河川氾濫による浸水や，**津波**による浸水の危険性は少ないが，**急傾斜地の崩壊や土石流による被害**は予測できる。

いっぽうで，Jの地域は，図3の「市田川」左岸の3mの標高点からも読み取れるように，標高5m未満の低平地である。西部の山地からはかなり離れているため，急傾斜地の崩壊や土石流の危険性はないが，**河川氾濫や津波による浸水被害**は予測できる。

+αの知識　• 土石流：岩屑や砂礫などが水と混然一体となって高速で流下する現象で，**山間部や山麓の谷口などに被害を及ぼす。**

問5 【資料の読み取り】 31 **正解**：③ やや難 

必要な知識　特定の知識は不要／資料や文章を論理的に読み取るための思考力，判断力など

図4のグラフの緻密な読み取りを要する。

③　誤り。1980年には36工場あったが2013年には10工場に減少しており，約半数に減少したのではなく**3分の1以下にまで減少**している。

①　正しい。外材の入荷量は1965年から1970年にかけて**10倍以上に増加**している。

②　正しい。1970年の原木入荷量は約23.5万$m^3$，工場数は47工場であり，**1工場あたりの原木入荷量は約0.5万$m^3$**であった。30年後の2000年には，原木入荷量は約17.5万$m^3$，工場数は18工場であり，**1工場あたりの原木入荷量は約1万$m^3$となり増加**しており，工場の大規模化が進展したといえる。

④　正しい。原木入荷量は，2010年は国産材が約5万$m^3$弱，外材が約3万$m^3$，2013年は国産材が約4万$m^3$弱，外材が約3万$m^3$強で，**いずれも国産材のほうが多い。**

問6 【統計地図とその表現方法】 32 **正解**：① 標準

必要な知識 統計地図とその表現方法／**絶対分布図**と**相対分布図**

統計指標の性質と，その適切な地図化の方法を理解できているかどうかが問われている。

① 人口の値は**数量の絶対的な値を示す絶対値**であるため，**面積が増加するとそれにつれて増加する可能性のある指標**である。市町村の面積の大小によって印象が変わり誤った情報を与えることがあり，**絶対値の指標を階級区分図で表現するのは不適当**とされている。人口のような指標は，円などの大小で値を示す**図形表現図**など**絶対分布図**で表現するのが適している。

②・③・④は**割合，指数，平均値のような相対値の指標**であるため，**相対分布図**の**階級区分図**で表現するのに適している。

+αの知識 ●**絶対分布図：絶対値**の指標を地図化したもの。**図形表現図，ドットマップ，等値線図，流線図，変形地図**（カルトグラム）など。●**相対分布図：相対値**の指標を地図化したもの。**階級区分図**（コロプレスマップ），**メッシュマップ**など。

研究❺ 日本における夏季と冬季の降水量などの傾向

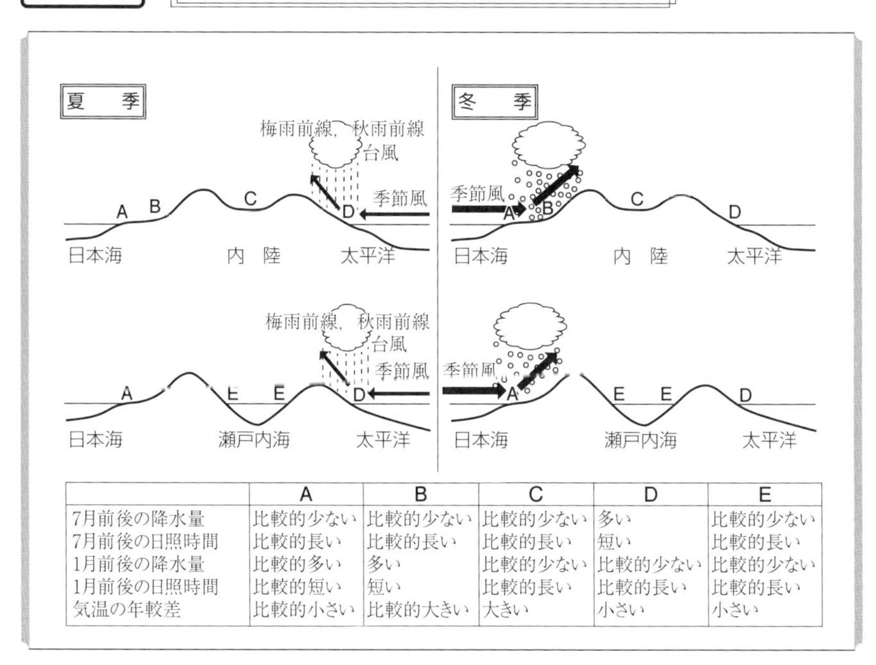


| | A | B | C | D | E |
|---|---|---|---|---|---|
| 7月前後の降水量 | 比較的少ない | 比較的少ない | 比較的少ない | 多い | 比較的少ない |
| 7月前後の日照時間 | 比較的長い | 比較的長い | 比較的長い | 短い | 比較的長い |
| 1月前後の降水量 | 比較的多い | 多い | 比較的少ない | 比較的少ない | 比較的少ない |
| 1月前後の日照時間 | 比較的短い | 短い | 比較的長い | 比較的長い | 比較的長い |
| 気温の年較差 | 比較的小さい | 比較的大きい | 大きい | 小さい | 小さい |

# 予想問題
# 第2回
# 解答・解説

# 予想問題・第2回　解　答

〔マーク式〕

（100点満点）

| 問題番号（配点） | 設問 | 解答番号 | 正解 | 配点 |
|---|---|---|---|---|
| 第1問（20） | 1 | 1 | 4 | 3 |
| | 2 | 2 | 4 | 4 |
| | 3 | 3 | 3 | 4 |
| | 4 | 4 | 1 | 3 |
| | | 5 | 6 | 3 |
| | 5 | 6 | 2 | 3 |
| 第2問（20） | 1 | 7 | 3 | 4 |
| | 2 | 8 | 1 | 3 |
| | 3 | 9 | 6 | 3 |
| | 4 | 10 | 1 | 3 |
| | 5 | 11 | 4 | 3 |
| | 6 | 12 | 2 | 4 |
| 第3問（20） | 1 | 13 | 3 | 3 |
| | 2 | 14 | 1 | 3 |
| | 3 | 15 | 4 | 4 |
| | 4 | 16 | 4 | 4 |
| | 5 | 17 | 2 | 3 |
| | 6 | 18 | 2 | 3 |
| 第4問（20） | 1 | 19 | 6 | 3 |
| | 2 | 20 | 4 | 4 |
| | 3 | 21 | 1 | 4 |
| | 4 | 22 | 2 | 3 |
| | 5 | 23 | 4 | 3 |
| | 6 | 24 | 6 | 3 |
| 第5問（20） | 1 | 25 | 1 | 3 |
| | 2 | 26 | 6 | 2 |
| | | 27 | 5 | 2 |
| | 3 | 28-29 | 3-6 | 4（各2） |
| | 4 | 30 | 6 | 3 |
| | 5 | 31 | 1 | 3 |
| | 6 | 32 | 1 | 3 |

（注）－（ハイフン）でつながれた正解は，順序を問わない。

# 第1問 アフリカの自然環境 標準

問1 【大地形の分布と成因】 1 **正解**：④ やや易

〈必要な知識〉 **新期造山帯**・**古期造山帯**・**安定陸塊**（りくかい）の分布／おもなプレート境界の分布／プレート境界と火山・地震活動

おもな**新期造山帯**・**古期造山帯**・**安定陸塊**の分布は**地図上で確認**!!

④ 誤文。Dの地域には，**古期造山帯に属する**ドラケンスバーグ山脈が位置しているが，**プレート境界付近ではない**。なお，**プレートの狭まる境界付近は新期造山帯にあたる**。

① 正文。Aの地域には，**新期造山帯に属する**アトラス山脈が位置しており，**アルプス山脈やヒマラヤ山脈と同時期の造山運動**（**アルプス＝ヒマラヤ造山帯**）によって形成された。

② 正文。Bの地域には，**安定陸塊に属する**コンゴ盆地が位置している。

③ 正文。Cの地域は，**アフリカ大地溝帯**の一部の高原で，プレートの広がる境界付近にあたり，キリニャガ（ケニア）山やキリマンジャロ山などの**火山が分布**している。

問2 【小地形の成因とその分布】 2 **正解**：④ やや難

〈必要な知識〉 **三角州**（**デルタ**）の成因と代表的事例の場所／**エスチュアリー**（**三角江**（さんかくこう））の成因と代表的事例の場所

おもな小地形については，名称だけではなく，教科書や資料集，地図帳を利用して，**成因とともに形状を"ヴィジュアル"的に理解し，代表的事例については地図上で場所を覚えておく**必要がある。

Fはナイル川の，Gはニジェール川の河口部にあたり，ともに**三角州**が形成されている。一般に，河川は河口付近では**流速が落ちて運搬作用が弱まり堆積**（たいせき）**作用が強まる**ため，砂泥が堆積して三角州をつくる場合がある。よって，イの説明に該当する。カのガンジス川，ブラマプトラ川の河口部にも三角州が見られる。なお，アは**エスチュアリー**の成因の説明で，クの**ラプラタ川はその代表的な事例**である。

**+αの知識** 河川の三作用：❶ 侵食（しんしょく）（川底や岸を削るはたらき），❷ 運搬（土砂などを運ぶはたらき），❸ 堆積（土砂などを積もらせるはたらき）。

問3 【気温・降水量の季節変化とその気候因子】 [ 3 ] **正解**：③

やや難 思

必要な知識 気圧帯とその季節移動／気温の**年較差**

3箇所すべての正誤判定が必要な**共通テストの新形式**。各地の降水量や気温に影響を及ぼす**要因についての理解**が試されている。研究❶参照（➡ p.21）。

サ　正しい。a地点は，**偏西風帯（寒帯前線／亜寒帯低圧帯／高緯度低圧帯）にあたる北緯50°付近と，亜熱帯高圧帯（中緯度高圧帯）にあたる北回帰線付近の間の大陸西岸**に位置している。太陽の回帰にともなう気圧帯の季節移動によって，**1月前後には海洋からの偏西風の影響を受け湿潤，7月前後には亜熱帯高圧帯の影響を受け乾燥**となる。

シ　誤り。b地点は，**亜熱帯高圧帯にあたる北回帰線付近**と，**熱帯収束帯（赤道低圧帯）にあたる赤道付近の間**に位置している。同様に，気圧帯の季節移動によって**1月前後には亜熱帯高圧帯の影響を受け乾燥**するが，**7月前後には熱帯収束帯の影響を受けて多雨**となり，**偏西風の影響を受けることはない**。

ス　正しい。c地点は，標高の高い高原上で，北緯10°付近の低緯度に位置するため，緯度のわりに**気温が低く年較差も小さい**。

問4 【多雨地域・少雨地域の成因】 [ 4 ]・[ 5 ] **正解**：①・⑥ 標準

必要な知識 **海岸砂漠／地形性降雨**

多雨地域と少雨地域について，**要因も含めた理解**が求められている設問。

Pは**年中降水量が少なく**，**砂漠（BW）気候**となっている。南回帰線付近に位置し，**年中亜熱帯高圧帯の影響を受ける**うえ，**沖合を寒流**（ベンゲラ海流）**が流れ大気が安定する**ため，**年中降水量が少なくなる（海岸砂漠）**。これは，寒流によって大気の下層が冷却（気温の逆転現象）されて重くなり，上昇気流が生じず雲が発生しにくくなるためである。

Qは**年中降水量が多く**，**熱帯雨林（Af）気候**となっている。赤道と南回帰線の間に位置し，**西側の山脈にたいして年中卓越する海洋からの湿潤な南東貿易風の風上側にあたる**（地形性降雨）ため，**年中降水量が多くなる**。一般に，熱帯雨林気候は年中**熱帯収束帯**の影響を受ける赤道付近に分布するが，Qの地域のものは成因が異なる。

+αの知識　●**地形性降雨：山地の風上側に降る雨**のことをいう。多くの水蒸気を含む湿潤な風が山地にあたると上昇気流が生じ，断熱的に膨張することで冷却され，水蒸気が凝結して雲が発生する。

問 5 【熱帯雨林の特徴】 6 正解：② やや易

〉必要な知識〈 **熱帯雨林**の特徴

森林や草原など植生分野の知識は，**気候環境との関連性も含めて理解**しておきたい。

X 地点は赤道付近に位置し，年中高温多雨の気候であるため**熱帯雨林**が分布する。

タ　熱帯雨林は多種類の**常緑広葉樹**の高木が密生し，**樹冠(じゅかん)の高さが異なる樹木が層を形成している**（多層構造）。

チ　多層構造のため地表面（林床(りんしょう)）には**直射日光が届きにくく**，下草は比較的少ないという特徴をもつ。

# 第2問　第2次産業・第3次産業 

問1【世界の石炭・原油の供給量】 7 正解：③ やや難 思

必要な知識 資料や文章を論理的に読み取るための思考力，判断力など／**エネルギー革命**

産出量，輸出量，輸入量の数値から，世界全体および各国の供給量や貿易量の割合を算出できるかどうかがポイント！

A　石炭の**供給量**は，（**産出量＋輸入量－輸出量**）で概算することができる。表1より，中国の石炭の産出量は34億1,060万t，輸入量は2億5,555万t，輸出量は表1からは不明であるが，第5位の南アフリカ共和国の6,994万t以下となることから，**中国の石炭供給量は少なくとも35億9,621万t以上**となる。また，表1より，世界全体の石炭の産出量は62億6,643万t，輸出量は13億315万t，輸入量は12億5,181万tであるため，**供給量は62億1,509万t**となる。したがって，**中国の供給量が世界全体の過半を占めている**ため，**石炭の供給量は中国が世界最大である**といえる。g　**エネルギー革命**は，**石炭から石油，天然ガスへのエネルギー消費の転換**のことであるが，中国の石炭供給量がきわめて大きいということは，**中国ではエネルギー革命を経ず今日にいたった**といえる。なお，eは先進国における動向であり，fも中国の石炭供給量がきわめて大きいということとは直接関係しない。

B　表1より，ロシアの原油の産出量は5億2,172万t，輸出量は2億5,284万t，輸入量は表1からは不明であるが，第5位の韓国の1億4,554万t以下となることから，**ロシアの原油供給量は多くとも4億1,442万t以下**となる。いっぽうで，アメリカ合衆国の原油の産出量は4億3,805万t，輸入量は3億8,828万t，輸出量は表1からは不明であるが，第5位のアラブ首長国連邦の1億2,024万t以下となることから，**アメリカ合衆国の原油供給量は少なくとも7億609万t以上**となる。したがって，**原油の供給量はロシアが世界最大ではない**。

C　表1より，世界全体で産出量にたいする輸出量や輸入量の占める割合は，**石炭が約2割**，**原油が約5割強**であることが読み取れ，原油とくらべ**石炭は産出国で消費される傾向が強い**といえる。

問2 【エネルギー源別発電量】 8 **正解**：① やや易

必要な知識 エネルギー源別発電量／主要国の人口規模／主要国の経済水準

各国における発電量は**人口規模**や**経済水準**に関連し，発電のエネルギー源の構成は，**産出される鉱産資源種類**のほか**自然環境**や**エネルギー政策**に関連する。

① ブラジル。人口約2億人強の発展途上国であり**経済規模が大きく**，**発電量は多い**。豊富な水資源を利用したイタイプダムなどの大規模な水力発電所があり，**水力発電の割合は発電量の約3分の2を占める**。

② フランス。人口約6,500万人の先進国であり**経済規模が大きく**，**発電量は多い**。早くから原子力研究が進んでいたことや，エネルギー資源に乏しいこともあり，1970年代の**石油危機**を契機に**原子力発電の割合**が高まり，現在は**約4分の3を占める**。

③ ノルウェー。人口約500万人強の先進国であり**経済規模が小さく**，**発電量は少ない**。原油や天然ガスの産出は多いが，これらはおもに輸出用で，国内の電力は**水力発電が大半を占める**。スカンディナヴィア山脈に向かって西側の海洋から湿潤な**偏西風**が吹くため降水量が多く，水力発電に有利な自然条件である。

④ アラブ首長国連邦。人口約1,000万人程度の発展途上国であり**経済規模が小さく**，**発電量は少ない**。原油や天然ガスの産出が多いため，これらを利用した**火力発電がほぼすべてを占める**。

問3 【主要原料資源の特徴とその主産地の分布】 9 **正解**：⑥ 標準

必要な知識 主要原料資源の特徴／主要原料資源の主産地の分布

資源の産出地は，**地名ではなく**，**分布の傾向をふまえたうえで**，**おもな産出地を地図上での場所で覚えておく!!** 研究❻参照。

ア ボーキサイト。アルミニウムの原鉱石で，**精錬する際に多くの電力を必要とする**。**航空機の素材**をはじめ，**建築材料**や日用品などにも広く利用される。**熱帯・亜熱帯の高温多湿地域**に多く分布する傾向にある。オーストラリア北部，アマゾン盆地のほか，西アフリカのギニアやカリブ海諸国のジャマイカなどが決め手となり，K（□）に該当する。

イ 銅鉱。日本は，17世紀後半から18世紀前半まで銅鉱の産出は世界第1位，19世紀までは**世界有数の産出国**であった。合金材料をはじめ，電気伝導性が高く，電線にも利用されて**電気関連産業の発展とともに需要が拡大**した。**火山帯にあたる地域**に多く分布する傾向にある。チリをはじめ，ペルー，アメリカ合衆国などの**環太平洋造山帯**にあたる地域や，**カッパーベルト**とよばれるアフリカ南東部のコンゴ民主共和国，ザンビアなどが決め手となり，J（▲）に該当する。

**ウ**　鉄鉱。鉄の原料となる鉱石で，鉄鋼は幅広い分野で利用される**基礎素材として重工業の発展には必要不可欠**なものである。**高度経済成長期**の頃は「**産業の米**」とよばれた。**安定陸塊にあたる地域**に多く分布する傾向にある。オーストラリア北西部（ピルバラ地区），ブラジル高原（カラジャス鉄山，イタビラ鉄山）などが決め手となり，I（○）に該当する。

+αの知識　●「産業の米」：戦後の日本で使われた経済用語で，それぞれの時代の**産業に必要不可欠な資源や資材**をいう。第二次世界大戦後の石炭，高度経済成長期の鉄鋼，近年の半導体がこれにあたる。

問4　【ウェーバーの工業立地論】　10　**正解**：①　標準

必要な知識　ウェーバーの工業立地論

**原料立地型工業**と**消費地立地型工業**において，**原料・製品の重量と輸送費との関係**を考察する思考力が求められている。研究❹参照（➡ p.50）。

**カ**　正しい。工業生産において利潤を最大にするためには，生産費を最小にする必要がある。ウェーバーは，生産費のなかでもとくに**原材料や製品の輸送費を重視**する工業立地論を展開した。

**キ**　正しい。原料が特定の場所にしか存在しない（局地原料）という条件で，重量増加型（**原料重量＜製品重量**）工業の場合，原料産地に工場を立地させると重い製品を消費市場へ運ぶのに多くの輸送費がかかるのにたいして，消費市場に工場を立地させれば**軽い原料を原料産地から運ぶことになり輸送費が軽減**されるため，**消費市場での立地のほうが有利**となる。反対に，重量減損型（**原料重量＞製品重量**）工業の場合，消費市場に工場を立地させると重い原料を原料産地から運ぶのに多くの輸送費がかかるのにたいして，原料産地に工場を立地させれば**軽い製品を消費市場へ運ぶことになり輸送費が軽減**されるため，**原料産地での立地のほうが有利**となる。

問5　【工業の国際化】　11　**正解**：④　やや難

必要な知識　EU 諸国における航空機の**国際分業**／**知的財産権**／企業内国際分業／工業の立地条件とその変化

工業の国際化にともなう主要国の工業の変化について，正しい理解が問われている。

④　正文。EU における航空機産業では，部品や素材ごとにそれぞれ高度な技術をもつ各国の企業に開発と生産を委託し，**国際分業による製造が行なわれている**。

①　誤文。アメリカ合衆国では知識型産業への転換がはかられ，研究開発により創出された新しい知識や技術を，特許権や実用新案権，意匠権，

商標権などの**知的財産権として多く保有**している。そのため，国際的な**知的財産権使用料は，支払額よりも受取額のほうが大きくなっている**。

② 誤文。一般に先進国の多国籍企業は，**安価な労働力が得られる発展途上国に製造部門をおく**いっぽう，**本社や研究開発部門は本国におく**場合が多い。

③ 誤文。石油化学工業は，大規模な設備によってオートメーション化された装置工業の一つであり，**労働力を多く必要としない**ため，国内の労働力不足を理由に製造拠点を海外に移す必要性は低い。

問 6 【統計データからの仮説の設定】 12 **正解**：② やや難 思

必要な知識 資料や文章を論理的に読み取るための思考力，判断力など／世界の気候区分布／日本近隣諸国の位置関係

**客観的データから仮説を導く方法**が問われている。

② 誤文。面積の大きい中国には**さまざまな地形環境が存在**するため，このデータからは異なった地形環境の地域への訪問が相対的に多いのではないかという仮説を立てることはできない。

① 正文。京都府にある京都市は，「古都京都の文化財」として**世界文化遺産**にも登録されているように，**日本文化の象徴的な観光都市**である。京都府の外国人宿泊者の割合は，外国人合計では第 4 位で 6.4 %であるのにたいし，オーストラリアからの宿泊者の割合では第 2 位で 13.4 %，アメリカ合衆国からの宿泊者の割合でも第 2 位で 10.9 %となっていることから，**欧米文化をもつ両国からアジアの日本文化を求めるための訪問**が相対的に多いのではないかという仮説を立てることはできる。

③ 正文。北海道は**冷帯（亜寒帯）気候に属し，冬季には積雪する気候環境**である。北海道の外国人宿泊者の割合は，外国人合計では第 3 位で 9.9 %であるのにたいし，シンガポールからの宿泊者の割合では第 2 位で 20.5 %，タイからの宿泊者の割合でも第 2 位で 15.4 %となっていることから，**熱帯の両国から冷帯という異なった気候環境を求めるための訪問**が相対的に多いのではないかという仮説を立てることはできる。

④ 正文。台湾の**東隣には沖縄県が位置**している。沖縄県の外国人宿泊者の割合は，外国人合計では第 5 位で 5.6 %であるのにたいし，台湾からの宿泊者の割合では第 4 位で 8.5 %となっている。また，韓国の**南東隣には九州の福岡県が位置**している。福岡県の外国人宿泊者の割合は，外国人合計では第 5 位以内には入らず 5.6 %未満であるのにたいし，韓国からの宿泊者の割合では第 3 位で 13.6 %となっている。これらのデータから，**自国の近隣地域への訪問**が相対的に多いのではないかという仮説を立てることはできる。

## 研究❻ おもな原料資源の主産地の分布

鉄鉱

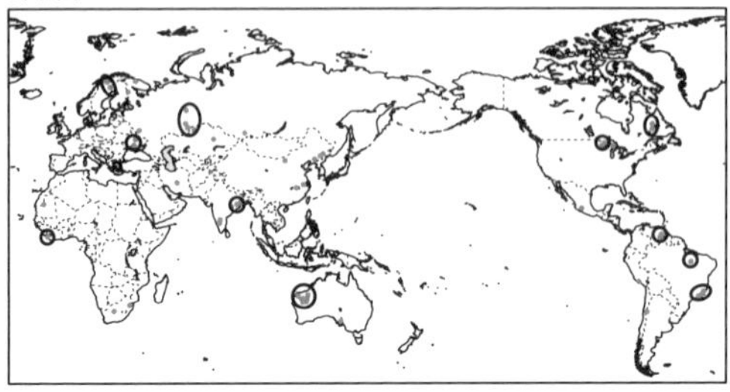

ボーキサイト

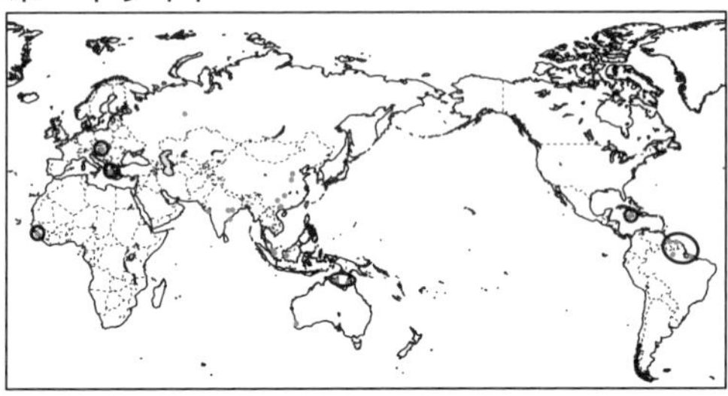

銅鉱

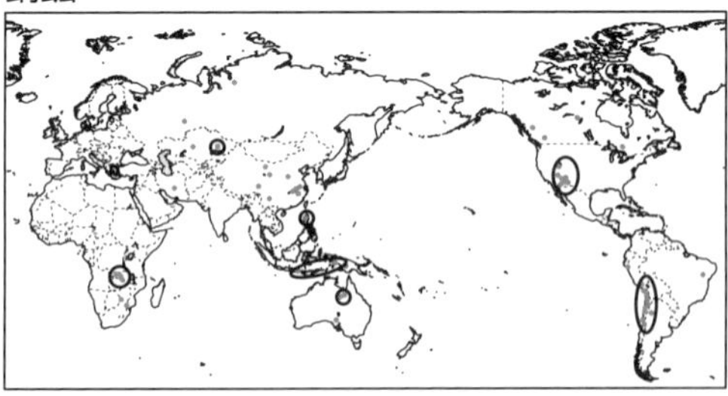

金鉱

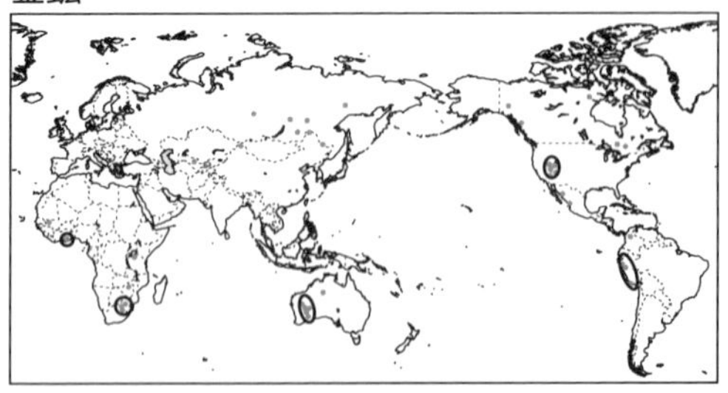

◯：分布図による産出地判断の決め手となる場所の例

## 第3問　現代世界の諸課題や国際関係，国民生活　やや難



問1　【世界各地の環境問題】　13　**正解**：③　やや難

必要な知識　表土の塩性化／**酸性雨**／**オゾン層の破壊**／**熱帯林**の破壊

5つの環境問題（**酸性雨**，**地球温暖化**，**オゾン層**の破壊，**砂漠化**，**熱帯林の破壊**）については，❶**発生原因**，❷**対策**，❸**被害地域の地図上での場所**の3点について整理しておきたい。

③　誤文。乾燥地域において，**排水設備の未整備など不適切な方法で灌漑を行なった場合**，土壌中の塩類が溶け込んだ地下水が次第に水位を上昇させて毛細管現象を生じさせ，塩水が地表へ吸い上げられて土壌の表面に塩類が集積してしまう。表土の塩性化は**土壌中に塩類を含む乾燥地域で起こり**，Cのような湿潤な地域では生じない。

①　正文。酸性雨は，化石燃料の燃焼によって大気中に放出された**硫黄酸化物**や**窒素酸化物**が原因となる。Aのポーランドなど旧社会主義圏の東ヨーロッパ諸国では，**石炭への依存度が高く**酸性雨の被害が見られた。

②　正文。**フロン**が原因となりオゾン層が破壊されると，有害紫外線が増加して人間をはじめ生物に悪影響が及ぶ。オゾン層は冬季に破壊が進行し，**春以降に南極大陸上空にはオゾンホールとよばれる，オゾン濃度が薄い部分が現れる**ため，Bのオーストラリアやニュージーランドでは**紫外線対策をとる人が多い**。

④　正文。Dのアマゾン盆地では，**農牧地の拡大**などによって熱帯林の破壊が進行している。

問2　【世界の都市の都市内交通】　14　**正解**：①　標準

必要な知識　ヨーロッパの地形／**ロードプライシング制度**／ハブ＝アンド＝スポーク方式／**パークアンドライド**方式

やや手薄となりがちな交通分野であるが，教科書レベルの用語の意味は理解しておきたい。

①　正文。アムステルダムは**オランダ**の首都である。**低平な地形**が広がることや西ヨーロッパ諸国では環境保全の意識が高いこともあり，自転車の利用が推奨されている。

②　誤文。**ロードプライシング制度**は，都市内部での自動車交通渋滞や排気ガスによる大気汚染問題などの対策として**都心部などへ乗り入れる自動車に一定の課金を行なう**ものである。ロンドンをはじめ，オスロ，ストックホルム，ミラノ，シンガポールなどで導入されているが，**エジプトの**

**カイロのような発展途上国では導入されていない。**

③　誤文。ハブ＝アンド＝スポーク方式は貨物や旅客の輸送方式の一つであるが，ソウルには路面電車（トラム）自体が走っておらず，また，一般に路面電車の輸送方式として用いられることはないと考えてよい。当初はアメリカ合衆国の**航空輸送で始められた方式**であるが，現在は船舶輸送などでも採用されている。

④　誤文。**パークアンドライド方式**は，都市内部での自動車交通渋滞などの対策として，通勤などの際に**自家用車を郊外の駐車場に駐車し，鉄道やバスなどの公共交通機関に乗り換えて都心部へ移動する**ことをいう。

＋α の知識　● ハブ＝アンド＝スポーク方式：航空輸送の場合，**大規模な拠点**（ハブ空港）**に貨物や旅客を集約させ，そこから各拠点**（周辺空港）**に航空路**（スポーク）**を設定し分散輸送する方式。**ハブ空港間に大型航空機を高頻度で運航し，ハブ空港と周辺空港間は中型・小型航空機を低頻度で運行することで輸送効率が向上する。自転車の車輪の主軸（しゅじく）受け（ハブ）から放射状にスポークが広がる形状に似ることから名づけられた。

問３【世界の民族紛争】　15　**正解**：④　標準

必要な知識　おもな民族紛争（パレスチナ問題，スリランカ民族紛争，モロ族分離独立運動）

世界のおもな民族紛争については，❶**発生原因**（宗教，言語，少数民族の独立要求，経済格差など），❷**対立構図**（各民族と各宗教，各民族と多数派・少数派の対応関係など），❸**発生地域の地図上での場所**の３点について整理しておきたい。

P　パレスチナ地方。**イスラム教徒のアラブ系パレスチナ人**と，**ユダヤ教徒のユダヤ人との対立**が見られる。

Q　スリランカ。**多数派で仏教徒のシンハリ（シンハラ）人と，少数派でヒンドゥー教徒のタミル人との対立**が見られる。

R　ミンダナオ島（フィリピン）。**イスラム教徒のモロ族が，キリスト教徒中心のフィリピンからの分離独立運動**を展開している。

問４【世界各国の貿易の特徴】　16　**正解**：④　やや難

必要な知識　**貿易依存度**／主要国の貿易収支／日本の貿易相手国／主要国の人口規模

**貿易依存度**の指標の高低と，各国の経済規模や貿易額の大小を結びつけて考察できるかどうかがポイントとなる。

貿易依存度（輸出依存度および輸入依存度）は，GDP（国内総生産）

**にたいする貿易額**（輸出額および輸入額）**の割合**を示す指標である。インドは，**貿易収支が大幅な輸入超過（貿易赤字）**となっているため，**輸入依存度の値が輸出依存度の値を上回っている**。また，日本の貿易相手国の上位には入らず，**日本との貿易額が小さい**。したがって，④に該当する。

シンガポールは人口が少なく，**GDP は比較的小さい**が，大きな貿易港をもち**貿易額は比較的大きくなる**ため，**貿易依存度は非常に高い**。したがって，①に該当する。

ドイツは先進国で人口も比較的多く **GDP は比較的大きい**が，EU 加盟国で**域内貿易での関税が撤廃**されており，**貿易額も大きくなる**ため，**貿易依存度は高い**。また，貿易収支も**大幅な輸出超過（貿易黒字）**となっているため，**輸出依存度の値は輸入依存度の値を上回っている**。したがって，②に該当する。

中国は，**世界最大の貿易黒字国**であり，**輸出依存度の値は輸入依存度の値を上回っている**。また，**日本最大の貿易相手国**であり，**日本との貿易額が大きい**。したがって，③に該当する。

アメリカ合衆国は，**世界最大の貿易赤字国**であり，**輸入依存度の値は輸出依存度の値を上回っている**。また，**日本第 2 位の貿易相手国**であり，**日本との貿易額が大きい**。したがって，⑤に該当する。

+α の知識　●主要国の貿易収支：おもな輸出超過の国は，**中国**，**ドイツ**，**ロシア**など。おもな輸入超過の国は，**アメリカ合衆国**，**イギリス**，**インド**，**フランス**など。●日本の貿易相手国：輸出相手国は，**第 1 位が中国**，**第 2 位がアメリカ合衆国**，**第 3 位が韓国**，輸入相手国は，**第 1 位が中国**，**第 2 位がアメリカ合衆国**，**第 3 位がオーストラリア**（2018 年）。

問 5 【発展途上国への ODA 供与国】 17 　正解：② 標準

必要な知識　**ODA（政府開発援助）**の供与先の傾向／発展途上国の旧宗主国

それぞれの発展途上国における旧宗主国（かつてその国を植民地として支配していた国）の知識は必須の設問。

ODA（政府開発援助）は，OECD（経済協力開発機構）の下部機関である DAC（ダック）（開発援助委員会）を通じて，**先進国の政府が発展途上国に供与する資金援助**である。一般に，供与先は**歴史的・経済的に関係の深い国や地域**に行なわれ，**かつての植民地や近隣諸国**への供与額が多くなる傾向にある。

②　フィジー。**太平洋諸国**であり**オーストラリア**や**ニュージーランド**との関係が深く，これらの国からの供与割合が大きいほか，**日本**からの供与割合も大きい。

① アルジェリア。**ヨーロッパに近くかつてフランスの植民地**であったため，**フランス**をはじめとする**西ヨーロッパ諸国**からの供与割合が大きい。

③ ミャンマー。**アジア諸国でかつてイギリスの植民地**であったため，**日本**や**イギリス**からの供与割合が大きい。

④ ベネズエラ。**アメリカ合衆国に近く，かつてスペインの植民地**であったため，**アメリカ合衆国**や**スペイン**からの供与割合が大きい。

問6 【各国の家計消費支出の割合】 18 **正解**：② やや難

必要な知識 韓国における学歴社会／所得水準と食料分野への支出傾向／各国の社会保障制度

各国それぞれの所得水準や社会状況，社会保障制度のちがいなどの理解が試されている。

② 韓国。**学歴社会**で教育熱が高く，**教育分野への支出割合が相対的に高い**。

① 南アフリカ共和国。発展途上国であり，**所得水準が低い**。一般に，所得水準が低い国では生命維持の観点から第一に食料が重要であるとされるため，**食料分野への支出割合が相対的に高い**。

③ イギリス。社会保障制度が整備され，**医療・保険や教育分野は公的負担でまかなわれる**ため，**家計からの支出は少ない**。

④ アメリカ合衆国。日本の国民健康保険のような**公的医療保険制度が整っていない**ため，**家計からの医療・保険分野への支出割合が高い**。なお，2014年から国民皆保険制度が実施されているが，廃止論や見直し論があり流動的である。

## 第4問 アメリカ合衆国とインドの比較地誌 標準



問1 【アメリカ合衆国とインドの経緯度】 19 **正解**：⑥ やや難

必要な知識 おもな経緯線の通る位置／**数理的国境**／北アメリカの農牧業地域

両国の客観的な位置の把握ができているかどうかが試されている。

A 北緯30°，西経100°。**北回帰線**（**北緯23.5°**），**アメリカ合衆国とカナダの西部の数理的国境である北緯49°線**などの位置関係，北緯30°，**農業地域と牧畜地域を区分する年降水量500 mmの等降水量線**がおおむね西経100°にあたることなどから判断する。

B 北緯30°，東経80°。**北回帰線**，**赤道**などの位置関係から北緯30°，**ウラル山脈が東経60°**，**バングラデシュの首都ダッカが東経90°**にあたる位置関係などから，東経80°になると判断する。

問2 【アメリカ合衆国とインドの自然環境】 20 **正解**：④ 標準

必要な知識 世界の気候区分布／**新期造山帯**・**古期造山帯**・**安定陸塊**（りくかい）の分布／おもなプレート境界に形成される地形とその分布／**大陸氷河**・**山岳氷河**

地形や気候の地理的な分布が問われている。**世界地誌分野の学習対策では，地図帳で場所を確認することが最も重要!!**

④ 正文。gにはグレートソルトレーク砂漠，hには大インド砂漠が分布。

① 誤文。bのインド半島は**ゴンドワナランド**の一部であった**安定陸塊**であるが，aのアラスカ山脈は**環太平洋造山帯に属する新期造山帯**である。

② 誤文。dはユーラシアプレートとインド＝オーストラリアプレートの**狭まる境界**付近であるが，cは太平洋プレートと北アメリカプレートの**ずれる境界付近**である。また，dでは**火山活動は見られない**。

③ 誤文。fのカラコルム山脈は非常に標高が高く一部には**山岳氷河**が見られるが，eは平野が広がり，**氷河は現在では見られない**。

問3 【アメリカ合衆国とインドの農牧業】 21 **正解**：① 標準

必要な知識 アメリカ合衆国の農牧業地域／インドの農牧業地域／**労働生産性**／乾燥地域の地下用水路／奴隷貿易／**季節風**（**モンスーン**）と降水／**地中海性気候**

両国の農牧業地域の知識をベースとして，関連する農牧業の特徴について問われている。**おもな作物の栽培地域や家畜の飼育地域などを，地図上でおさえておく**。

① 正文。ア・イともに**米**の栽培が行なわれる。**労働生産性は単位時間あたりの労働によって得られる生産量の大きさ**のことで，**農業経営の規模が大きいアメリカ合衆国のほうが高い**。

② 誤文。ウ・エともに**小麦**の栽培が行なわれる。**フォガラ**は**北アフリカ地域**に見られる地下用水路の呼称である。

③ 誤文。**オ・カ**ともに**綿花**の栽培が行なわれるが，かつてアフリカ系の奴隷労働力が用いられたのはアメリカ合衆国で，インドではおもに**現地の労働力**が用いられた。

④ 誤文。キでは夏季に乾燥，冬季に湿潤となるのにたいし，クでは季節風の影響で**夏季**（**高日季**(こうじつき)）**に高温多雨**となり，おもに**茶**の栽培が行なわれる。

**+αの知識**　●乾燥地域の地下用水路：飲料水や灌漑用水は山麓(さんろく)の扇状地などの地下水から導かれることが多いが，**蒸発を防ぐために地下に水路が設けられる**。**北アフリカ地域**では**フォガラ**，**イラン**では**カナート**，**アフガニスタン**では**カレーズ**などとよばれる。

問４【アメリカ合衆国とインドの一次エネルギー供給構成】 22

**正解**：② 標準

**必要な知識**　主要エネルギー資源（石炭，原油，天然ガス）の産出上位国／**エネルギー革命／バイオマスエネルギー**

**先進国と発展途上国のエネルギー利用のちがい**に関する理解が，正答を導くポイントとなる。

② 天然ガス。アメリカ合衆国は，**産出量**，**消費量ともに世界最大**（2015年）である。燃焼させても窒素酸化物や二酸化炭素の排出が少ない**クリーンエネルギー**の一つで，現在は先進国を中心に多く消費されている。インドでの消費量はあまり多くない。

① 原油。アメリカ合衆国は，**産出量世界第3位**，**消費量世界最大**（2015年）である。**一次エネルギー供給に占める割合も最も高い**。

③ 石炭。**エネルギー革命**を経ていない発展途上国のインドでは，**一次エネルギー供給に占める割合が最も高い**。

④ バイオ燃料。**生物資源から得られるエネルギー**で，薪炭(しんたん)，動物の糞，サトウキビやトウモロコシからつくる**バイオエタノール**などである。牛糞を燃料として利用するインドで割合が比較的高い。

問5 【インドの情報通信技術産業の発展とアメリカ合衆国とのかかわり】

23 **正解**：④ やや易

〈必要な知識〉 インドでの情報通信技術（ICT）産業の発展の背景

よく問われる定番内容の出題。次に類題が出題された際には，確実に得点を取りたい内容。類題に対応できるようになれば実戦力がついた証（あかし）となる。

④ 誤文。通信網が未整備の地域もあり，**インターネット利用者率は約3分の1程度**にとどまっている。

① 正文。従来からの**理数系教育**にくわえて**コンピュータ技術の教育**にも注力しており，理工系大学卒業者などは**高度な技術をもちながら国際的には賃金が安い人材が豊富**である。

② 正文。かつてのイギリス植民地であることから英語が準公用語となっており，高等教育には英語が使用されることもあるなど，**英語を使える人材が豊富**である。

③ 正文。問1にもあるとおり，インドとアメリカ合衆国は経度差が180°の位置関係にあり，**時差が12時間で昼夜が逆**となるため，ソフトウェア開発やコンピュータ事務処理業務などの分野では，アメリカ合衆国の企業との間で**24時間体制での開発や作業，受注が可能**という利点がある。

問6 【アメリカ合衆国とインドの社会的指標】 24 **正解**：⑥ 標準

〈必要な知識〉 **ヒンドゥー教**／アメリカ合衆国とインドの言語／**人口の高齢化**と医療費

両国の諸指標から，言語，宗教，食文化，人口構成など総合的な社会のちがいの理解を試すことがねらい。

サ・シ　インドは，**ヒンドゥー教**徒が多く**牛を神聖視するため牛肉を食べるのを忌避（きひ）する**ことや，**菜食主義者が多い**ことから，1人1日あたり肉類供給量は非常に少ない。アメリカ合衆国は，対照的に**肉食文化**であるため，1人1日あたり肉類供給量は非常に多い。

ス・セ　両国ともに**面積が広いため地域版の新聞の種類が多い**が，**使用言語数はインドのほうが多い**ため，**多種類の言語の新聞が発行**され，日刊新聞発行紙数はインドのほうが多い。

ソ・タ　**高齢者の割合が増加すると医療費は増大する**ため，GDPに占める医療費の割合は，**人口の高齢化が進展していないインド**のほうが低い。

# 第5問　地域調査（福岡市近郊）

問1【地形図の発行機関と縮尺】 25 　正解：① やや易

必要な知識　地形図の発行機関／地図の縮尺と用途

地形図とその利用に関する基礎的な知識が問われている。

ア　地形図は**国土交通省に属する国土地理院**が発行している。旧版地形図の謄本（とうほん）や抄本（しょうほん）（複写したもの）の交付も国土地理院が行なっている。

イ　縮尺2万5千分の1と5万分の1の地形図を比較すると，2万5千分の1のほうが**縮尺が大きく，1枚の地図に描かれる範囲はせまくなるが詳細な描写が行なわれている**。反対に，5万分の1は**縮尺が小さく，1枚の地図に描かれる範囲は広いが，概略的な描写となる**。

問2【日本の石炭産業の衰退と地方中枢都市への人口流入】 26 ・ 27

正解：⑥・⑤ 標準 思

必要な知識　**エネルギー革命**／第二次世界大戦後の日本国内の人口移動／**ベッドタウン**

地域調査の大問では，**最初に掲出されている地図，ほかの小問やそこで使われている図表がヒントとなる**場合もあり，**大問全体を参照しながら解くこと!!**

**カ**　設問文に「『志免町（しめまち）』は，「古くから石炭の産地」とあることや，図4の1952年の地形図中にある「志免鉱業所」，問4・問6の設問の設定から，志免町は**かつて石炭産業が主要産業であった**ことがわかる。この地域一帯は糟屋（かすや）炭田とよばれ，19世紀末以降，本格的な開発が行なわれ発展した。しかし，ほかの日本の炭田地域と同様に，1960年代の**エネルギー革命**によって**石炭から石油へのエネルギー消費の転換が急速に進行**したため，炭坑は閉山し，**人口も減少した**。

**キ**　図1からもわかるように，志免町は**福岡市近郊に位置**しており，その立地条件のよさから，**高度経済成長期**後半以降には丘陵地などが切り開かれて**住宅開発が行なわれ，福岡市のベッドタウンとして人口が流入した**。このことは，図1や図4からも読み取れる。

+αの知識　**●ベッドタウン：**大都市の**都心部への通勤者の住宅地域**となっている衛星都市。

問３ 【旧地形図・地理院地図の読み取り】 28 ・ 29

**正解**：③・⑥ 標準 （順不同）

〉必要な知識〈 地形図・地理院地図の記号／読図の技能／**養蚕業**

**新・旧地形図を比較**してさまざまな地理的事象を読み取る設問は，センター試験から引きつづき定番の出題である。もちろん地図記号の知識は必須条件。

③ 誤り。新旧地形図ともに**桑畑（Y）は見られない**。

⑥ 誤り。2019 年の地形図には「酒殿駅」の南側に**老人ホーム（⌂）が見られる**が，1952 年の地形図では同じ場所が**水田となっており，森林は見られない**。水田を埋めて老人ホームが建設されたと考えられる。

① 正しい。丘陵地の尾根や谷が入り組んでいた場所を，盛土や切取で**平坦化して住宅地を造成**したと考えられる。

② 正しい。地形図の北部をおおむね東西に流れる河川は，**一部の流路が変更され直線状になった**。また，この河川にも，地形図の南西部を南東から北西に流れるもう一つの河川にも**護岸（●●●●）がほどこされた**。

④ 正しい。「東公園台」付近の**道路網や建物の形状が変化している**ため，新たに建て替えられたと考えられる。

⑤ 正しい。**町役場（◯）は北方へ移動**したことが読み取れる。

＋αの知識 ●**養蚕業**：桑を桑畑で栽培し，その葉を飼料として**蚕を飼養して製糸用の繭を生産**する産業。蚕はカイコガという昆虫の幼虫。繭から生糸をとる。

問４ 【旧地形図・地理院地図の読み取り】 30 **正解**：⑥ 易

〉必要な知識〈 地形図・地理院地図の記号／読図の技能

写真使用で切り口は異なるが，**問３**と同じく**新・旧地形図を比較して**考察させる設問。場所の対応関係を読み取れれば容易に解答できる。

サ 「石炭を採掘するための坑口の跡」とあるので，1952 年の地形図で**採鉱地（⚒）**の記号が見られる**「志免鉱業所」付近**である。また，写真の奥に見える建物は「竪坑櫓」とよばれるもので，石炭を搬出したり，炭鉱従事者を地下の炭層まで運んだりする施設である。C 地点の矢印の先にあたる場所に，1952 年の地形図で**高塔（口）の記号**（「志免鉱業所」表記の南西側）**がある**のが読み取れる。したがって，C 地点に該当する。

シ 「石炭を運搬するための鉄道の跡」とあるので，1952 年の地形図で**鉄道（━━━）が通っていた** B 地点に該当する。現在は鉄道遺構を利用した公園となっている。

ス 「石炭を採掘する際に出る質の悪い石炭や石などを積み上げた山」とあるのは，いわゆるボタ山のことである。1952年の地形図の「**志免鉱業所**」**付近に見られる複数の小さな山**がこれにあたり，2019年の地理院地図にも残っている。また，写真の手前には耕地が写っており，A地点の矢印の先にあたる場所には**田**（||）が分布している。したがって，A地点に該当する。

問5 【地産地消による食の安全性と環境負荷低減】 31 正解：① やや難

必要な知識 **地産地消／トレーサビリティ／フードマイレージ**

日本の食料問題について，トレンドワードの内容が理解できているかどうかが問われている。

タ 正しい。**地産地消**は，**地元で生産された農畜産物を地元で消費する**取り組みのことである。

チ 正しい。**トレーサビリティ**は，農産物が生産（生産者や生産方法など）されてから流通（出荷された市場や輸送方法など），販売にいたるまでの**経路を追跡できる状態**のことで，**食品流通の安全な管理を行なう**ことが目的である。

ツ 正しい。**フードマイレージ**は，**食料の輸入量に生産地から消費地までの輸送距離を乗じて算出した値**である。日本は食料自給率が低く，多くの食料をアメリカ合衆国をはじめとする遠隔地から輸入しているため，フードマイレージの値が大きくなる。このことは，輸送時にかかるエネルギーの消費や二酸化炭素の排出が多く，環境負荷が大きいことを意味している。地産地消の取り組みを行なえば，食料の輸送距離が実質的にはゼロとなるため，**環境負荷を小さくするのに有効**な方策といえる。

問6 【3D画像による地形景観の判定】 32 正解：① やや難 思

必要な知識 読図の技能（等高線の読み取り）

地形図に描かれた情報を正しく読み取り，地図中の地域における空間認識ができるかどうかの技能が試されている。

図5中のXのボタ山には山頂が3つあり，標高は**西の山頂が130 m強**，**中央の山頂が140 m強**，**東の山頂が110 m強**であることと，**西と東の山頂がやや北側**，**中央の山頂がやや南側**に位置することが読み取れる。

ナの方向から見た場合，**最も標高が低い東の山頂が左側**に，**中央の山頂が奥**に位置することになるため，①に該当する。

ニの方向から見た場合，**最も標高が低い東の山頂がほかの2つの山頂の奥に隠れて見えず**，**中央の山頂が右側**に位置することになるため，④に該当する。

ヌの方向から見た場合，**最も標高が低い東の山頂が右側**に，**中央の山頂が手前**に位置することになるため，③に該当する。

ネの方向から見た場合，**最も標高が低い東の山頂が手前**に，**中央の山頂が左側**に位置することになるため，②に該当する。

## 自己採点チェックリスト

＊大問ごとに自己採点ができるリストです。問題を何度か解き直す際に利用してください。

＊「試行調査問題　第１回」が配点非公表であるため，表の「配点」の項目は未記入です。自己採点ができないので，その代わりに，設問数にたいする解答数を記入してください。なお，設問は，セットで解答するものを１問としています。

## 試行調査問題　第１回

| 大問番号 | 出題分野 | 難易度 | |
|---|---|---|---|
| 【第１問】 | 熱帯の気候と日本の自然災害 | 標準 | |
| 【第２問】 | 世界の食料問題 | やや易 | |
| 【第３問】 | 世界の人口と都市 | 標準 | |
| 【第４問】 | ヨーロッパの地誌 | 標準 | |
| 【第５問】 | 地域調査（静岡県中部） | やや難 | |

| | 解答数／設問数 | | | |
|---|---|---|---|---|
| | 配　点 | 1回目 | 2回目 | 3回目 |
| | — | ／6 | ／6 | ／6 |
| | — | ／6 | ／6 | ／6 |
| | — | ／6 | ／6 | ／6 |
| | — | ／6 | ／6 | ／6 |
| | — | ／6 | ／6 | ／6 |

## 試行調査問題　第２回

| 大問番号 | 出題分野 | 難易度 |
|---|---|---|
| 【第 1 問】 | 世界の自然特性 | 標準 |
| 【第 2 問】 | 資源・エネルギーの開発と工業の発展 | 標準 |
| 【第 3 問】 | 世界の文化の多様性 | やや易 |
| 【第 4 問】 | オセアニアの地誌 | やや易 |
| 【第 5 問】 | 地域調査（大分市と別府市を中心とした地域） | やや易 |

| 自己採点 | | | |
|---|---|---|---|
| 配　　点 | 1回目 | 2回目 | 3回目 |
| 20 | | | |
| 20 | | | |
| 20 | | | |
| 20 | | | |
| 20 | | | |

## 予想問題　第１回

| 大問番号 | 出題分野 | 難易度 |
|---|---|---|
| 【第１問】 | 世界の自然環境 | 標準 |
| 【第２問】 | 世界の農林水産業 | やや難 |
| 【第３問】 | 人口・都市 | 標準 |
| 【第４問】 | 東南アジアの地誌 | 標準 |
| 【第５問】 | 地域調査（和歌山県新宮市） | やや難 |

| 自己採点 | | | |
|---|---|---|---|
| 配　点 | 1 回 目 | 2 回 目 | 3 回 目 |
| 20 | | | |
| 20 | | | |
| 20 | | | |
| 20 | | | |
| 20 | | | |

## 予想問題　第２回

| 大問番号 | 出題分野 | 難易度 |
|---|---|---|
| 【第１問】 | アフリカの自然環境 | 標準 |
| 【第２問】 | 第２次産業・第３次産業 | やや難 |
| 【第３問】 | 現代世界の諸課題や国際関係、国民生活 | やや難 |
| 【第４問】 | アメリカ合衆国とインドの比較地誌 | 標準 |
| 【第５問】 | 地域調査（福岡市近郊） | やや易 |

| 自己採点 | | | |
|---|---|---|---|
| 配　点 | 1 回 目 | 2 回 目 | 3 回 目 |
| 20 | | | |
| 20 | | | |
| 20 | | | |
| 20 | | | |
| 20 | | | |

高松　和也（たかまつ　かずや）

河合塾地理科講師。19歳で初めて教壇に立つ。最初の講義は，4名の中学生を相手とした，理科の「化学変化とイオン」。その後，研伸館予備校，代々木ゼミナールなどを歴任し，現在は河合塾を中心に複数の予備校・塾で講座を担当するほか，模擬試験の作成から「赤本」の執筆まで幅広い領域で活躍。センター試験をはじめ，東大・京大などの2次試験，難関私立大試験対策講座などでこれまで延べ1万人以上を指導。

講義は，視覚的表現を重視した板書とプロジェクターによる映像を融合させたスタイルであり，受験生から好評。入試前日まで「夢」を見せ，入試本番で「現実」に直面させるような指導には批判的で，受験生に対して本音で接し「現実」を客観的に伝えることをモットーにしている。先着申し込み順の夏期講習や冬期講習は各校舎で定員締切となる。昭和時代の「予備校文化」の継承者を自認し，現在，大人数での講義ができる数少ない人材。

また，周囲には鉄道ファンとしても知られ，1人で旅行する際には鉄道を中心に公共交通機関のみを利用し，国内全47都道府県，海外約20か国を見てきた。

大学入学共通テスト　地理B予想問題集

2020年3月9日　初版発行

著者／高松　和也

発行者／川金　正法

発行／株式会社KADOKAWA
〒102-8177　東京都千代田区富士見2-13-3
電話　0570-002-301（ナビダイヤル）

印刷所／株式会社加藤文明社印刷所



●お問い合わせ
https://www.kadokawa.co.jp/（「お問い合わせ」へお進みください）
※内容によっては、お答えできない場合があります。
※サポートは日本国内のみとさせていただきます。
※Japanese text only

定価はカバーに表示してあります。


ISBN 978-4-04-604238-5　C7025

大学入学共通テスト

# 地理B
# 予想問題集

## 別冊

### 問題編

この別冊は本体との接触部分が糊付けされていますので、この表紙を引っ張って、本体からていねいに引き抜いてください。

なお、この別冊抜き取りの際に損傷が生じた場合、お取り替えはお控えください。

# 2017 年度

# 試行調査問題 第1回

100点／60分

## 第1問　熱帯の気候と日本の自然災害に関する次の問い(A・B)に答えよ。

**A**　次の図1を見て，また下の先生と生徒の会話文を読み，下の問い(問1～4)に答えよ。

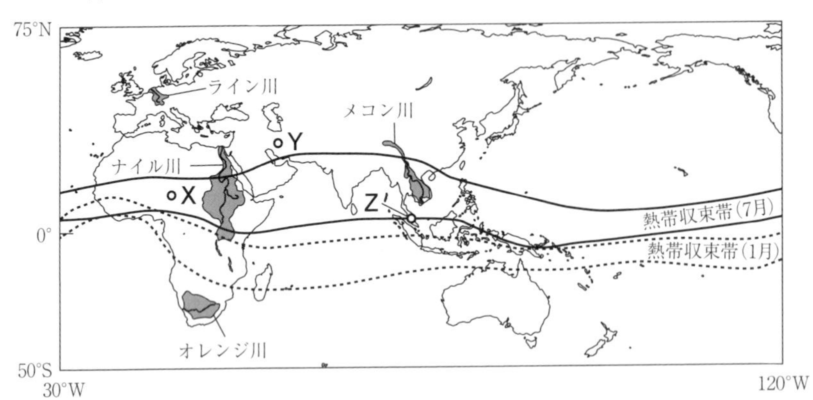


河川周辺に示された範囲は，当該河川の流域を示す。
吉良（1983）などにより作成。

図　1

先　生「図1は熱帯収束帯が形成される範囲を示しています。熱帯収束帯では積乱雲が次々と発生していて，赤道低圧帯とも呼ばれます」

生　徒「どうして熱帯収束帯では積乱雲が発生するのですか？」

先　生「赤道付近では a 南北からの風が収束していて，また太陽からのエネルギーを多く受けることから，激しい対流活動や上昇気流が生じているためです」

生　徒「赤道付近が熱帯雨林気候(Af)になるのは，熱帯収束帯の影響なのですね」

先　生「その通りです。熱帯雨林気候だけでなく，b その他の熱帯地域や周辺地域の気候も熱帯収束帯に影響を受けています」

問1　会話文中の下線部aに関して，熱帯収束帯で収束する南北からの卓越風の風向の組合せとして正しいものを，次の①～④のうちから一つ選べ。 1

①　北西と南西　②　北西と南東　③　北東と南西　④　北東と南東

問2　会話文中の下線部bに関して，そのように考えられる根拠を述べた文として**適当でないもの**を，次の①～④のうちから一つ選べ。 2

①　アフリカのサヘル地域では，干ばつの被害を受けることがある。
②　太平洋東側の赤道付近では，平年よりも海水温が高くなる時期がある。
③　熱帯雨林気候に隣接する地域では，雨季と乾季がみられる。
④　北西太平洋の温帯の地域では，暴風雨をもたらす熱帯低気圧が襲来することがある。

問3　次の表1中の①～④は図1中のオレンジ川，ナイル川，メコン川，ライン川のいずれかの河川の河口付近における年流出高*と，流量が最大になる月を示したものである。ナイル川に該当するものを，表1中の①～④のうちから一つ選べ。 3

*1年間の河川総流出量を流域面積で除し，水深に換算したもの。

表　1

| | 年流出高(mm) | 流量が最大になる月 |
|---|---|---|
| ① | 618 | 9　月 |
| ② | 436 | 1　月 |
| ③ | 14 | 7　月 |
| ④ | 9 | 3　月 |

Global Runoff Data Centre, University of New Hampshire の資料により作成。

問4　次の写真1中のア～ウは，図1中のX～Zのいずれかの地点の景観を撮影したものである。ア～ウとX～Zとの正しい組合せを，下の①～⑥のうちから一つ選べ。 4

ア

イ

ウ

写真　1

|  | ① | ② | ③ | ④ | ⑤ | ⑥ |
|---|---|---|---|---|---|---|
| ア | X | X | Y | Y | Z | Z |
| イ | Y | Z | X | Z | X | Y |
| ウ | Z | Y | Z | X | Y | X |

**B** 日本の自然災害に関する次の問い(問5～6)に答えよ。

問5 火山について説明した次の文章中の下線部c～eについて，正誤の組合せとして正しいものを，下の①～⑧のうちから一つ選べ。 5

日本には100以上の活火山が存在し，その火山活動により様々な災害が引き起こされてきた。例えば，c高温のガスと固体粒子が一体となって高速度で流下する火砕流(かさいりゅう)は，山麓(さんろく)に大きな被害をもたらす。また，火山灰は風下側に堆積し農作物などへ甚大な被害を与えるだけでなく，d大気中に長期間とどまって，地球規模の気温上昇を引き起こすことがある。その一方で，私たちは火山からの恩恵も受けており，その美しい景観を観光資源として活用したり，e地下の豊富な熱エネルギーを利用して地熱発電を行ったりしている。

| | ① | ② | ③ | ④ | ⑤ | ⑥ | ⑦ | ⑧ |
|---|---|---|---|---|---|---|---|---|
| c | 正 | 正 | 正 | 正 | 誤 | 誤 | 誤 | 誤 |
| d | 正 | 正 | 誤 | 誤 | 正 | 正 | 誤 | 誤 |
| e | 正 | 誤 | 正 | 誤 | 正 | 誤 | 正 | 誤 |

問6 次の図2は，ある地域で危惧(きぐ)されている災害の範囲を地形図上に示したものであり，図2中の**カ**～**ク**は，河川が氾濫(はんらん)した際の水深1m以上の浸水，急傾斜地の崩壊，津波による水深1m以上の浸水のいずれかである。災害をもたらす現象名と**カ**～**ク**との正しい組合せを，次ページの①～⑥のうちから一つ選べ。 6

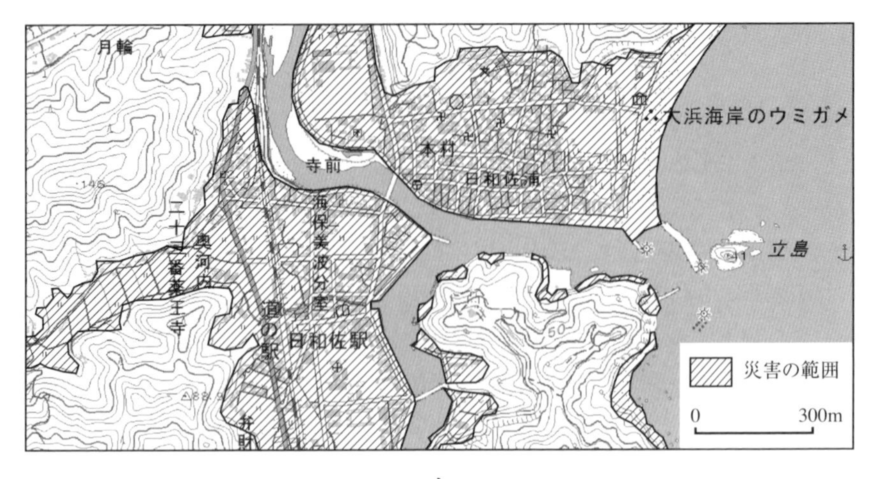

月輪
大浜海岸のウミガメ
本村
寺前
日和佐浦
立島
海保美波分室
奥河内
二十三番薬王寺
道の駅
日和佐駅
50
災害の範囲
0
300m
弁財


カ

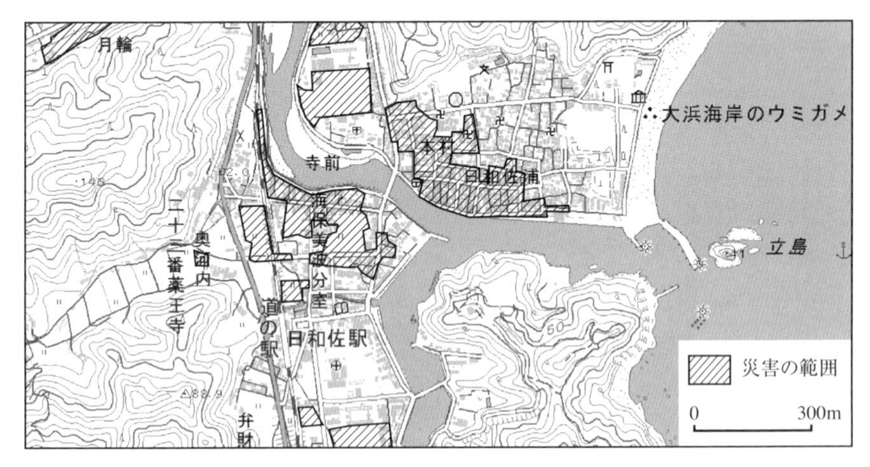

月輪
大浜海岸のウミガメ
本村
寺前
日和佐浦
立島
海保美波分室
奥河内
二十三番薬王寺
道の駅
日和佐駅
50
災害の範囲
0
300m
弁財


キ

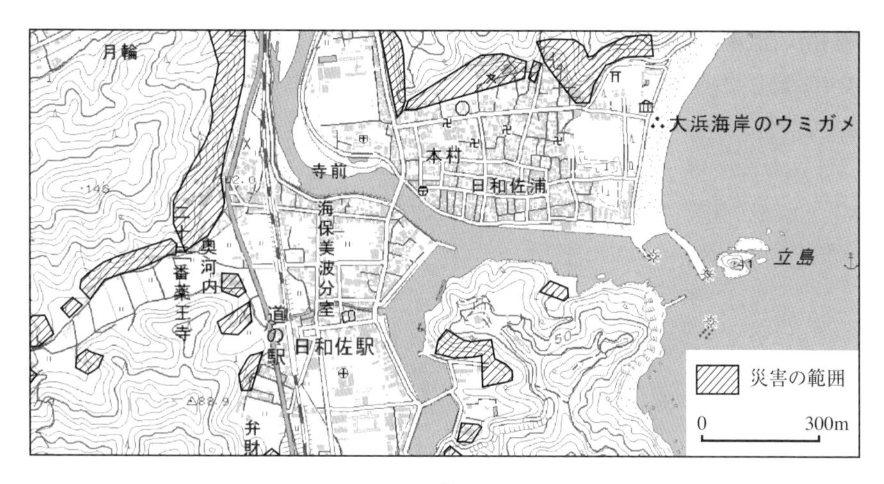


ク

自治体の資料などにより作成。地形図は地理院地図を用いた。

図 2

| | 河川が氾濫した際の水深 1 m 以上の浸水 | 急傾斜地の崩壊 | 津波による水深 1 m 以上の浸水 |
|---|---|---|---|
| ① | カ | キ | ク |
| ② | カ | ク | キ |
| ③ | キ | カ | ク |
| ④ | キ | ク | カ |
| ⑤ | ク | カ | キ |
| ⑥ | ク | キ | カ |

**第２問** 地理の授業で，「なぜ，世界で食料問題が起こっているのか？」をクラスで探究していくことにした。世界の食料問題に関する次の問い(**問１～６**)に答えよ。

問１（参考問題） 授業の最初，先生から世界の地域別に，発展途上国の栄養不足人口率が次の表１のように示され，食料不足が生じている地域*を確かめた。次に，食料不足が生じる理由を考察するため，穀物自給率と人口増加率をみることにした。次ページの図１中の**ア**と**イ**は，穀物自給率，人口増加率のいずれかの指標について，その高低を国別に示したものである。栄養不足人口率と穀物自給率および人口増加率との関係を述べた文として最も適当なものを，次ページの①～④のうちから一つ選べ。 7

*先進国の栄養不足人口率は5%以下。

表 1

| 地 域 | 発展途上国の栄養不足人口率 |
|---|---|
| アフリカ | 20.7 % |
| アジア | 13.5 % |
| ラテンアメリカおよびカリブ海諸国 | 6.4 % |
| オセアニア | 13.5 % |

統計年次は2010～2012年。
*The State of Food Insecurity in the World 2015* により作成。

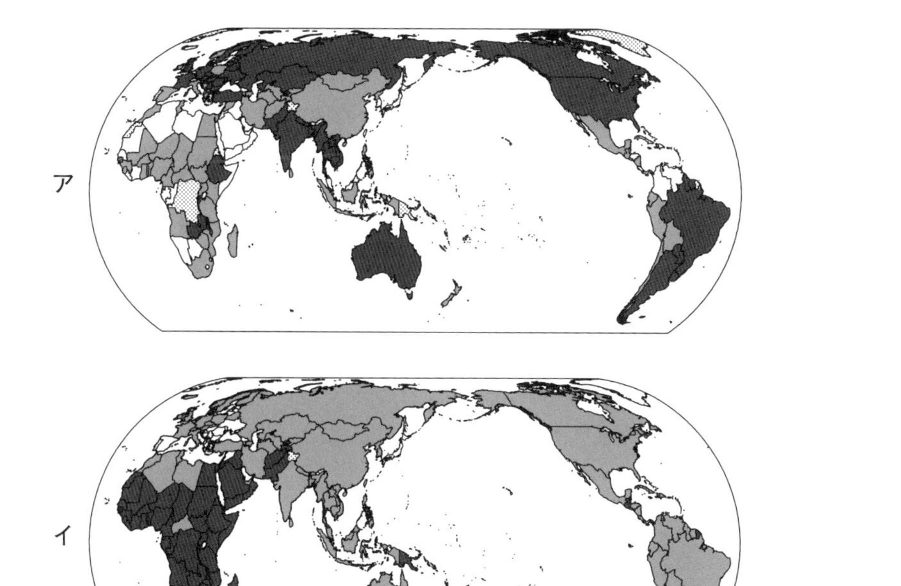


統計年次は穀物自給率が2011年，人口増加率が2010～2015年の平均値。
国連人口統計などにより作成。

図　1

① アは穀物自給率，イは人口増加率を示しており，栄養不足人口率が高いところは，穀物自給率が高く，人口増加率が低い傾向がみられる。

② アは穀物自給率，イは人口増加率を示しており，栄養不足人口率が高いところは，穀物自給率が低く，人口増加率が高い傾向がみられる。

③ アは人口増加率，イは穀物自給率を示しており，栄養不足人口率が高いところは，穀物自給率が高く，人口増加率が低い傾向がみられる。

④ アは人口増加率，イは穀物自給率を示しており，栄養不足人口率が高いところは，穀物自給率が低く，人口増加率が高い傾向がみられる。

次に，世界で主食となっている主な作物について，各班に分かれて調べた。次の図２中のカードＡ～Ｄは，各班が調べることにした課題である。

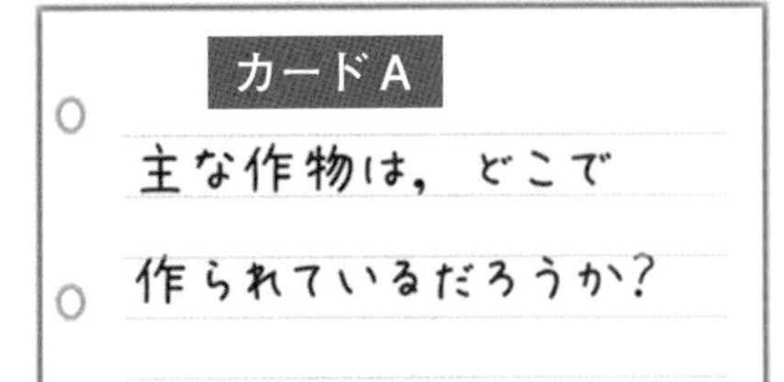


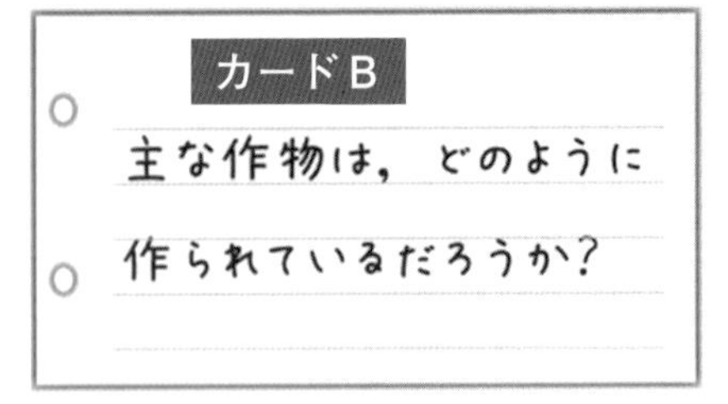


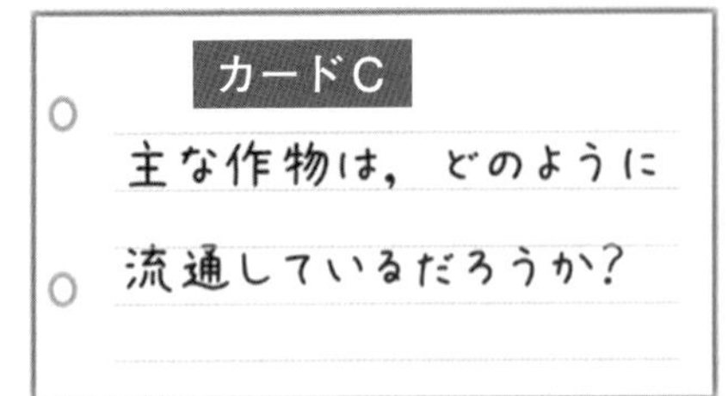


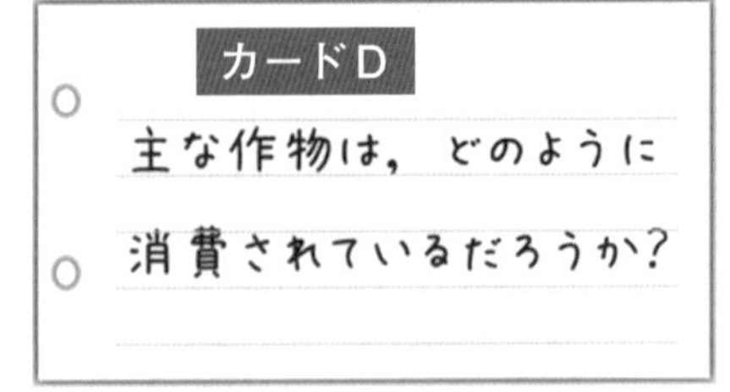


図　2

問2　図2中のカードAを調べた班は，主な作物の生産国を調べ，グラフにまとめた。次ページの図3は，小麦，米，トウモロコシ，大豆について，上位5か国とそれらが世界に占める割合を示したものであり，図3中のP～Rは，アメリカ合衆国，中国*，ブラジルのいずれかである。P～Rと国名との正しい組合せを，次の①～⑥のうちから一つ選べ。 8

*台湾，ホンコン，マカオを含まない。

| | P | Q | R |
|---|---|---|---|
| ① | アメリカ合衆国 | 中　国 | ブラジル |
| ② | アメリカ合衆国 | ブラジル | 中　国 |
| ③ | 中　国 | アメリカ合衆国 | ブラジル |
| ④ | 中　国 | ブラジル | アメリカ合衆国 |
| ⑤ | ブラジル | アメリカ合衆国 | 中　国 |
| ⑥ | ブラジル | 中　国 | アメリカ合衆国 |

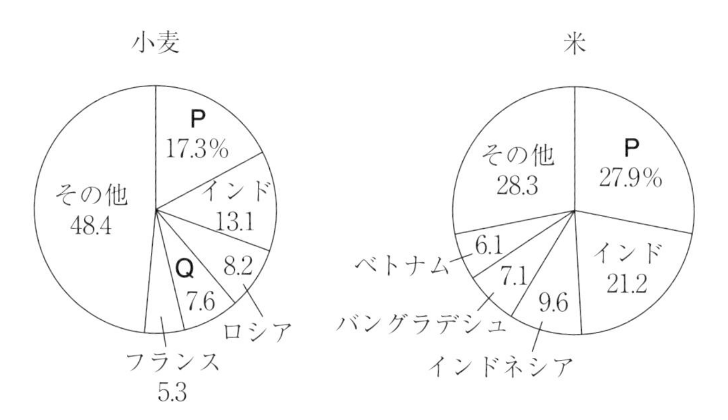


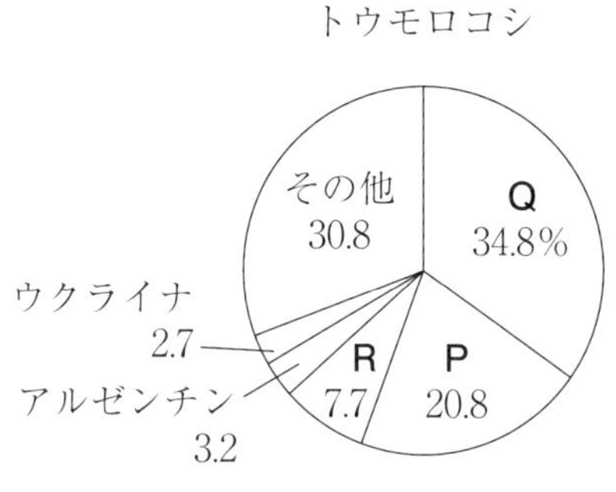


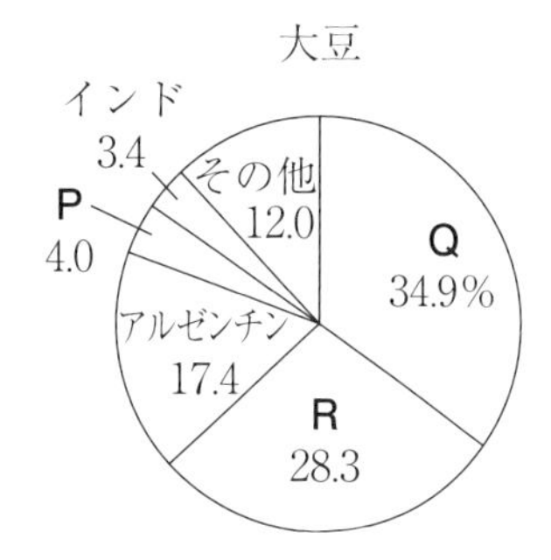


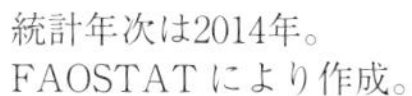
統計年次は2014年。
FAOSTATにより作成。

図 3

問3　図2中のカードBを調べた班は，世界の地域別に統計資料を用いて，グラフを作成し分析した。次の図4は，国土面積に占める農地*の割合と耕地1ha当たりの肥料の消費量**を示したものであり，①～④は，アジア，アフリカ，オセアニア，ヨーロッパのいずれかである。アジアに該当するものを，図4中の①～④のうちから一つ選べ。 9

*農地には，耕地のほか牧草地などを含む。

**ふん尿などの自給肥料の消費は含まない。

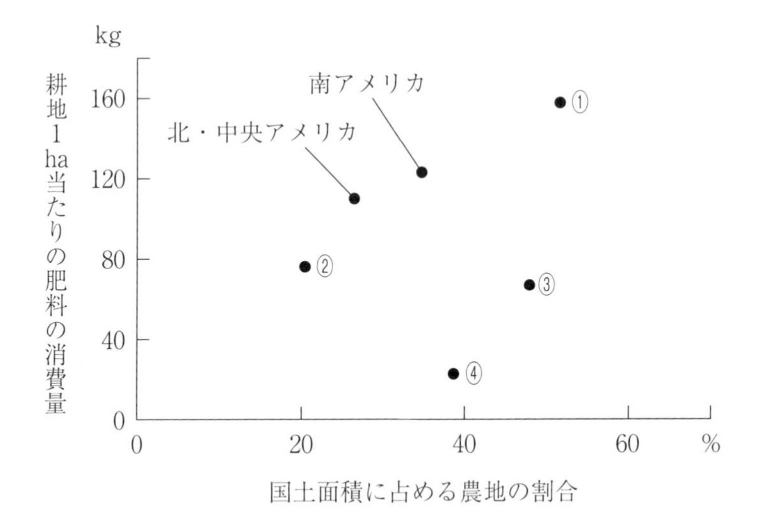


北・中央アメリカは，パナマ以北でカリブ海諸国を含む。
統計年次は2013年。
『世界国勢図会』により作成。

図　4

問4　図2中のカードCを調べた班は，小麦，米，トウモロコシ，大豆の世界全体の生産量と輸出量を調べた結果を，表2にまとめて話し合った。そのとき用いられた次ページの図5は，大豆の輸入上位5か国の輸入量とその世界全体に占める割合を示している。下の会話文中の空欄**カ**と**キ**に当てはまる語句の正しい組合せを，次ページの①～④のうちから一つ選べ。

10

表　2

（単位：千t）

| 作物名 | 生産量 | 輸出量 |
|---|---|---|
| 小　麦 | 711,142 | 162,798 |
| 米 | 738,064 | 37,127 |
| トウモロコシ | 1,017,537 | 124,222 |
| 大　豆 | 278,093 | 106,169 |

統計年次は2013年。『世界国勢図会』により作成。

太　郎「生産量で一番多いのは，トウモロコシだね」
桜　子「逆に，大豆の生産量が一番少ないね」
次　郎「輸出量を見ると，小麦が一番多いことがわかるね」
桃　子「米は輸出量が少ないだけでなく，生産量に占める輸出量の割合も小さいから，（　**カ**　）に生産している国や地域が多そう」
三　郎「逆に，大豆は生産量が少ないにもかかわらず，生産量に占める輸出量の割合が大きくなっているよ。図5にみられるように，それは世界の大豆輸入における中国の輸入量が拡大したことが，生産量に占める輸出量の割合を押し上げたみたいだね」
太　郎「なぜ，中国の輸入量が急激に増加したのだろう？」
桜　子「それは，中国では経済発展にともなって食生活が変化して，（　**キ**　）の大豆の需要が急激に高まったからでしょうね」

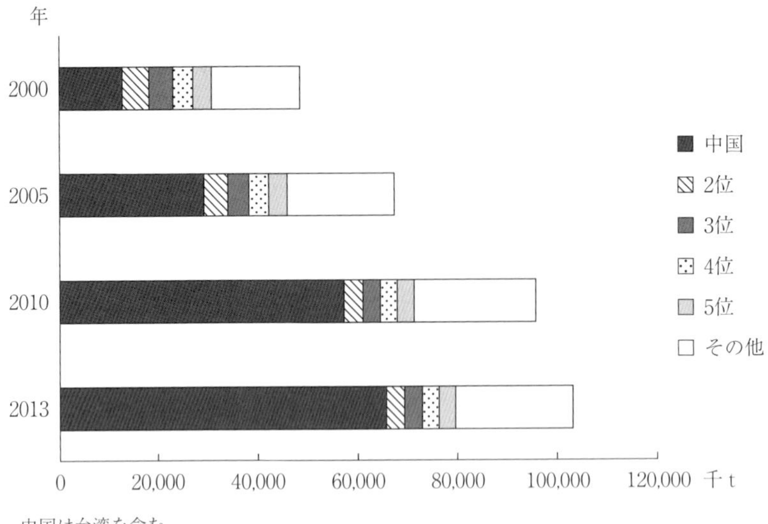


中国は台湾を含む。
『世界国勢図会』により作成。

図 5

| | カ | キ |
|---|---|---|
| ① | 自給的 | 食料用 |
| ② | 自給的 | 飼料用 |
| ③ | 商業的 | 食料用 |
| ④ | 商業的 | 飼料用 |

問5 図2中のカードDを調べた班は，世界各国の飽食・飢餓（きが）と健康との関係について資料を集め探究を進めようと，表3を作成した。表3中の**サ**～**ス**は，サウジアラビア，タイ，ボリビアのいずれかである。またこの班では表3中の6か国を，2か国ずつの**X**～**Z**の3グループに分類し，その考察した結果を表4にまとめた。**サ**～**ス**の国名として最も適当なものを，16ページの①～⑥のうちから一つ選べ。 11

表 3

| 国　名 | 1人1日当たり食料供給熱量 (kcal) | 太りすぎ人口の割合* (%) | 5歳未満の子供の死亡率 (‰) |
|---|---|---|---|
| アメリカ合衆国 | 3,650 | 31.8 | 7 |
| サ | 3,063 | 35.2 | 15 |
| ザンビア | 1,911 | 4.2 | 64 |
| シ | 2,188 | 18.9 | 38 |
| 日　本 | 2,695 | 4.5 | 3 |
| ス | 2,752 | 8.5 | 12 |

*体重(kg)を身長(m)の2乗で割って算出される値が25以上の状態。
統計年次は，1人1日当たり食料供給熱量は2009～2011年の平均値，太りすぎ人口の割合は2008年，5歳未満の子供の死亡率は2015年。
世界銀行の資料などにより作成。

表 4

| グループ | 国　名 | 考察した結果 |
|---|---|---|
| X | アメリカ合衆国<br>（ サ ） | ともに1人当たり食料供給熱量，太りすぎ人口の割合は高位である。両国とも世界有数の高所得国であり，サは1970年代以降に急速にその経済的地位を上昇させた。 |
| Y | ザンビア<br>（ シ ） | ともに1人当たり食料供給量は低位で，5歳未満の子供の死亡率は高位である。両国とも都市部への人口集中がみられ，シの都市住民の一部では食生活の欧米化がみられる。 |
| Z | 日　本<br>（ ス ） | ともに1人当たり食料供給量は中位であり，太りすぎ人口の割合は低位である。スでは屋台などの外食の割合が高い。 |

| | ① | ② | ③ | ④ | ⑤ | ⑥ |
|---|---|---|---|---|---|---|
| サウジアラビア | サ | サ | シ | シ | ス | ス |
| タ　イ | シ | ス | サ | ス | サ | シ |
| ボリビア | ス | シ | ス | サ | シ | サ |

問6　各班で調べた内容についてさらにクラスで学習を深め，世界の食料問題とその取組みについてポスターにまとめた。文章中の下線部①～④のうちから，**適当でないもの**を一つ選べ。 12

**世界の食料問題とその取組み**

○年○組

世界の食料問題は発展途上国と先進国で違いがみられる。発展途上国では，所得水準が低く食料の十分に得られない地域がある。食料の増産を目的とした対策の一つとして，20世紀半ば以降に推進された「緑の革命」では，①高収量品種の導入や灌漑（かんがい）施設の整備などによっていくつかの国では穀物自給率が上昇した。ただし，農村部では十分にその恩恵を受けることができていない地域もみられる。近年では②世界各地で異常気象による農作物の不作が報告されており，貧しい農村部でその影響が大きい。

一方，多くの先進国では，③国内消費を上回る量の食料品を輸入し，大量の食料が廃棄されるフードロスの問題が生じている。世界の一部では飢餓（きが）が生じているなか，先進国の飽食は発展途上国の犠牲のうえに成り立っているとも考えられる。国際貿易においては，④農産加工品などの輸入において先進国がフェアトレードを推進しており，発展途上国の農家の生活水準が悪化している。食料問題を解決するには，先進国と発展途上国との格差を是正していくことが必要であり，私たちも食料問題に真剣に向き合わなければならない。

## 第3問　世界の人口と都市に関する次の問い(問1～6)に答えよ。

問1　次の図1は，世界の主な国の人口のカルトグラムに人口密度を示したものである。図1から読み取れることがらを述べた文として最も適当なものを，下の①～④のうちから一つ選べ。 13

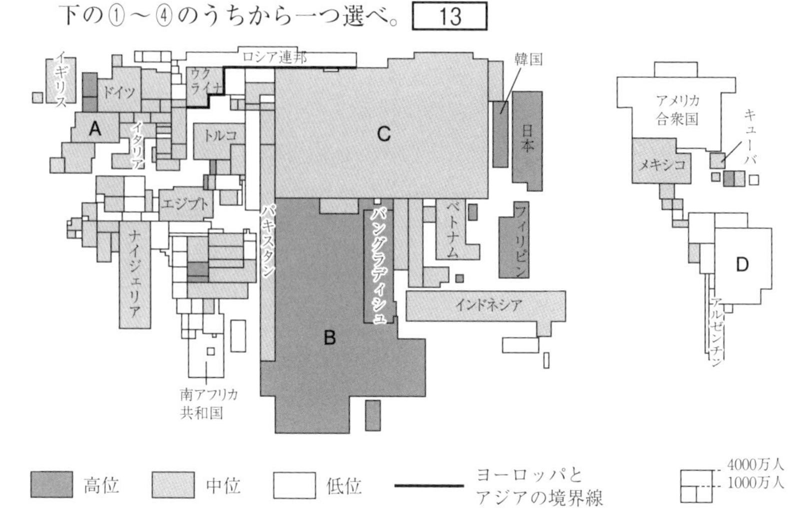


統計年次は，人口が2012年または2014年，人口密度が2015年。
『世界国勢図会』などにより作成。

図　1

① ヨーロッパでは，国土面積が小さく，人口密度が高位の国が集中している。

② アジアは人口が最も多く，特に東アジアや南アジアでは人口密度が高位や中位の国が多い。

③ アフリカは人口増加率が高く，人口密度も高位の国が多い。

④ ラテンアメリカでは，人口密度が中位や低位の国が多く，特に中央アメリカでは低位の国が多い。

問2　次の図2中の①～④は，図1中のA～Dのいずれかの国の人口ピラミッドを示したものである。Dに該当するものを，図2中の①～④のうちから一つ選べ。 14

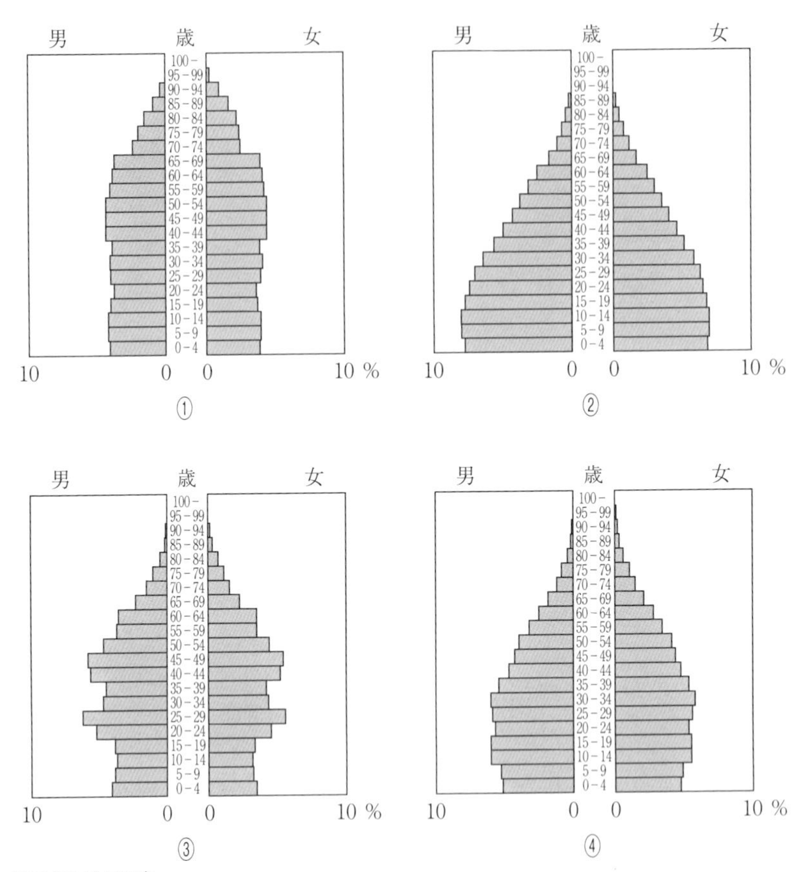


統計年次は2015年。
『国連人口統計』により作成。

図 2

問3　次の表1は，発展途上国の中でもBRICSに続く経済発展をみせているいくつかの国と日本の合計特殊出生率と1人当たりのGDPを示したものであり，**ア**～**ウ**はインドネシア，ナイジェリア，メキシコのいずれかである。**ア**～**ウ**と国名との正しい組合せを，下の①～⑥のうちから一つ選べ。

15

表　1

| | 合計特殊出生率 | | 1人当たりのGDP（ドル） | |
|---|---|---|---|---|
| | 1990年 | 2015年 | 1990年 | 2015年 |
| **ア** | 6.49 | 5.59 | 686 | 2,763 |
| **イ** | 3.48 | 2.21 | 3,423 | 9,512 |
| **ウ** | 3.12 | 2.44 | 771 | 3,371 |
| 日　本 | 1.57 | 1.46 | 25,443 | 34,513 |

世界銀行の資料などにより作成。

| | **ア** | **イ** | **ウ** |
|---|---|---|---|
| ① | インドネシア | ナイジェリア | メキシコ |
| ② | インドネシア | メキシコ | ナイジェリア |
| ③ | ナイジェリア | インドネシア | メキシコ |
| ④ | ナイジェリア | メキシコ | インドネシア |
| ⑤ | メキシコ | インドネシア | ナイジェリア |
| ⑥ | メキシコ | ナイジェリア | インドネシア |

問4　次ページの写真1の**カ**～**ク**は，開発のすすむいくつかの都市の景観を撮影したものであり，次ページの文章は，各都市についての説明である。文章中の下線部**a**～**c**について，正誤の組合せとして正しいものを，下の①～⑧のうちから一つ選べ。 16

カ

キ

ク

写真　1

カはリオデジャネイロであり，a 近代的な開発が進んだ沿岸部に対して，土地条件の悪い傾斜地にはファベーラと呼ばれる不良住宅地区がみられる。キはシャンハイ(上海)であり，b 沿岸部の広大な用地に高層ビル群が建設され，商業・金融の世界的な中心地として発展している。クはドバイであり，c 巨額のオイルマネーを背景に，世界最高層のビルや都市インフラの建設が進んでいる。

| | ① | ② | ③ | ④ | ⑤ | ⑥ | ⑦ | ⑧ |
|---|---|---|---|---|---|---|---|---|
| a | 正 | 正 | 正 | 正 | 誤 | 誤 | 誤 | 誤 |
| b | 正 | 正 | 誤 | 誤 | 正 | 正 | 誤 | 誤 |
| c | 正 | 誤 | 正 | 誤 | 正 | 誤 | 正 | 誤 |

問5　次の図3は，日本における大都市の内部構造を模式的に示したものであり，下の**サ**〜**ス**の文は，図3中の**E**〜**G**の各地区について述べたものである。**サ**〜**ス**と**E**〜**G**との正しい組合せを，下の①〜⑥のうちから一つ選べ。 17

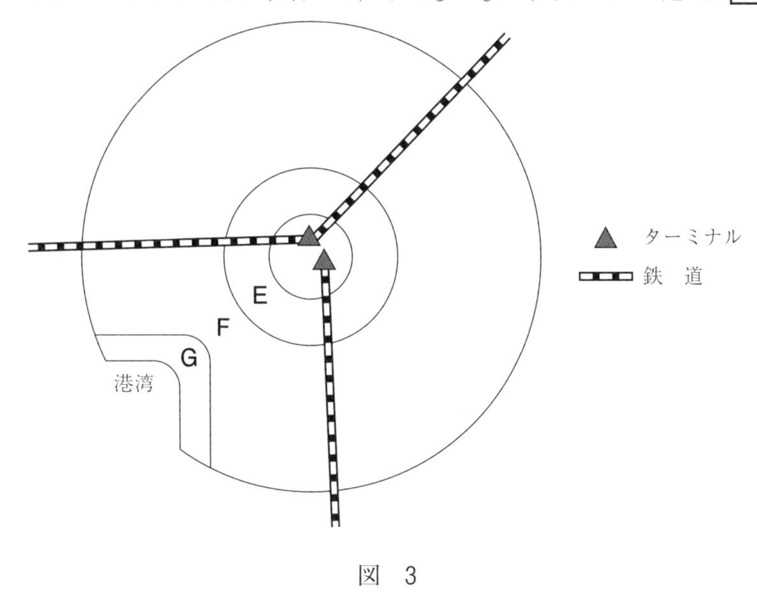


図　3

**サ**　大規模な工場や倉庫群などが立地している。

**シ**　中小の工場や商店などと住宅が混在している。

**ス**　鉄道に沿って住宅地が形成されている。

| | ① | ② | ③ | ④ | ⑤ | ⑥ |
|---|---|---|---|---|---|---|
| E | サ | サ | シ | シ | ス | ス |
| F | シ | ス | サ | ス | サ | シ |
| G | ス | シ | ス | サ | シ | サ |

問6　次のX～Zの文は，日本の人口30万人程度のいくつかの市区について，それらの市区のようすを述べたものであり，下の表2中のタ～ツは，それぞれの市区の昼夜間人口比率と年間商品販売額を示したものである。X～Zとタ～ツとの正しい組合せを，下の①～⑥のうちから一つ選べ。 18

X　行政と文化の中心となっている地方都市で，交通と経済の中心となっている隣接都市とは人口が競合している。

Y　大都市圏の副都心で，ターミナル駅付近には高層ビルが立ち並ぶ一方，その周辺には木造住宅や小さな工場が密集している地区もみられる。

Z　二つの大都市にはさまれた立地で，高度経済成長の時期に人口の急増がみられ，ベッドタウンとしての住宅開発が進んだ。

表　2

| | 昼夜間人口比率 | 年間商品販売額(百万円) |
|---|---|---|
| タ | 148.6 | 1,856,287 |
| チ | 104.5 | 1,005,158 |
| ツ | 86.5 | 515,895 |

統計年次は，昼夜間人口比率が2010年，年間商品販売額が2014年。
国勢調査などにより作成。

| | ① | ② | ③ | ④ | ⑤ | ⑥ |
|---|---|---|---|---|---|---|
| X | タ | タ | チ | チ | ツ | ツ |
| Y | チ | ツ | タ | ツ | タ | チ |
| Z | ツ | チ | ツ | タ | チ | タ |

**第4問** 高校生のユウさんは，ヨーロッパについての課題研究に取り組んだ。次の図1を見て，ユウさんが調べたことに関する下の問い(問1～6)に答えよ。

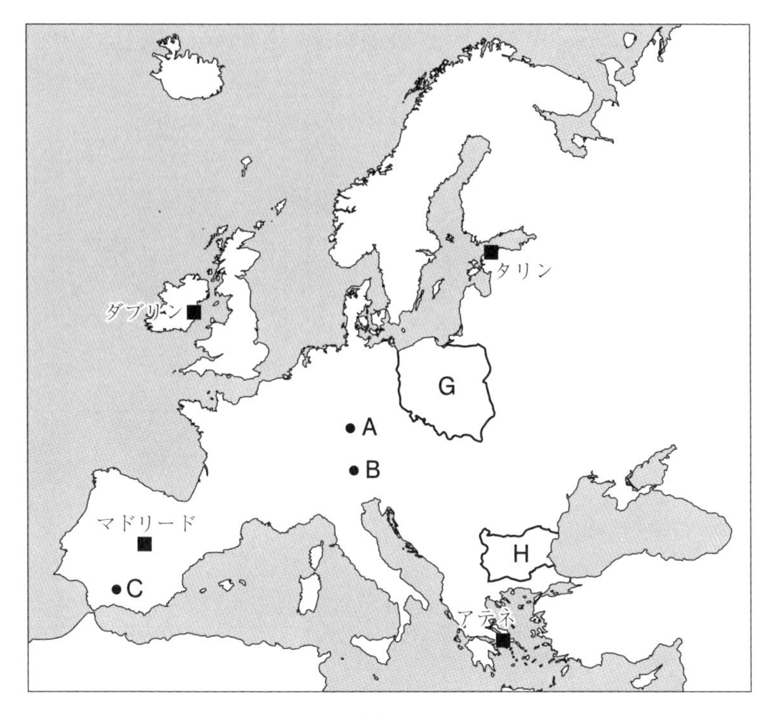


図 1

問1　ユウさんは，ヨーロッパ各地の気候の違いについて調べた。次の図2中の①～④は，図1中のアテネ，ダブリン，タリン，マドリードのいずれかの地点における月平均気温と月降水量を示したものである。ダブリンに該当するものを，図2中の①～④のうちから一つ選べ。 19

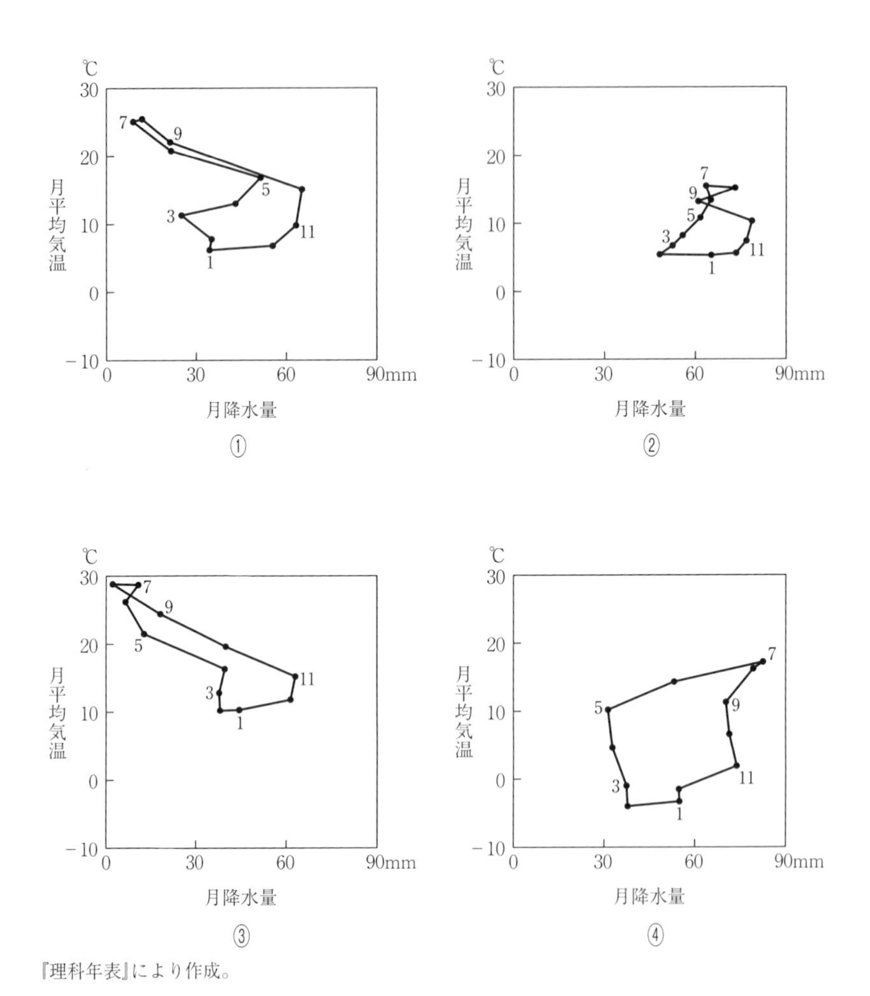

『理科年表』により作成。

図　2

問２　ユウさんは，ヨーロッパの景観が地域によって大きく異なることに気がついた。次の写真１中の**ア**〜**ウ**は，図１中の**A**〜**C**のいずれかの地点でみられる代表的な農業景観を撮影したものである。**ア**〜**ウ**と**A**〜**C**との正しい組合せを，下の①〜⑥のうちから一つ選べ。［20］

ア

イ

ウ

写真　1

| | ① | ② | ③ | ④ | ⑤ | ⑥ |
|---|---|---|---|---|---|---|
| A | ア | ア | イ | イ | ウ | ウ |
| B | イ | ウ | ア | ウ | ア | イ |
| C | ウ | イ | ウ | ア | イ | ア |

問3　ユウさんは，ヨーロッパの宗教と言語の多様性について調べた。図1中のG国とH国における主な言語と宗教との正しい組合せを，次の①～⑥のうちから一つ選べ。 21

| | G　国 | | H　国 | |
|---|---|---|---|---|
| | 言　語 | 宗　教 | 言　語 | 宗　教 |
| ① | ゲルマン語派 | カトリック | ゲルマン語派 | 正教会 |
| ② | ゲルマン語派 | 正教会 | ゲルマン語派 | カトリック |
| ③ | スラブ語派 | カトリック | スラブ語派 | 正教会 |
| ④ | スラブ語派 | 正教会 | スラブ語派 | カトリック |
| ⑤ | ラテン語派 | カトリック | ラテン語派 | 正教会 |
| ⑥ | ラテン語派 | 正教会 | ラテン語派 | カトリック |

問4　ユウさんは，EU（欧州連合）の統合について先生に質問することにした。次の図3は，先生が示してくれたメモであり，これを参考にユウさんはEUの統合が進んだ理由を考えた。統合が進んだ理由として最も適当なものを，下の①～④のうちから一つ選べ。 22

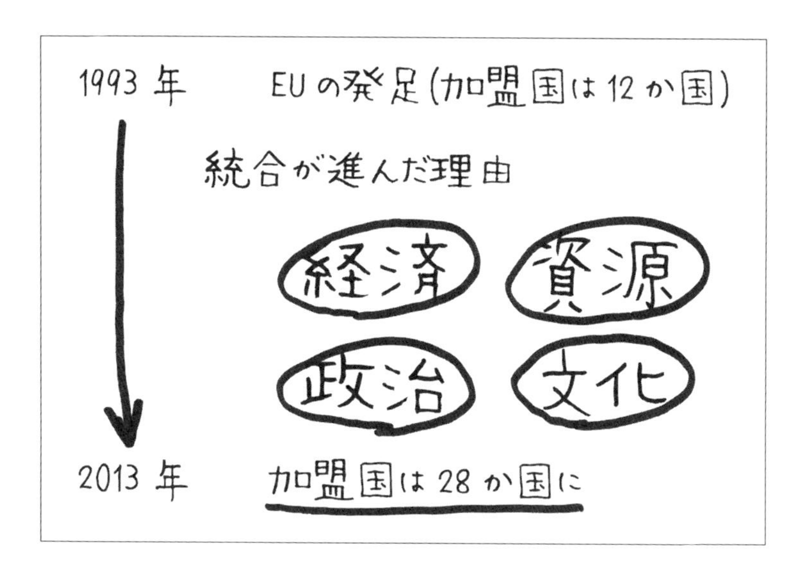


図　3

① 経済の面では，EU域内で流通する工業製品や農産物に関税をかけて自国の産業を保護する必要があったため。

② 資源の面では，風力発電など自然再生エネルギーの共同利用を図り，資源をめぐる国家間の対立を緩和するため。

③ 政治の面では，東欧革命により東西冷戦時代が終わり，東ヨーロッパ諸国が統合を望んだため。

④ 文化の面では，食事の時にワインを日常的に飲む習慣が存在し，食文化の共通性が高かったため。

問5　ユウさんは，EUへの拠出金の分担をめぐって，加盟国間で議論が交わされていることを知った。各加盟国のEUへの拠出金額と1人当たりGNI（国民総所得）との関係を調べるために，ユウさんは次の図4を作成した。下の**カ**～**ク**の文は，図4中に示した**P**～**R**の国家群について説明したものである。**P**～**R**と**カ**～**ク**の文との正しい組合せを，下の①～⑥のうちから一つ選べ。 23

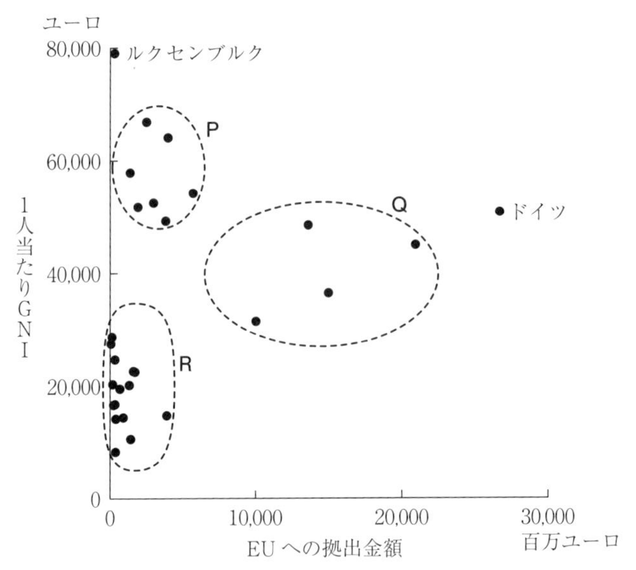


図　4

**カ**　EUの政治経済において中心的な役割を担ってきた国が多い。

**キ**　EU発足後に新たに加盟した国が多い。

**ク**　国内人口は少ないが，経済活動が活発な国が多い。

| | ① | ② | ③ | ④ | ⑤ | ⑥ |
|---|---|---|---|---|---|---|
| **P** | カ | カ | キ | キ | ク | ク |
| **Q** | キ | ク | カ | ク | カ | キ |
| **R** | ク | キ | ク | カ | キ | カ |

問6　EU各国において国際的な人口移動が活発であることを知ったユウさんは，移民の流れを示した次の図5を作成し，このような移動がみられる理由について考えた。次ページの**X**～**Z**は，ユウさんが考えた仮説を示したものであり，**サ**～**ス**は仮説を確かめるために集めたデータを示したものである。**X**～**Z**と**サ**～**ス**の組合せとして最も適当なものを，下の①～⑨のうちから一つ選べ。 24

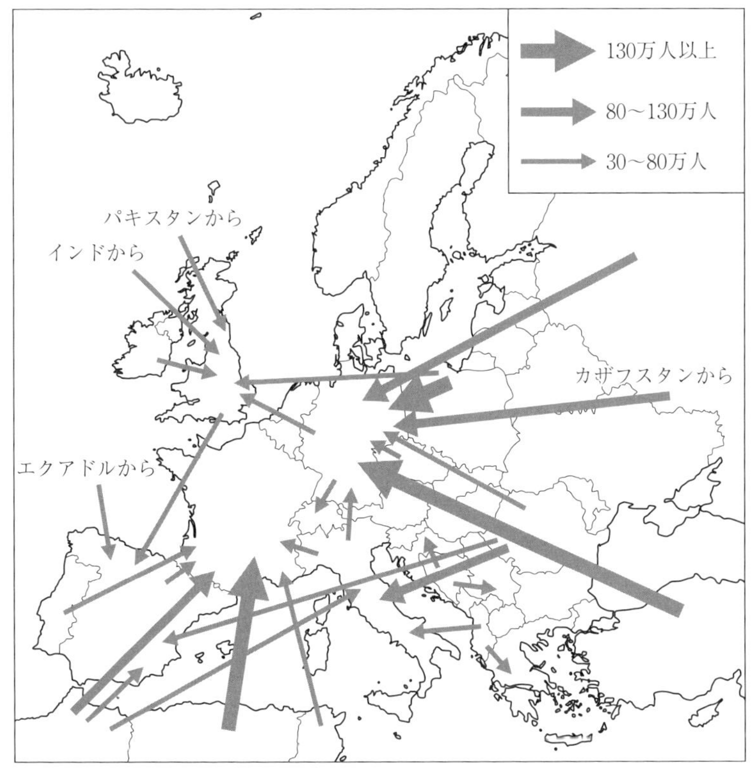


統計年次は2015年。
*Trends in International Migrant Stock*により作成。

図　5

【仮説】

X　旧宗主国と旧植民地の国々との間では言語の障壁が比較的低く，雇用機会が不足し治安が悪い旧植民地から旧宗主国への人口移動がみられた。

Y　国境での審査なしで自由に出入国ができるようになり，先進国どうしの人々の相互移動が活発化し，大量の人口移動につながった。

Z　産業が発達している先進国とその他の国々との間の賃金格差が大きくなり，賃金水準の低い国々から先進国に向けて移民が流出した。

【データ】

サ　EU 加盟国および周辺国における食料自給率についてのデータ

シ　EU 加盟国および周辺国における大学進学率についてのデータ

ス　EU 加盟国における 1 人当たり工業付加価値額についてのデータ

① X ― サ　② X ― シ　③ X ― ス

④ Y ― サ　⑤ Y ― シ　⑥ Y ― ス

⑦ Z ― サ　⑧ Z ― シ　⑨ Z ― ス

**第5問**　関東地方の高校に通うサクラさんは，親戚が住んでいる静岡県中部(図1とその周辺)の地域調査を行った。この地域調査に関する下の問い(問1～6)に答えよ。

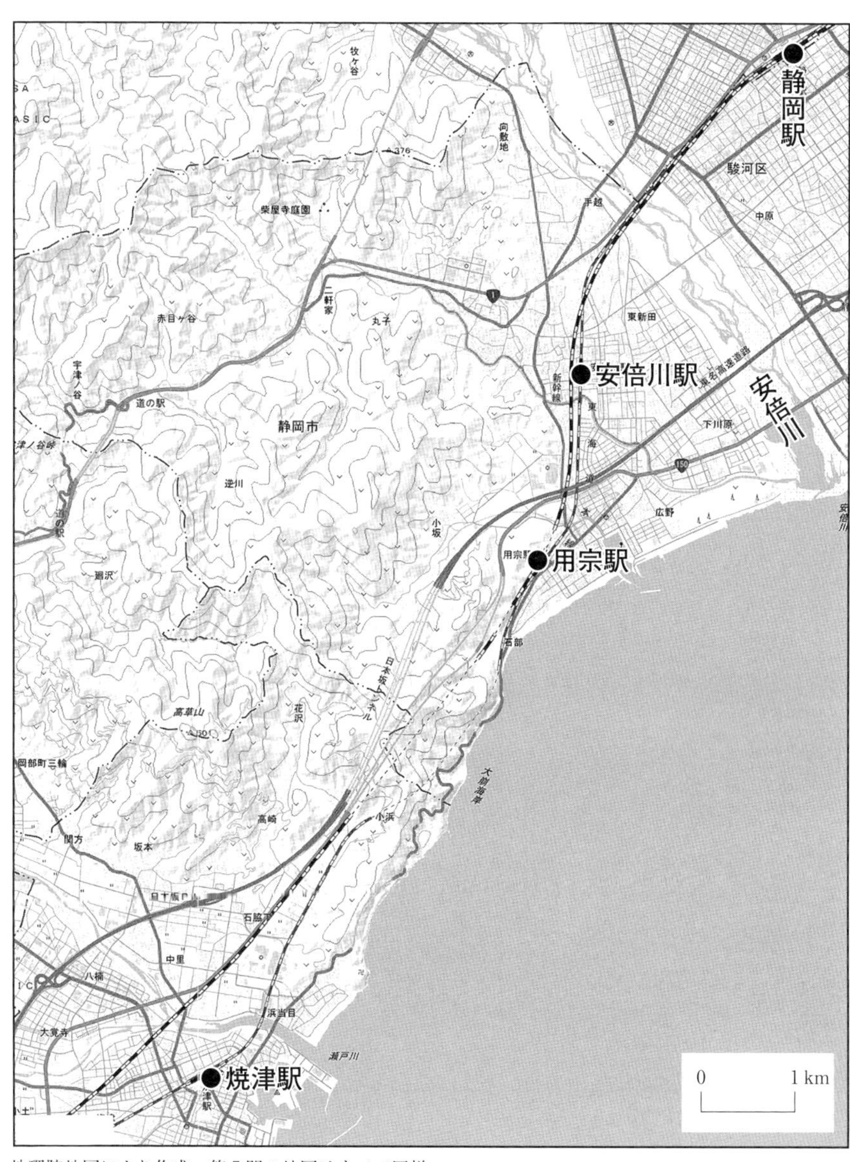


地理院地図により作成。第5問の地図はすべて同様。

図　1

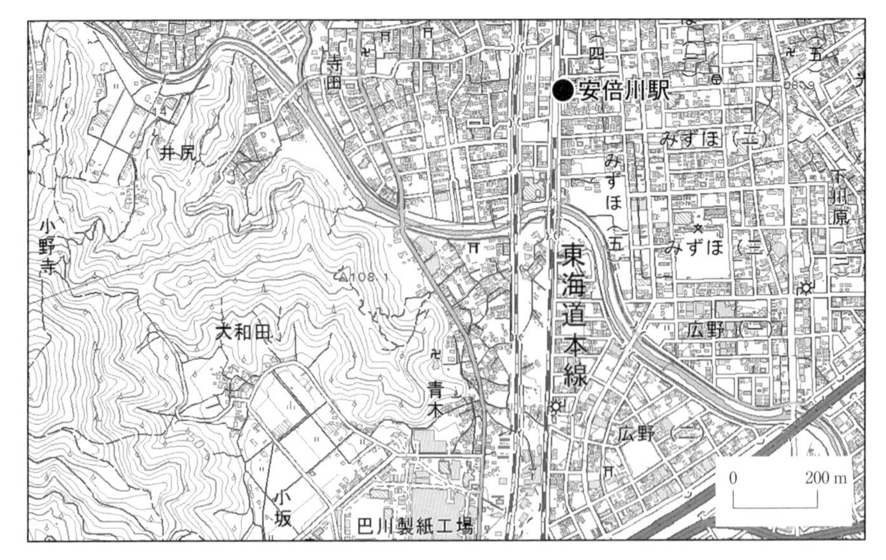

寺田
安倍川駅
みずほ（二）
井尻
みずほ（五）
下川原
小野寺
東海道本線
みずほ（三）
△108.1
大和田
広野（二）
青木
広野（一）
小坂
巴川製紙工場
0
200 m


図　2

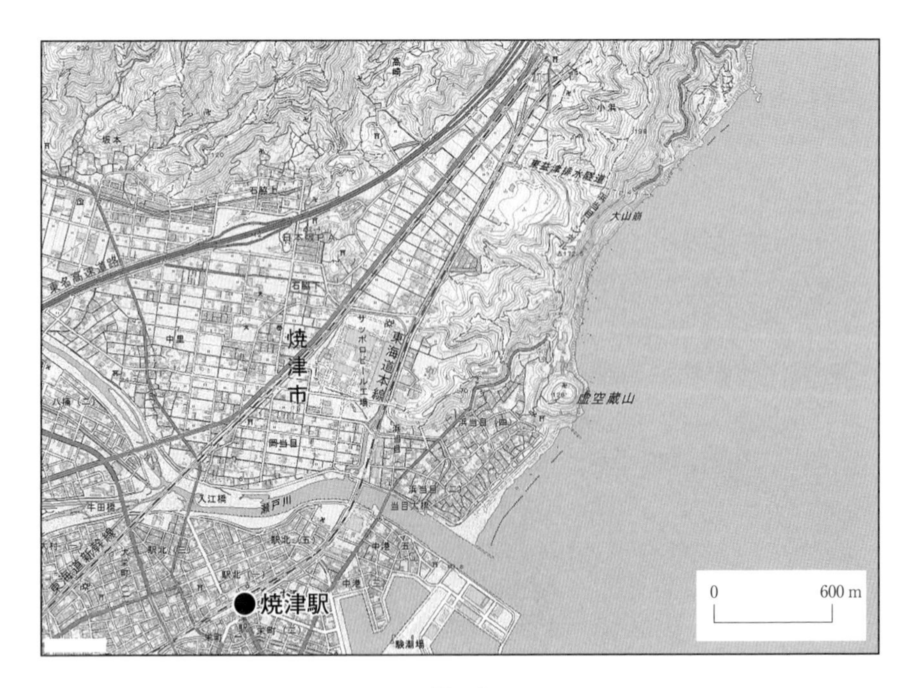

東名高速道路
焼津市
東海道本線
虚空蔵山
瀬戸川
東海道新幹線
焼津駅
0
600 m


図　3

問1　サクラさんは，静岡駅で新幹線を降り，親戚の住む焼津(やいづ)市を訪れるために，図1中の静岡駅を午前10時に出発した列車に乗り，焼津駅までの車窓からの景観を観察した。図2は安倍川(あべかわ)駅付近の拡大図であり，図3は用宗(もちむね)－焼津間の拡大図である。車窓からの景観を説明した文として最も適当なものを，次の①～④のうちから一つ選べ。 25

① 静岡駅を出て安倍川を渡る際に地形図と見比べたところ，地形図で示された位置と，実際に水の流れている位置が異なっていた。

② 図2の安倍川駅を出発すると，車窓の進行方向の右側に山地が見え，市街地より山側の斜面は全体が針葉樹林に覆われていた。

③ 用宗駅付近を走行している際に，日差しは進行方向の右側から差し込んでいた。

④ 用宗－焼津間のトンネルを出た所からビール工場までの間，進行方向の左側に海が見えた。

問2　サクラさんは，静岡県中部が避寒地として古くから知られ，特に静岡市には伊藤博文(いとうひろぶみ)，井上馨(いのうえかおる)，西園寺公望(さいおんじきんもち)など，東京在住の明治の元勲(げんくん)や元老たちの別荘があったことを聞き，気候についての資料を整理した。次の図4は，日本のいくつかの地点の月平均気温を示したものであり，**ア**～**ウ**は軽井沢(かるいざわ)，静岡，八丈島(はちじょうじま)のいずれかである。**ア**～**ウ**と地点名との正しい組合せを，下の①～⑥のうちから一つ選べ。 26

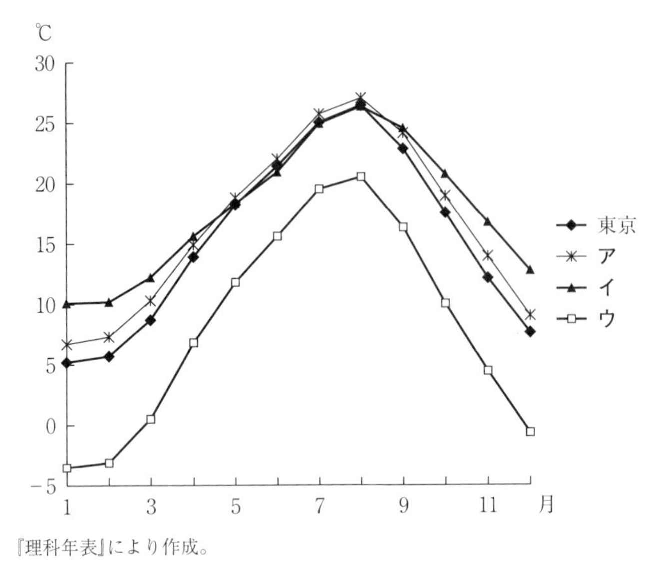


図　4

| | ① | ② | ③ | ④ | ⑤ | ⑥ |
|---|---|---|---|---|---|---|
| 軽井沢 | ア | ア | イ | イ | ウ | ウ |
| 静　岡 | イ | ウ | ア | ウ | ア | イ |
| 八丈島 | ウ | イ | ウ | ア | イ | ア |

問3　静岡県中部の市町村のすがたに関心をもったサクラさんは，この地域の人口統計データを用いた主題図を作成した。下の図5は，静岡県中部における市区町村の位置略図と，縦横約1kmの単位地域からなるメッシュマップで表現した人口分布図である。36ページの図6は，いくつかの指標の分布を図5中の人口分布図と同様なメッシュマップで示したものであり，**カ**～**ク**は第3次産業就業者率，老年人口の増加率，老年人口率のいずれかである。**カ**～**ク**と指標名との正しい組合せを，次の①～⑥のうちから一つ選べ。 27

|  | ① | ② | ③ | ④ | ⑤ | ⑥ |
| --- | --- | --- | --- | --- | --- | --- |
| 第３次産業就業者率 | カ | カ | キ | キ | ク | ク |
| 老年人口の増加率 | キ | ク | カ | ク | カ | キ |
| 老年人口率 | ク | キ | ク | カ | キ | カ |

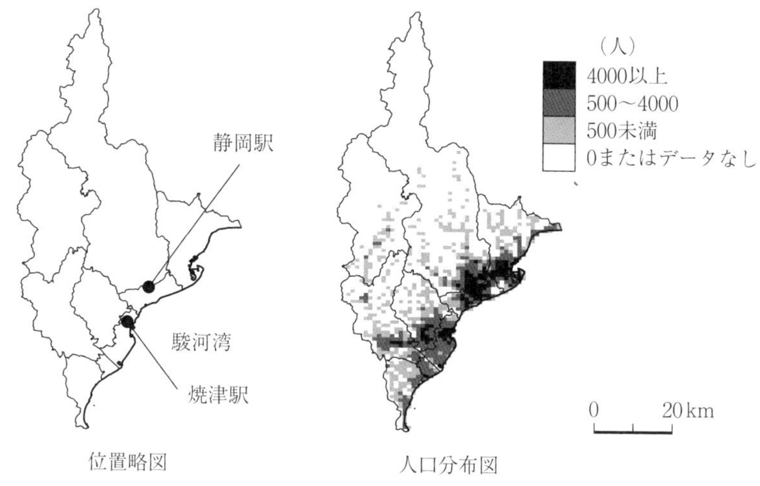


統計年次は2010年。国勢調査により作成。

図　5

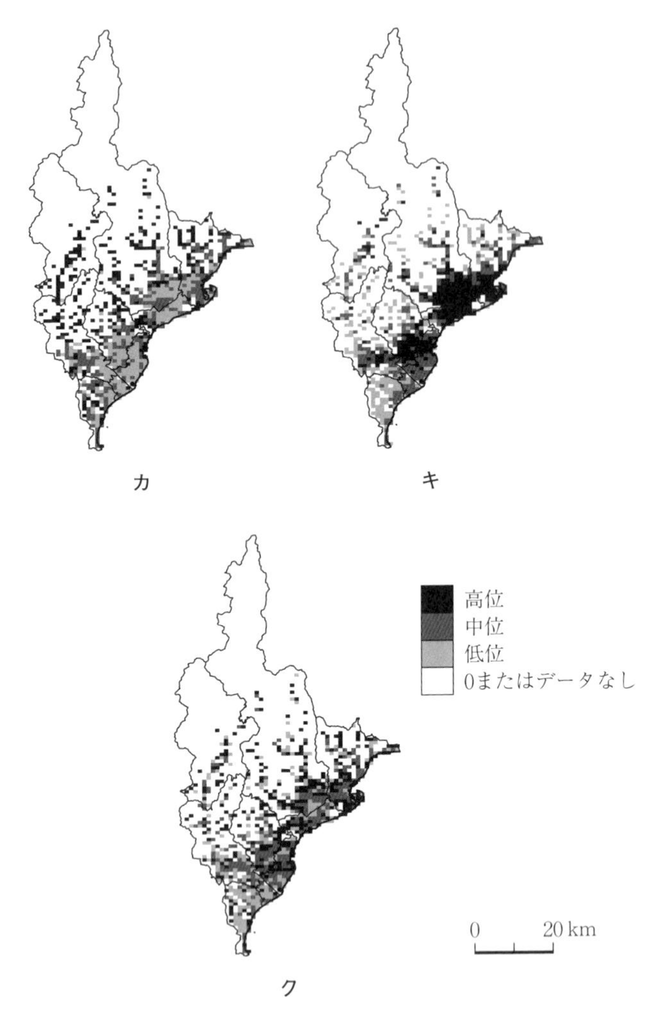


統計年次は第3次産業就業者率，老年人口率が2010年，老年人口の増加率が2000～2010年。国勢調査により作成。

図 6

問４　焼津市の市街地を訪れたサクラさんは，次の写真１のような防災施設を見かけた。同様な施設は下の図７中の各地点でも見られた。この施設の目的や役割の説明として正しいものを，下の①～④のうちから**すべて**選べ。

28

写真　１

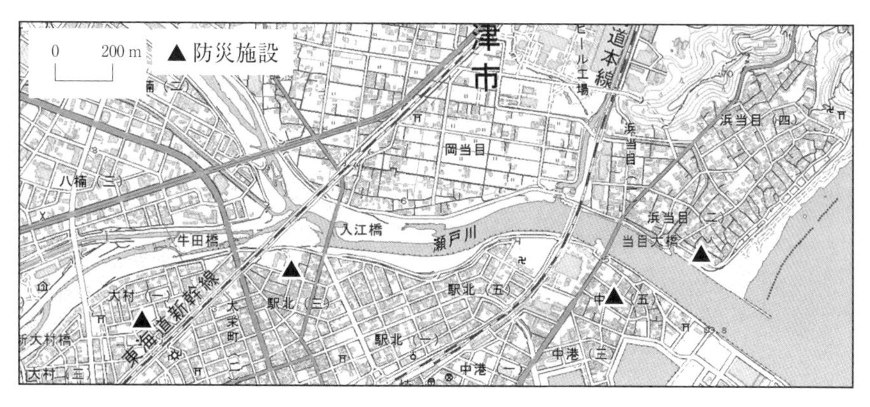


図　７

①　洪水による浸水を防ぐ施設　　②　地震による液状化を防ぐ施設

③　津波から避難する施設　　④　土石流から避難する施設

問5　焼津市の防災施設を見て防災について関心をもったサクラさんは，静岡県中部で防災に関する地域調査を行い，地理の先生に報告した。次の図8は静岡県中部のある地域の地形図(左)と，同範囲の地形分類図(右)である。下のサクラさんと先生との会話文中の下線部**サ**～**ス**の正誤の組合せとして正しいものを，次ページの①～⑧のうちから一つ選べ。 29

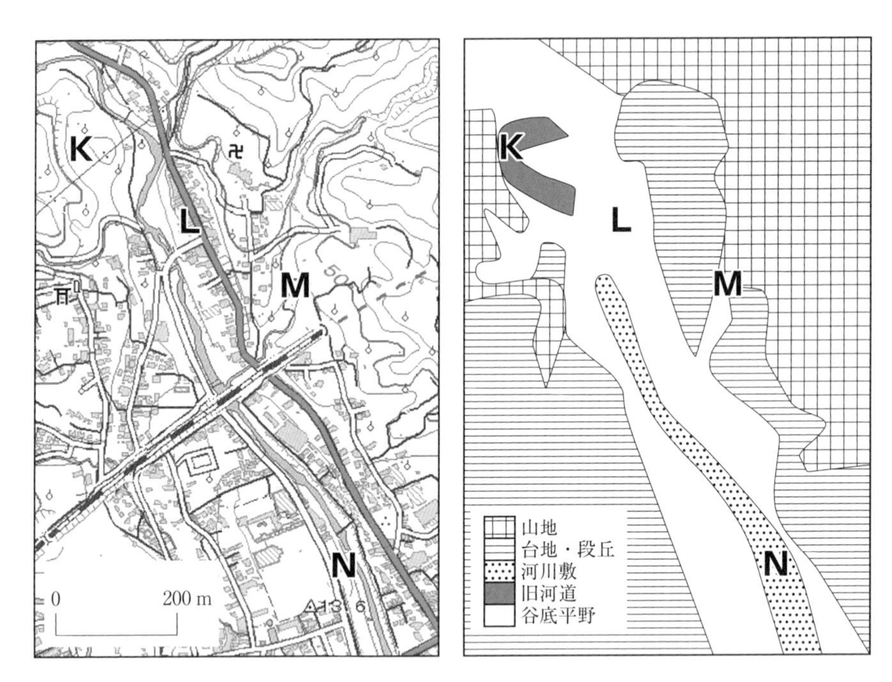


地理院地図，土地条件図により作成。
地形分類図は小面積のものを一部省略してある。

図　8

先　生「興味深い調査をしてきましたね。図8や，サクラさんが調べたことをもとに，この地域の防災上の注意事項を考えてみましょう。たとえばK地点は地形から見て，建物を建てるときには液状化の対策が必要かもしれないですね。他の地点についてはどう思いますか？」

サクラ「はい，まずこの地区のハザードマップを見たところ，この図の範囲内に洪水の危険性がある箇所は描かれていませんでした。M地点付近は谷で土石流の危険性があると描かれており，**サ**主に土砂災害の危険性があるので砂防ダムなどの対策が必要だと思いました。ハザードマップでL地点付近は急傾斜地崩壊危険箇所となっていました。L地点付近に30年前から住んでいるという方から話を聞いたのですが，このあたりで洪水を経験したことはないそうです。しかし，地形分類図も参考にすると，L地点付近では，シ土砂災害とともに洪水にも注意が必要だと思います。N地点付近では，下の写真2のように，川の水面からは少し高く，道路より低い所が駐車場やテニスコートになっていました。N地点付近ではス洪水の危険性があり，大雨の際には近づかないほうがいいと思いました」

先　生「みなさんはどう思いますか？」

写真　2

| | ① | ② | ③ | ④ | ⑤ | ⑥ | ⑦ | ⑧ |
|---|---|---|---|---|---|---|---|---|
| サ | 正 | 正 | 正 | 正 | 誤 | 誤 | 誤 | 誤 |
| シ | 正 | 正 | 誤 | 誤 | 正 | 正 | 誤 | 誤 |
| ス | 正 | 誤 | 正 | 誤 | 正 | 誤 | 正 | 誤 |

問6　静岡県中部での地域調査を終えて，日本全体の自然災害や防災に関心をもったサクラさんは，教科書や資料集に挙げられている日本の自然災害や防災対策の概要を整理し，プレゼンテーション用の資料を作成した。次の図9はサクラさんがそのまとめとして作成したものである。日本の自然災害と防災対策をまとめた文として**適当でないもの**を，図9中の①～④のうちから一つ選べ。 30

**日本の自然災害と防災対策のまとめ**

① 日本列島はもともと地震や大雨などが多く，自然災害を受けやすい場所に位置している。

② 機械を用いた高度な土木工事が困難だった時代には，霞堤(かすみてい)など，自然災害をもたらす現象をある程度受け入れる防災対策も行われた。

③ 現代では様々な防災対策が進んでいるが，地形からみて自然災害の危険性がある場所へ住宅地が拡大しているところもある。

④ 同規模の地震・大雨などの現象が発生すれば，時代や地域にかかわらず被害の大きさは同程度である。

図 9

# 2018年度

# 試行調査問題 第2回

100点／60分

**第1問**　人々の生活は，世界各地の自然環境とかかわりながら形成されてきた面がある。世界の自然特性を様々な角度から考えるための下の問い（問1～6）に答えよ。（配点　20）

問1　現在では世界各地の自然環境を考察するために，GIS（地理情報システム）が積極的に使われている。次の図1は，世界のある海岸地方の衛星データからGISで作成した地図である。また，次ページの図2は，図1中の矢印の視点からの地形景観を3D化したものであり，図2の下の文章は，この地域の海岸地形の形成過程についてまとめたものである。次ページの文章中の空欄**ア**と**イ**に当てはまる語の正しい組合せを，次ページの①～④のうちから一つ選べ。［1］

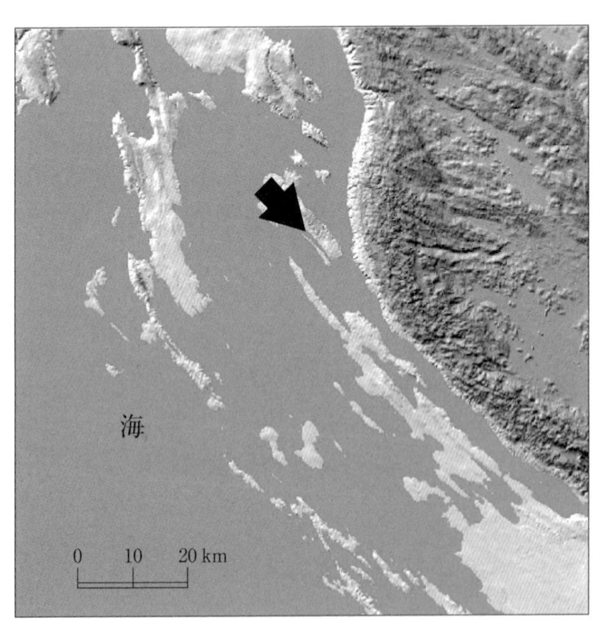


JAXAの資料により作成。

図　1

高さは強調して表現してある。Google Earth により作成。

図 2

図1では，海岸線とほぼ(　ア　)して，細長い島々が配列している様子が読み取れる。これは，海岸線と同じ向きの稜線をもった地形が沈水し，稜線の一部が沈水から取り残されて島々ができたことを示している。すなわち，図2にみられる海岸付近の山地と島に挟まれた海域は，雨水や河川など主に(　イ　)営力により形成された谷に，海水が侵入してできたものと考えられる。

| | ① | ② | ③ | ④ |
|---|---|---|---|---|
| ア | 直　交 | 直　交 | 平　行 | 平　行 |
| イ | 外　的 | 内　的 | 外　的 | 内　的 |

問2　人々の生活に影響を及ぼす自然の力は，世界の中に偏在している。次の図3中のA～Cは，火山噴火や地震などが多い地域を示している。また，次ページの図4中のカ～クは，図3中のA～Cのいずれかの範囲を示しており，jとkは火山または地震の震央*のいずれかである。図3中のAの範

囲に当てはまる図と，図4中のjがあらわすものとの正しい組合せを，次ページの①～⑥のうちから一つ選べ。 2

*2000～2016年に観測されたマグニチュード6.0以上の地震の震央。

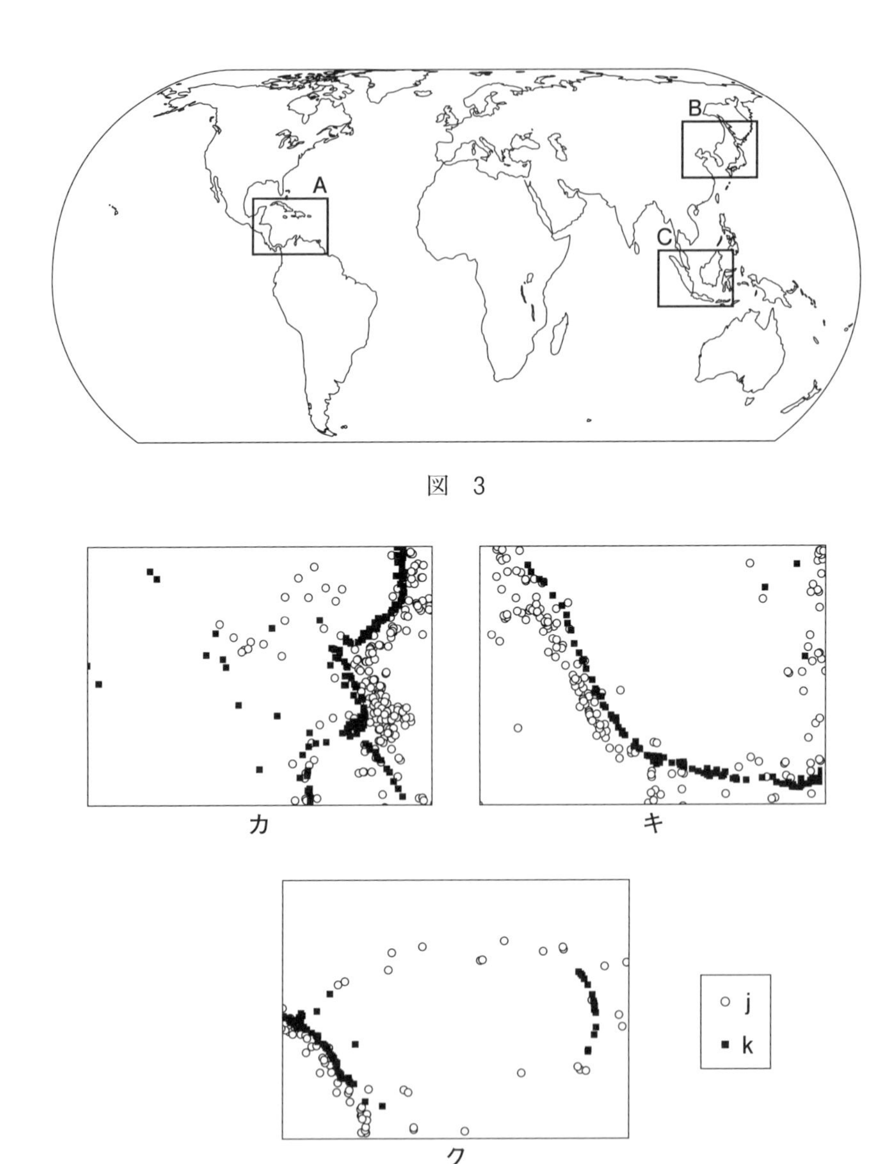


図 3

USGSの資料などにより作成。

図 4

| | ① | ② | ③ | ④ | ⑤ | ⑥ |
|---|---|---|---|---|---|---|
| A | カ | カ | キ | キ | ク | ク |
| j | 火　山 | 地震の震央 | 火　山 | 地震の震央 | 火　山 | 地震の震央 |

問3　世界各地の気候は様々な背景によって影響を受ける。次の図5中の**サ**～**ス**は，次ページの図6中の地点**E**～**G**のいずれかにおける1月および7月の降水量を示したものである。図5中の**サ**～**ス**について述べた次ページの文中の下線部について，正誤の組合せとして正しいものを，次ページの①～⑧のうちから一つ選べ。 3

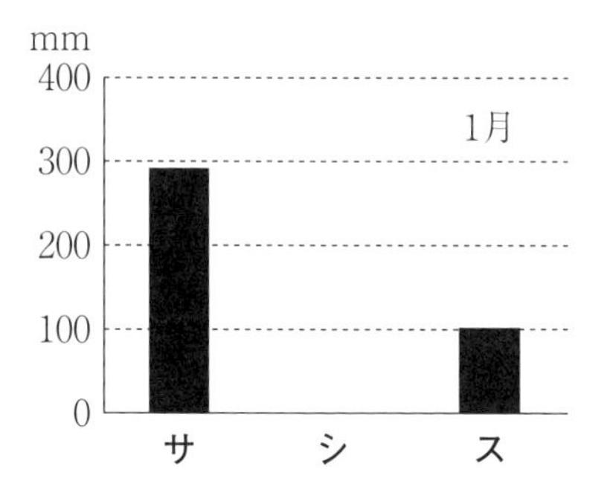


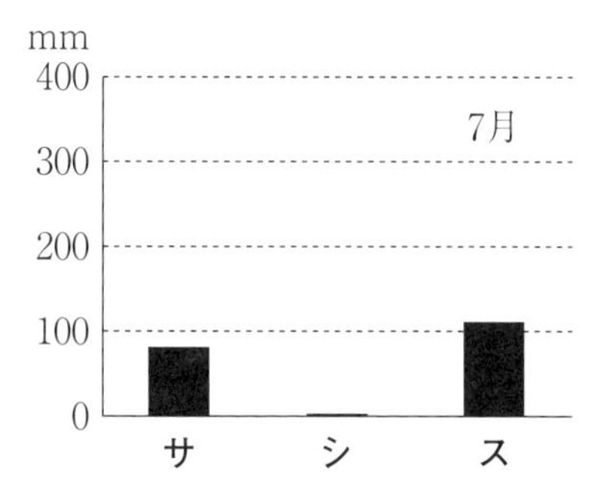


『理科年表』により作成。

図　5

図 6

サ：1月に降水量が多く7月にも降水がみられることから，北東貿易風と南東貿易風の収束帯などの影響を受ける地点Eだろう。

シ：両月ともに降水量がほぼ記録されていないことから，高い山脈の風下側に位置するなどの影響で，低地の気温も低く雲が発達しにくい地点Fだろう。

ス：両月ともに降水がみられるが，大きく変化しないことから，寒気と暖気の境界に生じる前線などの影響を受ける地点Gだろう。

| | ① | ② | ③ | ④ | ⑤ | ⑥ | ⑦ | ⑧ |
|---|---|---|---|---|---|---|---|---|
| サ | 正 | 正 | 正 | 正 | 誤 | 誤 | 誤 | 誤 |
| シ | 正 | 正 | 誤 | 誤 | 正 | 正 | 誤 | 誤 |
| ス | 正 | 誤 | 正 | 誤 | 正 | 誤 | 正 | 誤 |

問4　自然環境の特徴について検討するためには，目的に応じて適切な方法を選択することが重要である。「今年の夏季は例年に比べて暑かった」ということを，世界の様々な地点において客観的に検討するための方法として最も適当なものを，次の①～④のうちから一つ選べ。 4

① 「猛暑日」(最高気温35℃以上の日)という指標を用い，検討対象地点の猛暑日数平年値(30年間の平均値)と今年の猛暑日数とを比較する。

② 検討対象地点とその周辺にある気象観測所の今年の夏季の気温データを収集し，気温の分布図を作成する。

③ 検討対象地点における夏季の平均気温平年値(30年間の平均値)を求め，今年の夏季の平均気温と比較する。

④ 検討対象地点付近で，通行する人に聞き取り調査し，今年の夏季の気温についての考えを聞く。

問5 人々の生活の場は，自然の特性を生かして形成されていることがある。次の図7は，日本の河川の上流から下流にかけての地形を模式的に示したものであり，下の**タ**～**ツ**の文は，図7中の地点**P**～**R**における典型的な地形と土地利用の特徴について述べたものである。**P**～**R**と**タ**～**ツ**との正しい組合せを，次ページの①～⑥のうちから一つ選べ。 5

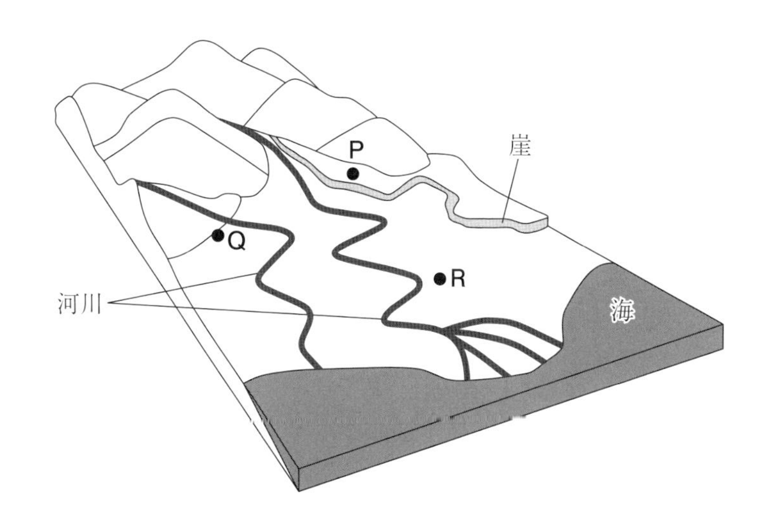


図 7

タ　河川近くの砂などが堆積した微高地は古くからの集落や畑などに，河川から離れた砂や泥の堆積した水はけの悪い土地は水田などに利用されてきた。

チ　砂や礫(れき)が堆積して形成された土地で，地下にしみこんだ伏流水が湧き出しやすく，水が得やすいため集落が形成されてきた。

ツ　3地点の中では形成年代が古く，平坦な地形で，水が得にくいため開発が遅れる傾向があり，用水路の整備にともない水田や集落の開発が進んだ。

| | ① | ② | ③ | ④ | ⑤ | ⑥ |
|---|---|---|---|---|---|---|
| P | タ | タ | チ | チ | ツ | ツ |
| Q | チ | ツ | タ | ツ | タ | チ |
| R | ツ | チ | ツ | タ | チ | タ |

問6　自然災害にともなう被害の規模は，地域の自然条件とともに社会条件ともかかわりがある。次ページの図8中の**ナ**～**ヌ**は，1986年から2015年の間に世界で発生した自然災害*の，発生件数，被害額，被災者数のいずれかについて地域別の割合を示したものである。**ナ**～**ヌ**と指標名との正しい組合せを，下の①～⑥のうちから一つ選べ。［6］

*自然現象に起因する災害で，10名以上の死者，100名以上の被災者，非常事態宣言の発令，国際援助の要請のいずれかに該当するもの。

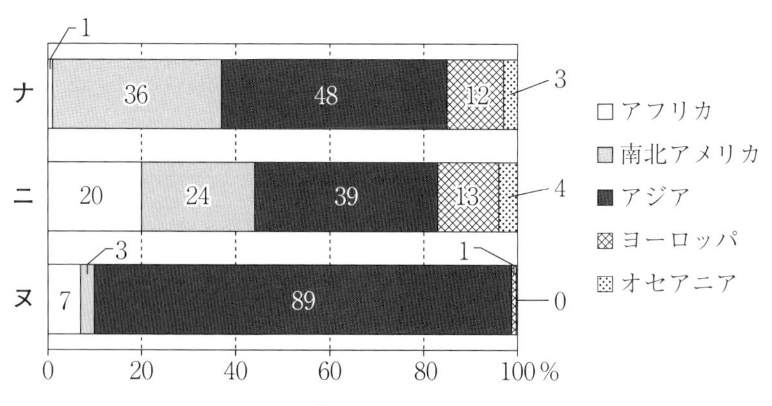


*Natural Disaster Data Book2015*により作成。

図 8

| | ナ | ニ | ヌ |
|---|---|---|---|
| ① | 発生件数 | 被害額 | 被災者数 |
| ② | 発生件数 | 被災者数 | 被害額 |
| ③ | 被害額 | 発生件数 | 被災者数 |
| ④ | 被害額 | 被災者数 | 発生件数 |
| ⑤ | 被災者数 | 発生件数 | 被害額 |
| ⑥ | 被災者数 | 被害額 | 発生件数 |

**第2問**　資源・エネルギーの開発と工業の発展に関する次の模式図を見て，図中のⓐ〜ⓕに関する下の問い(問1〜6)に答えよ。(配点　20)

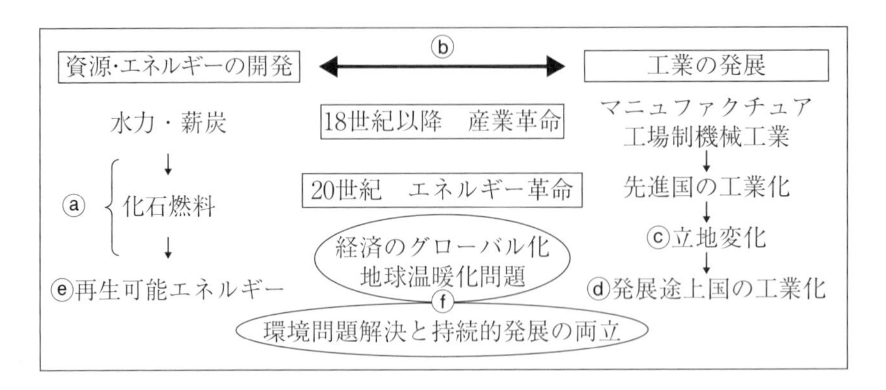


問1　ⓐに関して，次の表1は，世界のエネルギー資源の埋蔵量と，埋蔵量を年間生産量で除した可採年数を地域別に示したものであり，①〜④は，アフリカ，北アメリカ(メキシコを含む)，中・南アメリカ(メキシコを除く)，西アジアのいずれかである。アフリカに該当するものを，表1中の①〜④のうちから一つ選べ。 7

表　1

| | 石油 | | 天然ガス | | 石炭 | |
|---|---|---|---|---|---|---|
| | 埋蔵量(億バレル) | 可採年数(年) | 埋蔵量(兆 $m^3$) | 可採年数(年) | 埋蔵量(億トン) | 可採年数(年) |
| ① | 8,077 | 70 | 79.1 | 120 | 12 | 752 |
| ② | 3,301 | 126 | 8.2 | 46 | 140 | 141 |
| ③ | 2,261 | 31 | 10.8 | 11 | 2,587 | 335 |
| 欧州(ロシアを含む)・中央アジア | 1,583 | 24 | 62.2 | 59 | 3,236 | 265 |
| ④ | 1,265 | 43 | 13.8 | 61 | 132 | 49 |
| アジア(西アジアを除く)・太平洋 | 480 | 17 | 19.3 | 32 | 4,242 | 79 |

統計年次は2017年。
*BP Statistical Review of World Energy* の資料などにより作成。

問2 ⓑに関して，次の図1は，石油や鉄鉱石の利用を事例として，資源・エネルギーの産出から加工，さらには利用・消費について写真と文章で示したものである。図1中の文章中の下線部①～④のうちから，**適当でないもの**を一つ選べ。 8

**産出**

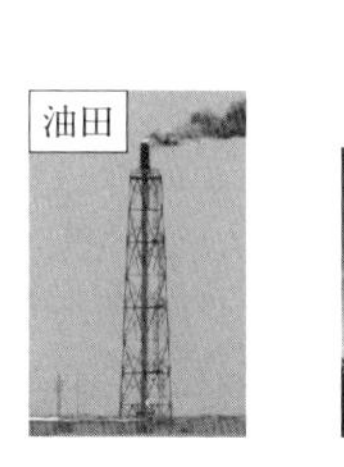

世界の資源について産出国からの貿易でみると，①鉄鉱石の輸出量ではオーストラリアとブラジルが上位を占める。また，②原油の輸入量を国別でみると，最大の国は日本である。

**加工**

石油化学コンビナート

石油化学コンビナートや製鉄所では，資源を加工して化学製品や鉄鋼などを生産している。第二次世界大戦後は，③生産施設の大規模化やオートメーション化が進んだ。

**利用・消費**

利用・消費でみると，1人当たりのエネルギー消費量は発展途上国よりも先進国で多い。工業製品では，④先進国に比べ，発展途上国で消費量の増加率が高くなっている。

図 1

問3　ⓒに関して，資源使用量の変化とともに製鉄所の立地は変化してきた。次の図2は，仮想の地域を示したものであり，下の枠は地図中の凡例および仮想の条件である。このとき，次ページの図3中の**ア**～**ウ**は，1900年前後，1960年前後，2000年前後のいずれかにおける鉄鋼生産国の製鉄所の立地場所を示したものである。輸送費の観点から年代順で立地の変化を考えたとき，年代と**ア**～**ウ**との正しい組合せを，次ページの①～⑥のうちから一つ選べ。ただし，地図で示されていない自然環境や社会環境は条件として考慮しない。 9

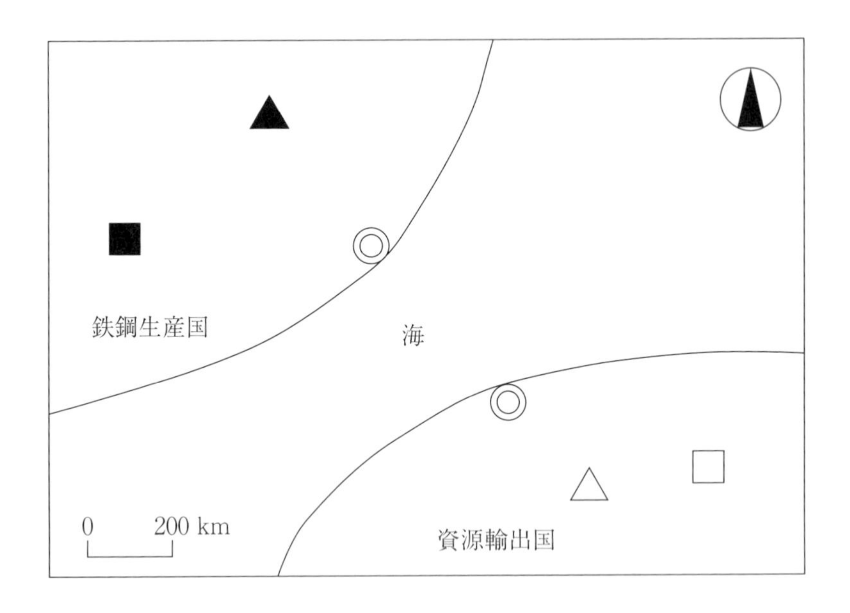


〈凡例および仮想の条件〉

・■石炭，▲鉄鉱石・・・坑道掘り
・□石炭，△鉄鉱石・・・露天掘り
・図中の◎は貿易港をもつ都市を示している。
・1970年代以降，坑道掘りは産出量が減少する一方，露天掘りは産出量が増加して，図中の南東側の国が資源輸出国となったとする。
・次ページの表2は，鉄鋼製品1トン当たりの石炭と鉄鉱石の使用量の推移を示している。

表 2 鉄鋼製品1トン当たりの石炭と鉄鉱石の使用量の推移 (単位：トン)

| | 1901年 | 1930年 | 1960年 | 1970年 | 2000年 |
|---|---|---|---|---|---|
| 石 炭 | 4.0 | 1.5 | 1.0 | 0.8 | 0.8 |
| 鉄鉱石 | 2.0 | 1.6 | 1.6 | 1.6 | 1.5 |

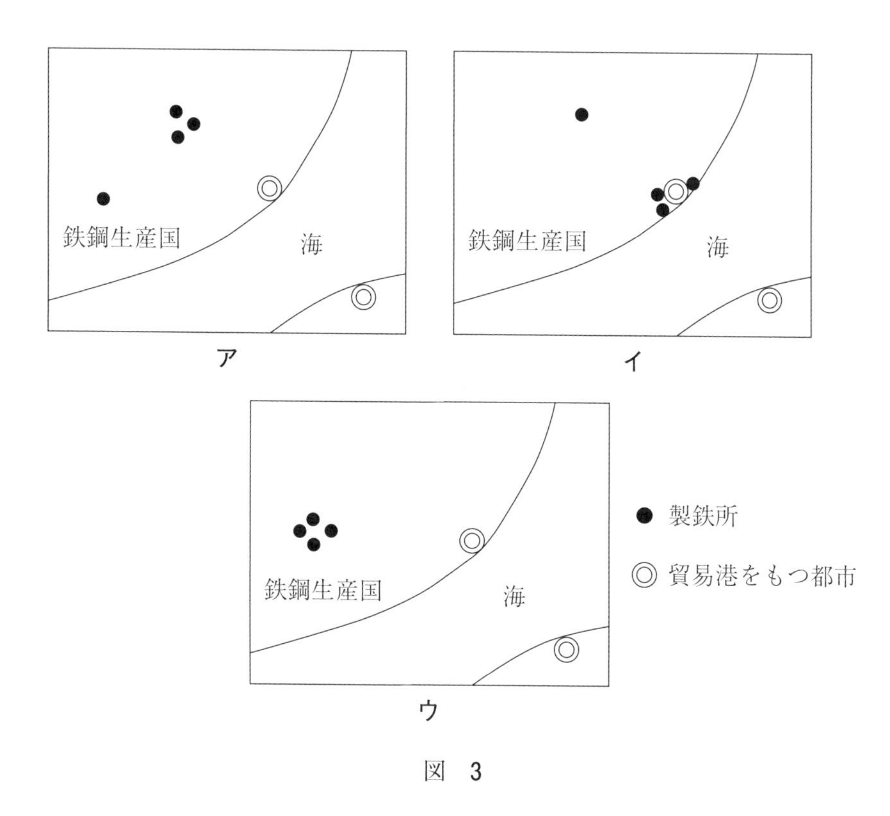


図 3

| | ① | ② | ③ | ④ | ⑤ | ⑥ |
|---|---|---|---|---|---|---|
| 1900年前後 | ア | ア | イ | イ | ウ | ウ |
| 1960年前後 | イ | ウ | ア | ウ | ア | イ |
| 2000年前後 | ウ | イ | ウ | ア | イ | ア |

問4 ⓓに関して，東アジア・東南アジアにおける発展途上国の工業化について述べた文として最も適当なものを，次の①～④のうちから一つ選べ。 10

① 各国・地域の工業化は，輸出指向型から，外国資本の導入による輸入代替型の工業化政策に路線を転換することで進んだ。
② 工業化にともなって，先進国との貿易が増加して，東アジア・東南アジア域内の貿易額が減少した。
③ 中国の重化学工業化は，都市人口の増加を抑制し，国内の沿岸部と内陸部との地域間経済格差を緩和した。
④ 東南アジアの自動車工業は，原材料から最終製品までの生産において，国境を越えた工程間の分業によって発展した。

問5 ⓔに関して，次の表3中の**カ**～**ク**は，水力，地熱，バイオマスのいずれかの発電量上位5か国を示したものである。**カ**～**ク**と再生可能エネルギー名との正しい組合せを，下の①～⑥のうちから一つ選べ。 11

表 3

| | 1位 | 2位 | 3位 | 4位 | 5位 |
|---|---|---|---|---|---|
| **カ** | アメリカ合衆国 | フィリピン | インドネシア | ニュージーランド | メキシコ |
| **キ** | アメリカ合衆国 | 中　国 | ドイツ | ブラジル | 日　本 |
| **ク** | 中　国 | ブラジル | カナダ | アメリカ合衆国 | ロシア |

中国には，台湾，ホンコン，マカオを含まない。統計年次は，水力とバイオマスが2016年，地熱が2014年。『自然エネルギー世界白書2017』などにより作成。

| | ① | ② | ③ | ④ | ⑤ | ⑥ |
|---|---|---|---|---|---|---|
| **カ** | 水　力 | 水　力 | 地　熱 | 地　熱 | バイオマス | バイオマス |
| **キ** | 地　熱 | バイオマス | 水　力 | バイオマス | 水　力 | 地　熱 |
| **ク** | バイオマス | 地　熱 | バイオマス | 水　力 | 地　熱 | 水　力 |

問6　ⓕに関して，次の図4は，二酸化炭素排出量の世界上位8か国について，1人当たり二酸化炭素排出量と，1990年を100とした指数で2011年の二酸化炭素排出量を示したものであり，円の大きさはそれぞれの国の二酸化炭素排出量を示している。図4から考えられることがらとその背景について述べた文として**適当でないもの**を，下の①～④のうちから一つ選べ。［12］

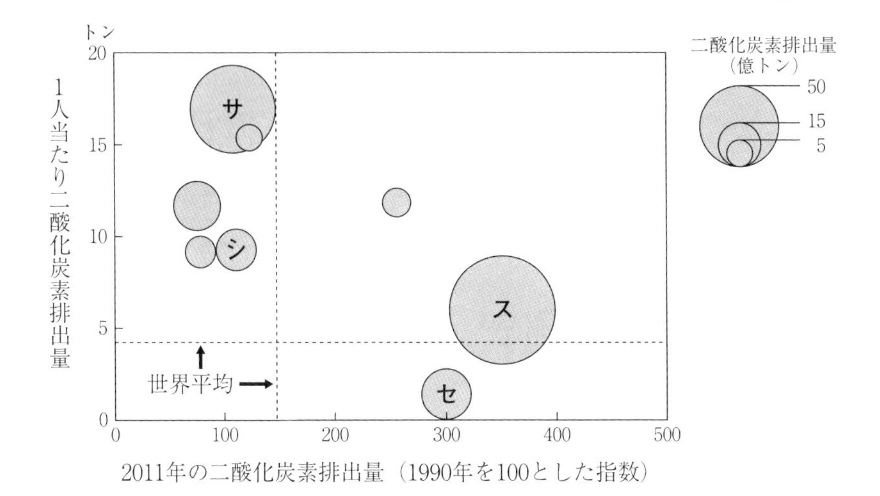


統計年次は，各国の二酸化炭素排出量と1人当たり二酸化炭素排出量が2011年。『世界国勢図会』などにより作成。

図　4

① **サ**は，環境問題への対策が遅れており，1人当たり二酸化炭素排出量が8か国の中で最大となっている。

② **ス**は，急速な工業化によって，1人当たり二酸化炭素排出量が増加している。

③ **サ**と**シ**は，再生可能エネルギーや電気自動車が普及すると，それぞれの円の位置が右上方向に移行する。

④ **ス**と**セ**は，今後も経済発展が進むと，世界全体の二酸化炭素排出量が大きく増加することが懸念されている。

**第3問**　高校生のミズホさんたちは，地理の授業で生活文化の多様性について学んだ。その学習の成果を学校の文化祭で他の生徒たちにも伝えるために，展示資料を作成することにした。展示資料Ⅰ～Ⅲに関する下の問い（問1～6）に答えよ。（配点　20）

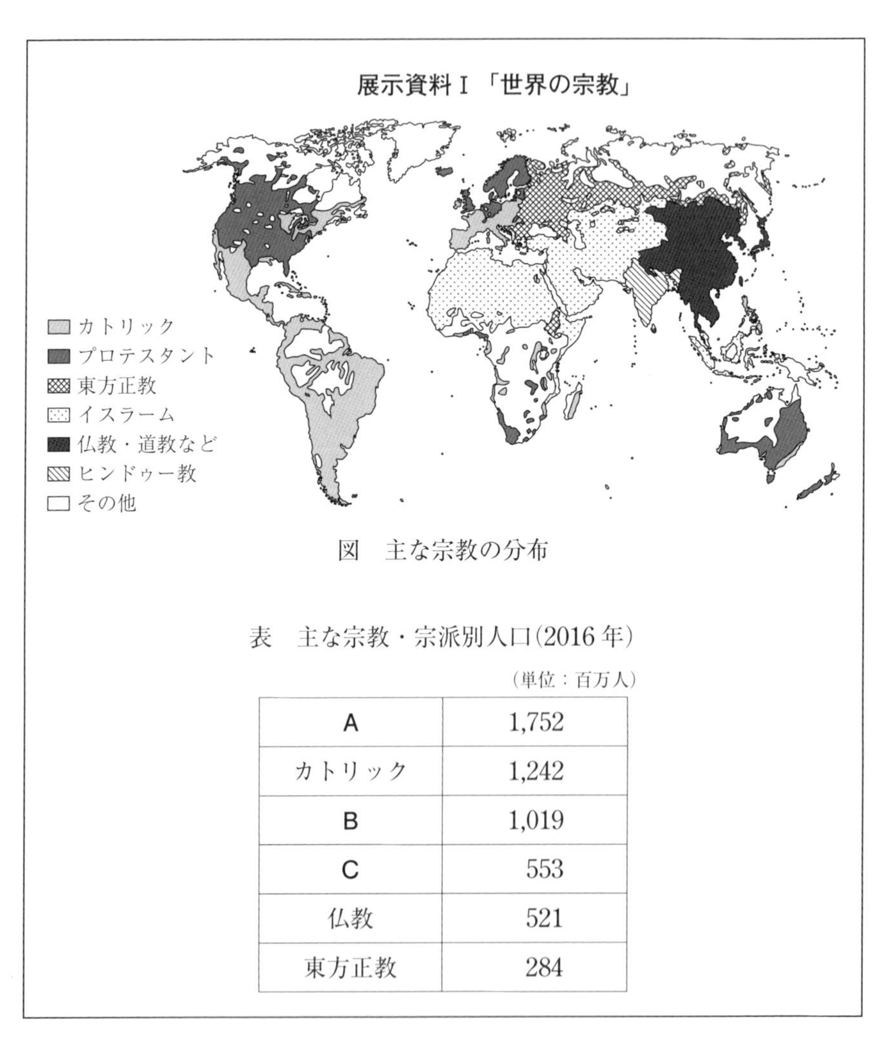


図　主な宗教の分布

表　主な宗教・宗派別人口（2016年）

（単位：百万人）

| | |
|---|---|
| A | 1,752 |
| カトリック | 1,242 |
| B | 1,019 |
| C | 553 |
| 仏教 | 521 |
| 東方正教 | 284 |

図は *Alexander Schulatlas* により作成。

表は *The World Almanac and Book of Facts* により作成。

**問1**　ミズホさんたちは，世界の宗教の多様性を示すために，主な宗教の分布や人口について，展示資料Ｉにまとめた。展示資料Ｉの表中の**A**～**C**は，イスラーム，ヒンドゥー教，プロテスタントのいずれかである。**A**～**C**と宗教・宗派名との正しい組合せを，次の①～⑥のうちから一つ選べ。

［13］

| | ① | ② | ③ | ④ | ⑤ | ⑥ |
|---|---|---|---|---|---|---|
| イスラーム | A | A | B | B | C | C |
| ヒンドゥー教 | B | C | A | C | A | B |
| プロテスタント | C | B | C | A | B | A |

**問2**　次にミズホさんたちは，世界の宗教がどのようにして現在のような分布になったのか，各宗教が伝播（でんぱ）する経路を展示資料Ｉの図中に書き込むことにした。それについて話し合った会話文中の下線部①～④のうちから，**適当でないもの**を一つ選べ。［14］

ミズホ「世界各地の宗教のなかでも，キリスト教とイスラームと仏教は世界各地に広く分布しているね」

アズサ「①キリスト教はヨーロッパの人々が他の大陸へ入植したり，植民地支配を進めたりしたことで広まったのではないかな」

ツバサ「同じキリスト教でも，②東方正教はゲルマン語派の言語を話す国々を中心に伝わっていったようだね」

ミズホ「③イスラームは交易や領土の拡大によってアラビア半島から北アフリカに伝わったと考えられるよ。その後は中央アジアや東南アジアにも拡大しているね」

アズサ「インドで生まれた仏教は，中国を経由して東アジアへ伝わった経路のほかに，④南アジアから東南アジアへ伝わった経路があるんじゃないかな」

## 展示資料Ⅱ「生活文化と自然環境」

表　各地域の伝統的な衣服と家屋

| | 伝統的衣服 | 伝統的家屋 |
|---|---|---|
| **ア地域** | 丈夫で加工しやすい毛織物を使った衣服 | 石灰岩などの加工しやすい石を利用した石積みの家屋 |
| **イ地域** | 狩猟で得た獣皮を裁断・縫製した衣服 | 豊富にある木材を加工して組立てられた木造家屋 |
| **ウ地域** | 放熱性に優れた麻や木綿を素材とする衣服 | ⓐ<u>土を素材とした日干しれんが積みなどの家屋</u> |

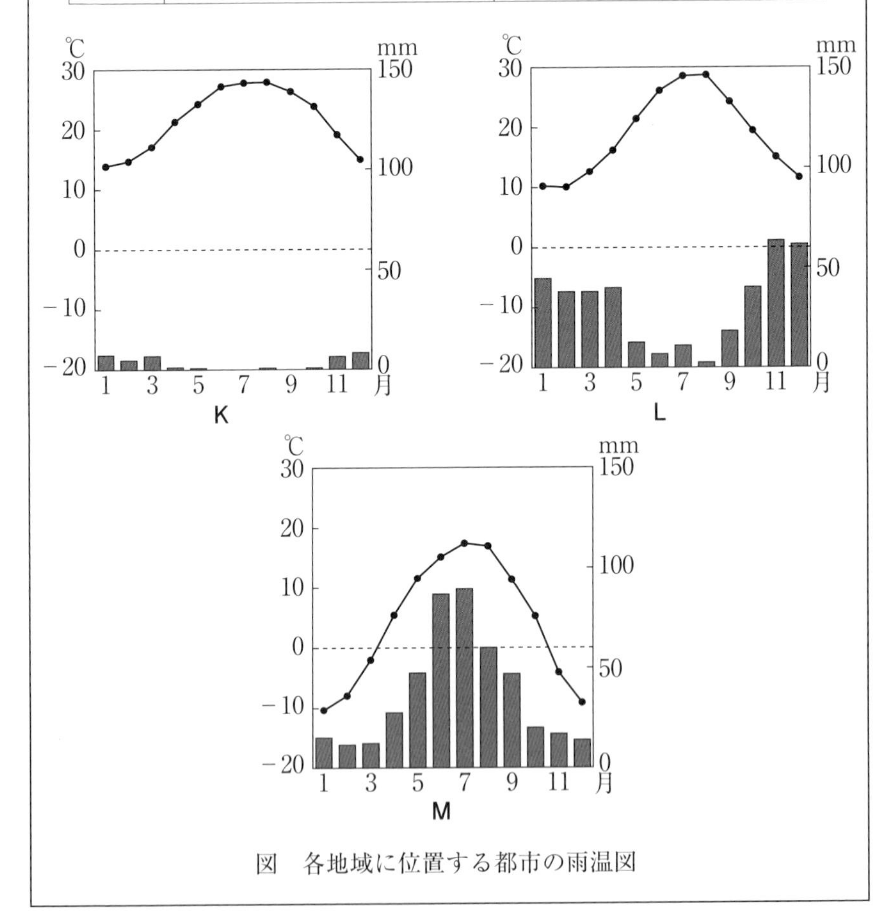


図　各地域に位置する都市の雨温図

図は『理科年表』により作成。

問３　ミズホさんたちは，生活文化の多様性が自然環境と関係していることを明らかにするために，気候に特色がある地域別に伝統的な衣服と家屋について調べ，展示資料Ⅱをまとめた。展示資料Ⅱの図中の**K**～**M**は，表中の**ア**～**ウ**の地域に位置する都市の雨温図を示したものである。**K**～**M**と**ア**～**ウ**との正しい組合せを，次の①～⑥のうちから一つ選べ。［15］

| | ① | ② | ③ | ④ | ⑤ | ⑥ |
|---|---|---|---|---|---|---|
| K | ア | ア | イ | イ | ウ | ウ |
| L | イ | ウ | ア | ウ | ア | イ |
| M | ウ | イ | ウ | ア | イ | ア |

問４　次にミズホさんたちは，生活文化と自然環境の関係を個別の事例で説明するために，各地域の伝統的家屋を説明するカードを作成した。次のカードは展示資料Ⅱの表中の下線部ⓐに関するものである。写真を説明した文として最も適当なものを，カード中の①～④のうちから一つ選べ。［16］

①　強い日差しを避けるために窓は小さくなっている

③　集落内の風通しを良くするために屋根は平らになっている

②　病害虫や疫病を防ぐために家屋が密集して建てられている

④　季節風を避けるために樹木が植えられている

## 展示資料Ⅲ「食文化の多様性」

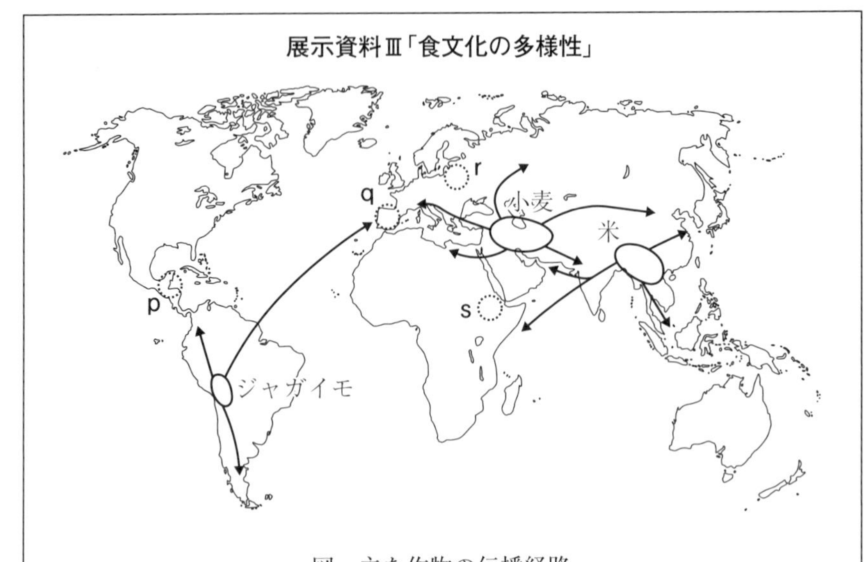


図　主な作物の伝播経路

表　伝播経路および主食とする地域

| 作物 | 特徴 |
|---|---|
| 小麦 | 西アジアで栽培化され，ヨーロッパから中国にかけて伝わり，ヨーロッパ人が進出した地域にも広まった。 |
| 米 | 東は東南アジアから東アジア，西は南アジアまで伝わり，アジアでは広く主食とされている。 |
| ジャガイモ | 原産地の南アメリカからヨーロッパに持ち込まれ，現在でも南アメリカでは主食となっている地域がある。 |
| トウモロコシ | ・原産地はどこで，どのように伝播したか？（作成中）<br>・主食となっている地域はどこか？（作成中） |

図は星川清親『栽培植物の起原と伝播』などにより作成。

**問5**　ミズホさんたちは，生活文化のなかでも食文化の多様性に着目して，展示資料Ⅲをまとめることにした。展示資料Ⅲの図と表は，小麦，米，ジャガイモの伝播経路および主食とする地域を示したものであり，図中のp～sは，作成中のトウモロコシの原産地または伝播した地域を示している。トウモロコシの伝播経路を表した模式図として最も適当なものを，次の①

～④のうちから一つ選べ。 17

①
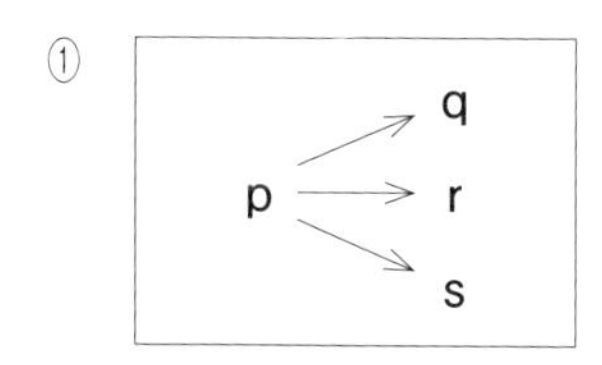


②
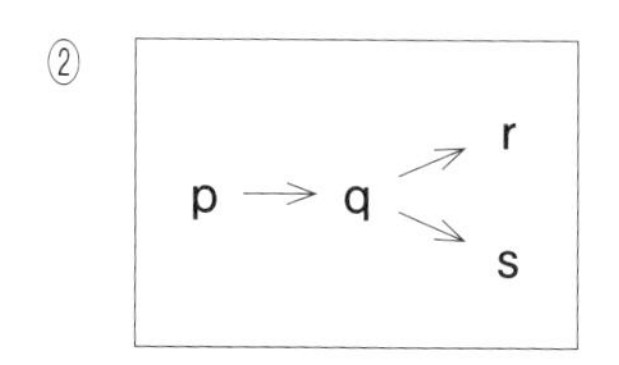


③
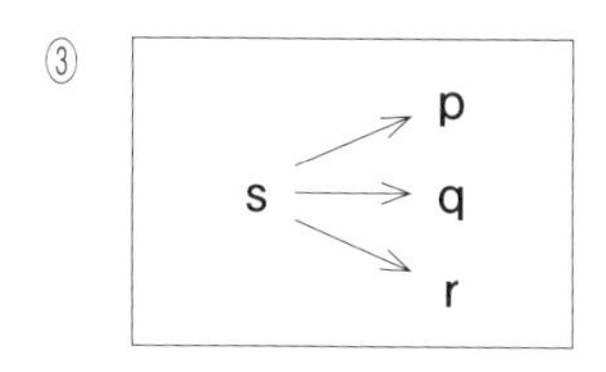


④
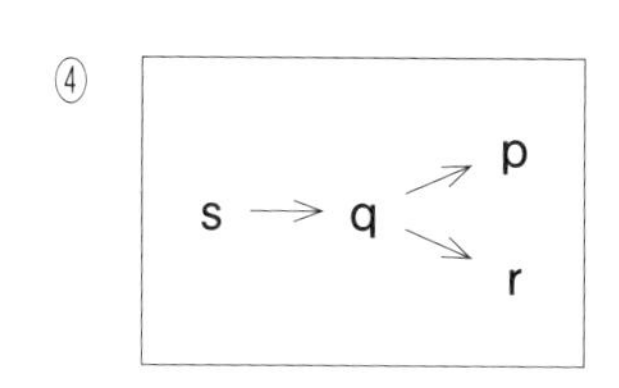


問6　ミズホさんたちが文化祭で展示資料Ⅲについて説明していると，他の生徒から質問があった。次の会話文中の空欄**カ**と**キ**に当てはまる文の正しい組合せを，下の①～④のうちから一つ選べ。 18

他の生徒　「世界の食文化は多様というけれど，最近は欧米諸国の文化が世界中に広がって，食文化はどんどん画一化されていってるんじゃないかな」

ミズホ　「確かに画一化している面もあるね。日本でも［　カ　］しているね」

他の生徒　「日本での食文化の画一化について，何か説明できるデータはないかな」

アズサ　「例えば［　キ　］を比較してみたらどうだろう」

ツバサ　「長い期間の推移をグラフにしてみる必要がありそうだね」

T　フランス料理店やスペイン料理店など各国の料理を提供する店が立地
U　アメリカ合衆国の巨大企業が全国各地でハンバーガーショップを展開

X　日本と欧米諸国の１人当たりカロリー摂取量とその内訳
Y　日本と欧米諸国の農産物輸出額とその内訳

① カ―T　キ―X　　② カ―T　キ―Y
③ カ―U　キ―X　　④ カ―U　キ―Y

## 第4問　オセアニアに関する下の問い(問1～6)に答えよ。(配点　20)

問1　ケッペンの気候区分で，次の図1中のオークランドと同じ気候区に含まれるオーストラリアの都市を，図1中の①～④のうちから一つ選べ。
19

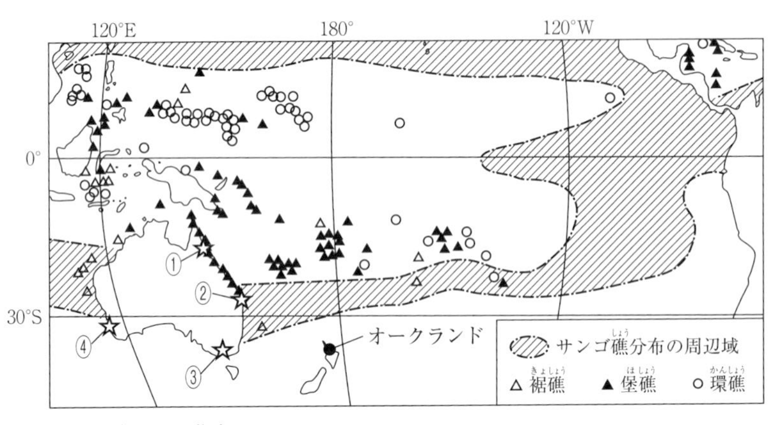


堀（1990）により作成。

図　1

問2　上の図1は，オーストラリアから南太平洋にかけてのサンゴ礁の分布を示しており，次のA～Cは図1からの読み取りを，次ページのe～gはA～Cのいずれかに関連することがらを述べた文である。堡礁について当てはまる，図の読み取りと関連することがらとの適当な組合せを，次ページの①～⑨のうちから二つ選べ。ただし，解答の順序は問わない。
20 ・ 21

【図の読み取り】

A　オーストラリア大陸の東岸に多くみられる。

B　サンゴ礁分布の周辺域に多く分布する。

C　南アメリカ大陸の西岸には分布しない。

【関連することがら】

e　寒流や湧昇流（ゆうしょうりゅう）により海水温が相対的に低い。

f　現在の間氷期が始まり，海水温が上昇してから，サンゴ礁が形成可能になった。

g　世界自然遺産のグレートバリアリーフを構成している。

| | ① | ② | ③ | ④ | ⑤ | ⑥ | ⑦ | ⑧ | ⑨ |
|---|---|---|---|---|---|---|---|---|---|
| 図の読み取り | A | A | A | B | B | B | C | C | C |
| 関連することがら | e | f | g | e | f | g | e | f | g |

問3　次の写真1は，太平洋島嶼国のサモアにおける伝統的な農村風景を撮影したものである。写真1に関連することがらについて述べた下の文章中の空欄**ア**と**イ**に当てはまる語の正しい組合せを，下の①～④のうちから一つ選べ。 22

K

L

写真　1

サモアは一年中暑く湿度が高いため，Kのような(　**ア**　)住居が数多くみられる。また，サモアの農村部に暮らす人々は自給自足に近い生活を送っており，Lのように，住居の周囲でココヤシなどとともに主食である(　**イ**　)を栽培している。しかし，近年は海外からの影響を受けて，伝統的な生活習慣や豊かな自然環境が変化しつつあり，持続可能な開発が課題である。

| | ① | ② | ③ | ④ |
|---|---|---|---|---|
| **ア** | 風通しの良い | 風通しの良い | 移動式の | 移動式の |
| **イ** | タロイモ | バナナ | タロイモ | バナナ |

問4　下の表1は，次の図2中の太平洋島嶼国の旧宗主国(そうしゅこく)または国際連合の信託統治の旧施政権国(しせいけんこく)を示したものである。また，次ページの図3は，太平洋島嶼国に対するいくつかの国からのODA（政府開発援助）供与額を示したものであり，**カ**～**ク**はアメリカ合衆国，オーストラリア，日本のいずれかである。国名と**カ**～**ク**との正しい組合せを，次ページの①～⑥のうちから一つ選べ。 23

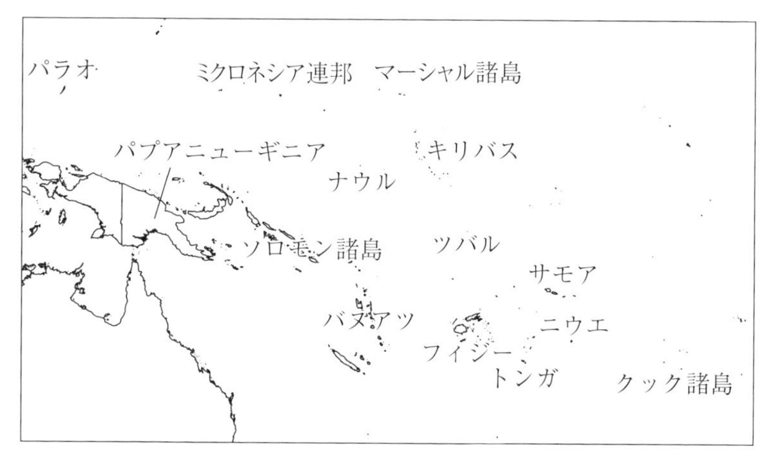


図　2

表　1

| 旧宗主国または国際連合信託統治の旧施政権国 | 太平洋島嶼国 |
|---|---|
| アメリカ合衆国 | マーシャル諸島，ミクロネシア連邦，パラオ |
| イギリス | トンガ，フィジー，ソロモン諸島，ツバル，キリバス |
| オーストラリア | パプアニューギニア |
| ニュージーランド | サモア，クック諸島，ニウエ |
| 2国(イギリス・フランス) | バヌアツ |
| 3国(イギリス・オーストラリア・ニュージーランド) | ナウル |

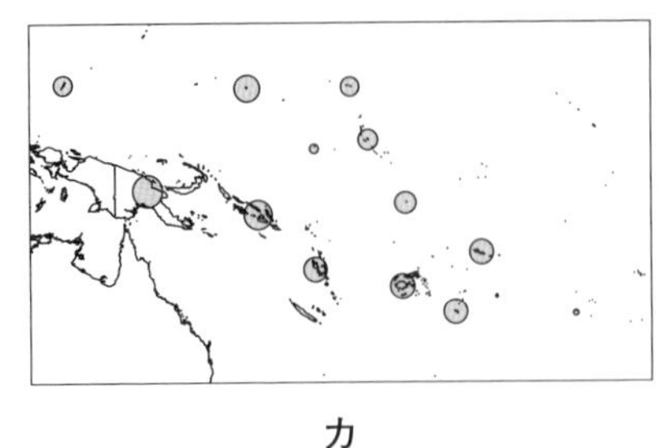

カ

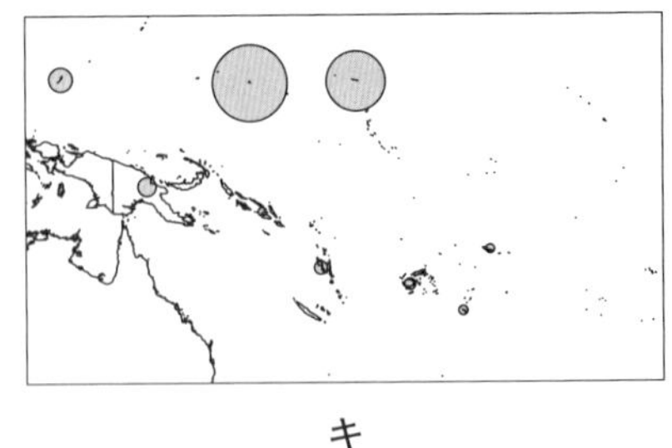

キ

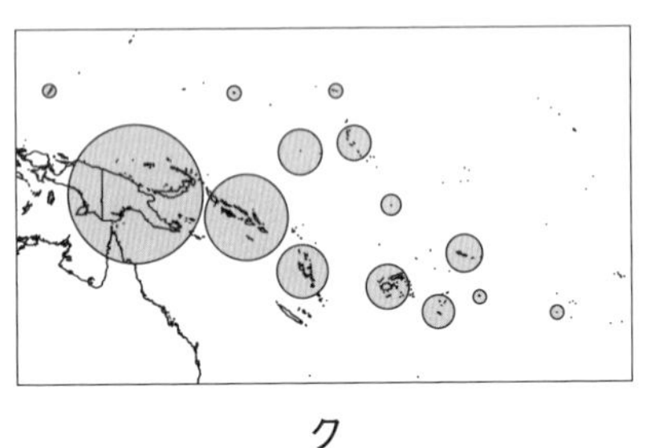

ク

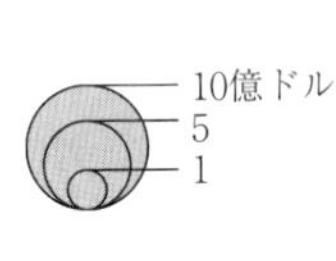


統計年次は2011～2015年の合計。

OECDの資料などにより作成。

図　3

| | ① | ② | ③ | ④ | ⑤ | ⑥ |
|---|---|---|---|---|---|---|
| アメリカ合衆国 | カ | カ | キ | キ | ク | ク |
| オーストラリア | キ | ク | カ | ク | カ | キ |
| 日　本 | ク | キ | ク | カ | キ | カ |

問5　ニュージーランドとカナダは，太平洋を挟んで1万km以上も離れているが，その歴史，社会，生活文化などには共通点も多い。次の表2は，1985年と2015年におけるニュージーランドとカナダへの移民数が多い上位5位までの送出国を示したものである。また，下の文章は，表2の読み取りとそれに関連することがらについて述べたものであり，文章中の空欄**P**～**R**には次ページの**サ**～**ス**の文のいずれかが当てはまる。空欄**P**～**R**と**サ**～**ス**との正しい組合せを，次ページの①～⑥のうちから一つ選べ。

24

表 2

| | ニュージーランド | | カナダ | |
|---|---|---|---|---|
| 順位 | 1985年 | 2015年 | 1985年 | 2015年 |
| 1位 | オーストラリア | オーストラリア | ベトナム | フィリピン |
| 2位 | イギリス | イギリス | ホンコン | インド |
| 3位 | アメリカ合衆国 | インド | アメリカ合衆国 | 中　国 |
| 4位 | サモア | 中　国 | イギリス | イラン |
| 5位 | カナダ | フィリピン | インド | パキスタン |

中国には，台湾，ホンコン，マカオを含まない。
ニュージーランド統計局の資料などにより作成。

移民の受入国となるニュージーランドとカナダでは，言語が共通する国からの移民が多い。1985年をみると，ニュージーランドでオーストラリアやサモアから，カナダでアメリカ合衆国から移民が多いのは，［　P　］ことが影響している。2015年には，ニュージーランドとカナダとで共通する国からの移民が急激に増加しており，これは［　Q　］ためである。その一方で，［　R　］ために，2015年の移民数の送出国別順位にニュージーランドとカナダで違いがみられる。

サ　受入国での難民に対する政策が異なる
シ　経済発展した送出国との結びつきが強まった
ス　送出国と受入国とが地理的に近接している

| | ① | ② | ③ | ④ | ⑤ | ⑥ |
|---|---|---|---|---|---|---|
| P | サ | サ | シ | シ | ス | ス |
| Q | シ | ス | サ | ス | サ | シ |
| R | ス | シ | ス | サ | シ | サ |

問6　2国間での人口移動には，送出国と受入国のそれぞれの国内における状況も影響する。次の図4は，オーストラリア・ニュージーランドと太平洋島嶼国との間の人口移動を引き起こす要因について，送出国と受入国とでまとめたものである。送出国と受入国とにおける人口移動の要因として**適当でないもの**を，図4中の①～⑧のうちから二つ選べ。ただし，解答の順序は問わない。 25 ・ 26

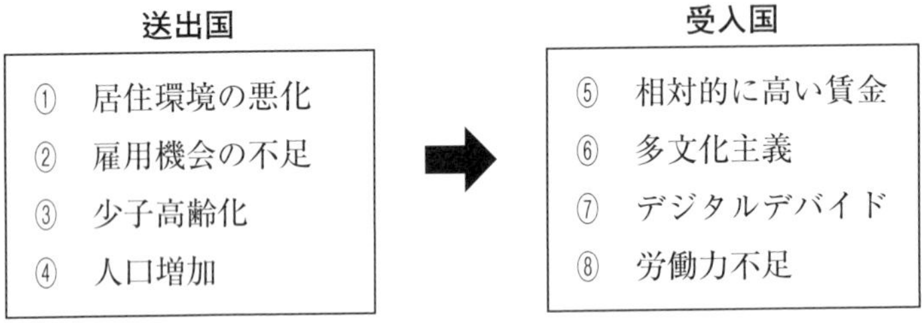

| 送出国 | → | 受入国 |
|---|---|---|
| ①　居住環境の悪化 | | ⑤　相対的に高い賃金 |
| ②　雇用機会の不足 | | ⑥　多文化主義 |
| ③　少子高齢化 | | ⑦　デジタルデバイド |
| ④　人口増加 | | ⑧　労働力不足 |

図　4

**第5問** 高校生のリョウさんは，大分県大分市の大学に進学した姉のサツキさんを訪問して，大分市と別府(べっぷ)市を中心とした地域の調査を行った。この地域調査に関する下の問い(問1～6)に答えよ。(配点　20)

問1　リョウさんは，次の図1を参考に大分駅に行く経路を考えた。図1中の**A**～**C**は，リョウさんが候補とした経路を示したものであり，**A**は日豊(にっぽう)本線の列車を，**B**は大分自動車道を通り大分駅前へ行く高速バスを，**C**は久大(きゅうだい)本線の列車を，それぞれ使う経路である。また，次ページの**ア**～**ウ**の文は，それぞれの経路の様子について，リョウさんが図1から読み取った内容である。**A**～**C**と**ア**～**ウ**との正しい組合せを，次ページの①～⑥のうちから一つ選べ。 27

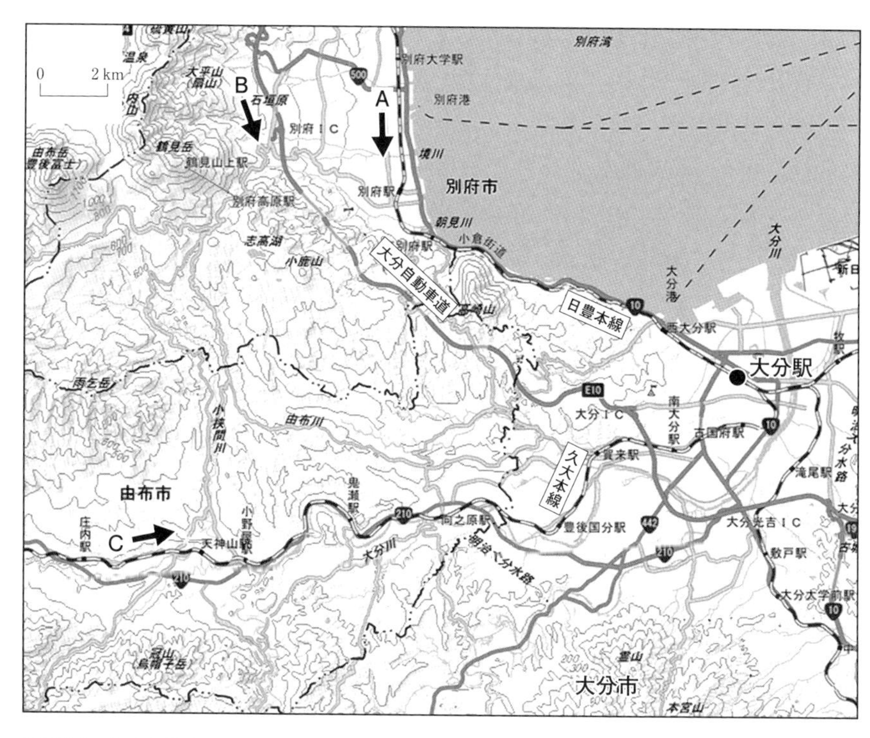


地理院地図により作成。

図　1

ア　この経路では，大分市に入ると進行方向右側に山が迫るだろう。

イ　この経路では，大分市に入るまで国道沿いの谷を通ることが多いだろう。

ウ　この経路では，大分市に入るまで標高の高い山麓を通ることが多いだろう。

| | ① | ② | ③ | ④ | ⑤ | ⑥ |
|---|---|---|---|---|---|---|
| A | ア | ア | イ | イ | ウ | ウ |
| B | イ | ウ | ア | ウ | ア | イ |
| C | ウ | イ | ウ | ア | イ | ア |

問2　大分市の駅前商店街の観察から景観変化に関心をもったリョウさんは，新旧の地図を比較することにした。次ページの図2は，大分市中心部における1930年に発行された2万5千分の1地形図(原寸，一部改変)と，これとほぼ同じ範囲の2018年の地理院地図である。図2から読み取れるこの地域の変化を述べた次の会話文中の下線部①～④のうちから，**適当でないものを一つ選べ。** 28

サツキ「昔の大分市中心部の地形図を，大学の地理の先生からもらってきたよ。インターネットから出力した現在の地図と比べてみよう。大分駅前から北へ延びる大通りには，かつては①駅前から市街地中心部や海岸線に伸びる路面電車があったんだね。今もあったら便利だろうね」

リョウ「路面電車は近年見直されてきているよね。海からの玄関口である②フェリー発着所は，昔は『師範校』だったんだ」

サツキ「西側の山麓には，『歩四七*』や『練兵場(れんぺいじょう)』などの表記から分かるように，軍用地があったんだね。③現在では一部は学校用地などになっているのかな。大分城の北東に広がる④区画整理された地区も，今では宅地化しているね」

リョウ「地図を見比べて確認しながら，もっと大分の街を歩いてみたいね」

*歩四七は，歩兵第47連隊を省略して示したものである。

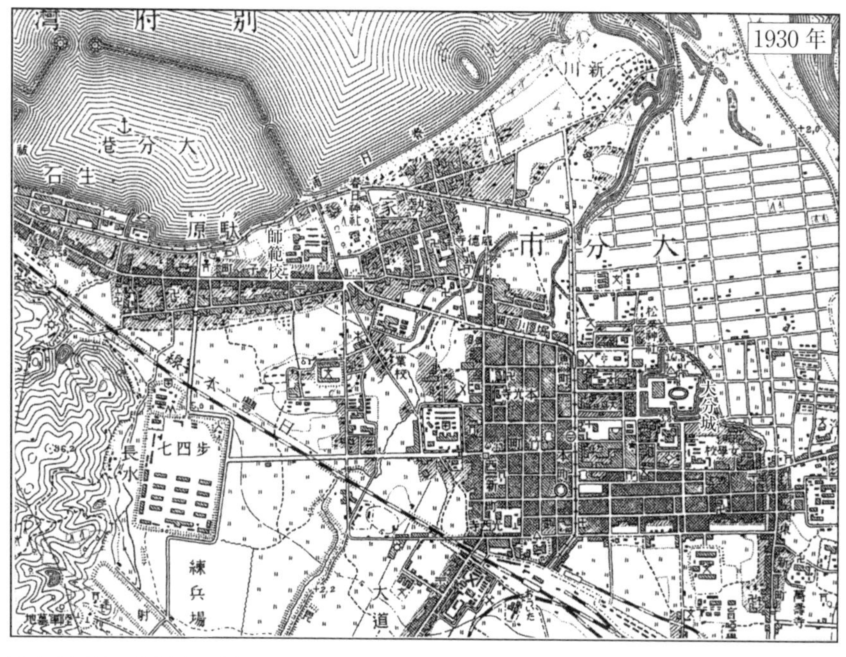
1930 年
大分城
練兵場

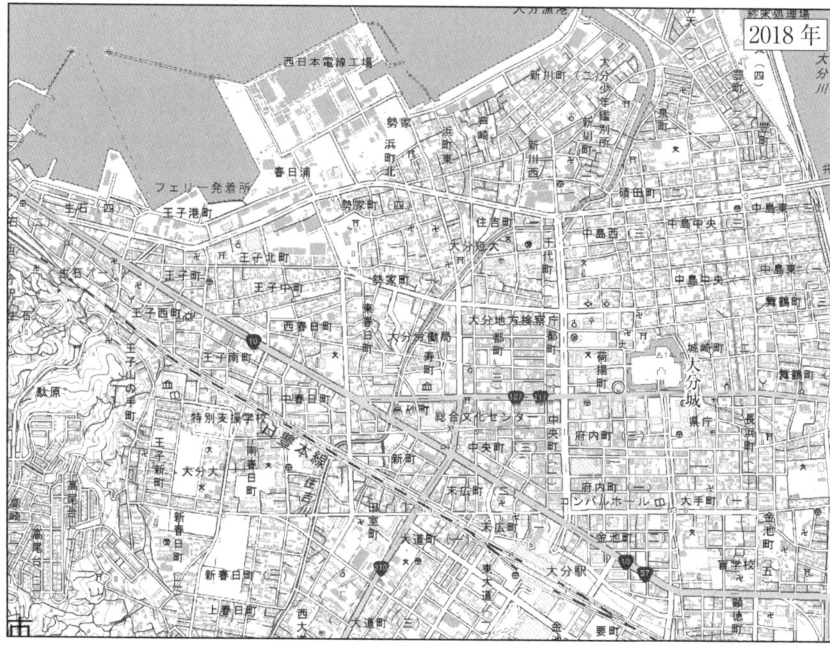
2018 年
西日本電線工場
春日浦
フェリー発着所
王子港町
王子北町
王子中町
王子町
王子西町
王子南町
西春日町
勢家町（四）
住吉町（一）
大分地方検察庁
中島西（三）
中島中央（三）
舞鶴町
城崎町
荷揚町
大分城
県庁
総合文化センター
中央町（三）
府内町（三）
府内町（一）
大手町（一）
金池町（二）
特別支援学校
大分大
大道町（一）
大道町（三）
新春日町（三）
上春日町
大分駅
要町

図 2

問3　臨海部の工業地帯を地図でみたリョウさんは，大分市の産業変化に関する論文や統計データをインターネットで調べ，市の発展が「新産業都市*」指定の影響を受けたことを知った。次の図3は大分市の産業別就業者数の推移を，図4は大分市の工業種別従業者数の割合の推移を，それぞれ示したものである。図3と図4から読み取れることがらをリョウさんがまとめた次ページの文章中の下線部①～④のうちから，**適当でないもの**を一つ選べ。 29

*重化学工業などを育成し地域開発の拠点とした地域。

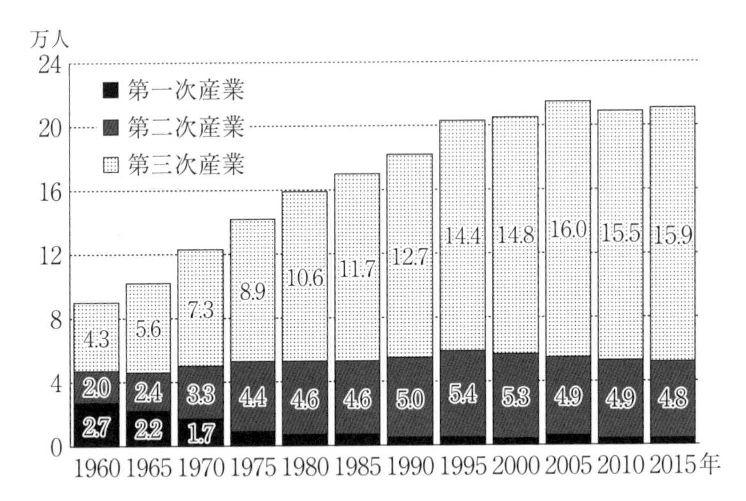


「分類不能」を除く。国勢調査などにより作成。

図　3

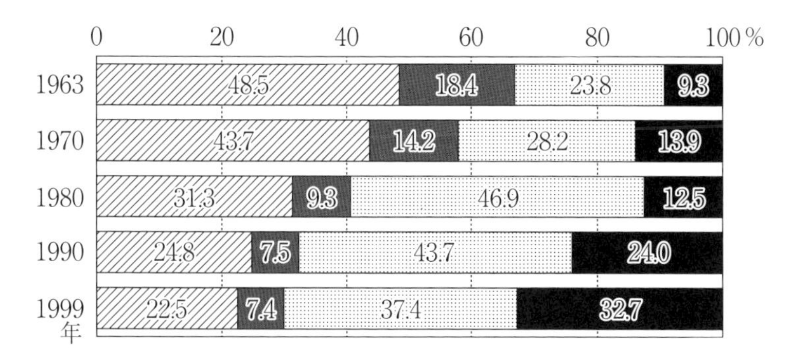


▨軽工業　■地場資源型素材工業　▤臨海型素材工業　■機械工業

「地場資源型素材工業」はパルプ・紙，土石等を，「臨海型素材工業」は鉄鋼や金属，化学工業を示す。
宮町（2004）により作成。

図　4

**【リョウさんがまとめた文章】**

1963年には当時の地方工業として典型的であった①軽工業と地場資源型素材工業が全業種の約3分の2を占めていたが，1964年に新産業都市に指定され臨海部の大規模な埋め立てが進むと，②臨海型素材工業の拡大とともに第二次産業人口は増加した。その後，1980年から90年代末にかけて，③機械工業の大幅な伸びに支えられ，第二次産業人口割合も拡大した。工業都市としての成長を背景に大分市の人口も伸び，④1960年に全体の5割に満たなかった第三次産業人口は2015年には7割を超えるようになった。

問4　大分市で多くの保育所待機児童*が報告されていることを知ったリョウさんは，「なぜ大分市で保育所不足が生じたのだろう」という問いをもち，いくつかの資料をみながらサツキさんと仮説を立てた。次の図5は，リョウさんとサツキさんが考えた仮説を示しており，図中の資料D～Fには，**仮説を考えるもととなった資料**として，次ページの図6中の**カ**～**ク**がそれぞれ当てはまる。D～Fと**カ**～**ク**との組合せとして最も適当なものを，次ページの①～⑥のうちから一つ選べ。 30

*保育所への入所を希望して入所できない児童のうち，一定の基準を満たす者。

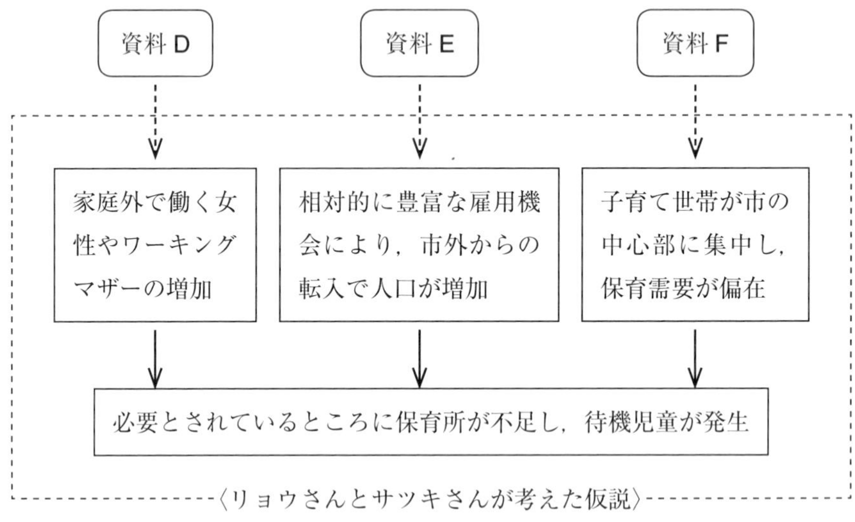


図　5

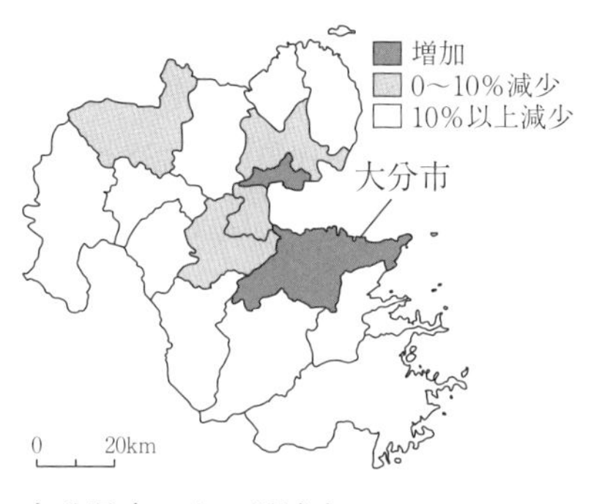


大分県内の人口増減率
（1995年～2015年）
行政界は2015年時点。
国勢調査により作成。

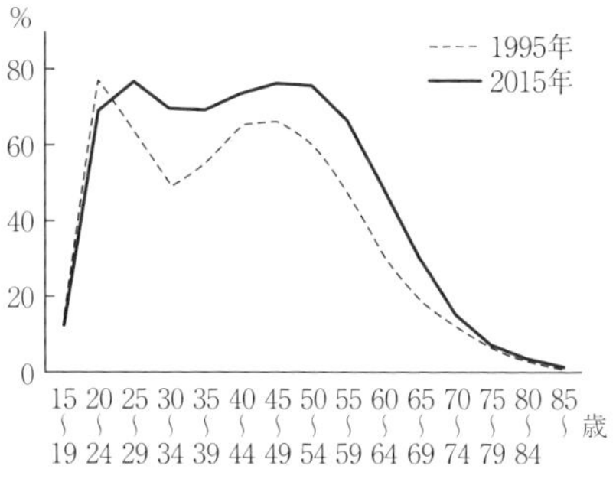


大分市の女性の年齢階級別労働力率
（1995年・2015年）
国勢調査により作成。

カ　　　　　キ

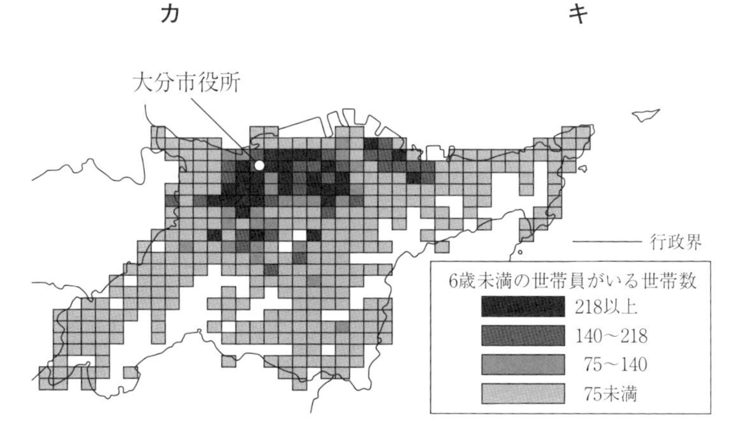


6歳未満の世帯員がいる世帯数の1kmメッシュマップ（2015年）
メッシュのない範囲はデータなし。
国土地理院の資料により作成。

ク

図 6

| | ① | ② | ③ | ④ | ⑤ | ⑥ |
|---|---|---|---|---|---|---|
| D | カ | カ | キ | キ | ク | ク |
| E | キ | ク | カ | ク | カ | キ |
| F | ク | キ | ク | カ | キ | カ |

問5　別府市の観光案内所に立ち寄ったリョウさんは，別府温泉が長い歴史をもつ観光地であることを知った。次の図7は，リョウさんが得た資料から作成したレポートの一部であり，図7中の空欄**P**～**R**には観光客数の増減に関する背景として，下の**サ**～**ス**のいずれかの文が当てはまる。**P**～**R**と**サ**～**ス**との組合せとして最も適当なものを，下の①～⑥のうちから一つ選べ。 31

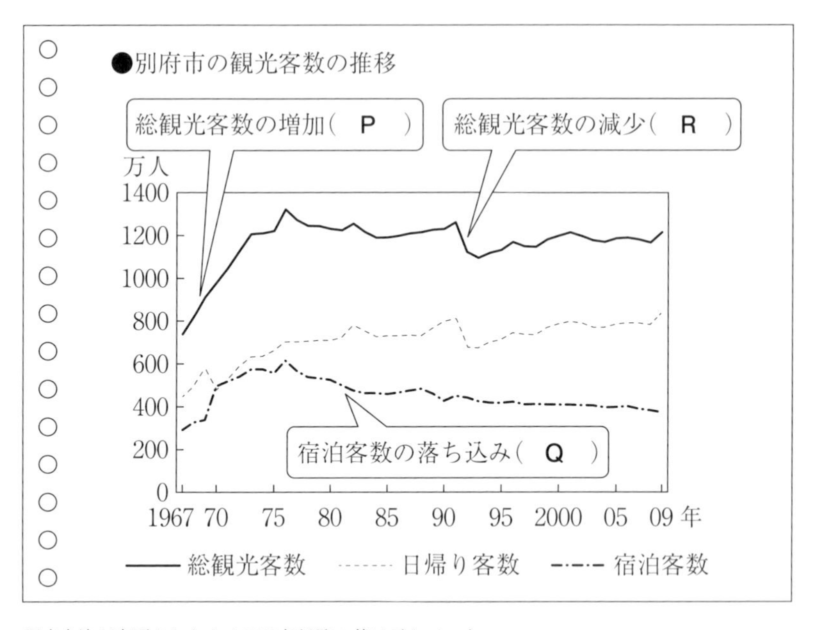


調査方法が変更されたため2010年以降の値は示していない。
別府市『観光動態要覧』により作成。

図　7

**サ**　国民所得の向上と全国的なレジャーブーム

**シ**　石油危機による低成長への転換や，交通網の整備

**ス**　日本経済における急激な景気の悪化

| | ① | ② | ③ | ④ | ⑤ | ⑥ |
|---|---|---|---|---|---|---|
| P | サ | サ | シ | シ | ス | ス |
| Q | シ | ス | サ | ス | サ | シ |
| R | ス | シ | ス | サ | シ | サ |

問6　リョウさんとサツキさんは，観光やまちづくりを目指して，様々な取組みが行われていることを話し合った。次の会話文中の空欄**タ**に入る国名と，**チ**に入る具体的な取組みを述べた下の**X**または**Y**の文との組合せとして最も適当なものを，下の①～④のうちから一つ選べ。 32

リョウ　「街中で外国からの観光客の姿を多く見かけたね」

サツキ　「大分県には温泉観光資源が多く，2015年には海外から大分県に年間約56万人の宿泊観光客が訪れているよ。近年は歴史的，地理的なつながりの深い(　**タ**　)から来る人たちが56%と最も多いよ。大分県をはじめ九州では，外国人観光客の割合が高いことが特徴だね」

リョウ　「これからの観光に向けて，どんな取組みが行われているのかな」

サツキ　「大分にとどまらず，日本各地で様々な取組みが進められているよ。例えば日本では，［　**チ**　］にも取り組んでいるね。こうした取組みなどを進めながら，観光を通して定住人口の減少を交流人口の増加で補い，持続可能な地域の活性化を目指しているよ」

X　行政やサービスなど観光に関わる専門的な人材の育成

Y　観光客1人当たりの観光消費額の抑制

| | ① | ② | ③ | ④ |
|---|---|---|---|---|
| タ | アメリカ合衆国 | アメリカ合衆国 | 韓　国 | 韓　国 |
| チ | X | Y | X | Y |

# 予想問題
# 第1回

100点／60分

**第1問** 次の図1を見て，世界の自然環境に関する下の問い(問1～6)に答えよ。

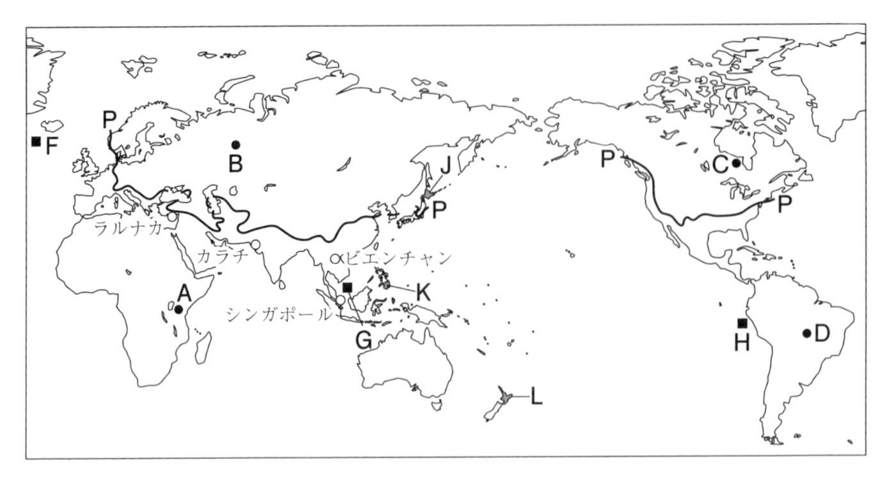


図 1

問1 図1中のA～D付近の地形について述べた文として**適当でないもの**を，次の①～④のうちから一つ選べ。 1

① A付近には，新期造山帯に属する高く険しい山脈がみられる。

② B付近には，古期造山帯に属する比較的なだらかな山脈がみられる。

③ C付近には，安定陸塊に属する大規模な平野が広がっている

④ D付近には，安定陸塊に属する比較的なだらかな高原が広がっている

問2　次のア～ウの文は，図1中のF～Hのいずれかの地域にみられる海底地形について述べたものである。ア～ウとF～Hとの正しい組合せを，下の①～⑥のうちから一つ選べ。　2

ア　プレートの広がる境界付近に位置し，海嶺がみられる。
イ　プレートの狭まる境界付近に位置し，海溝がみられる。
ウ　プレートの境界付近には位置せず，大陸棚がみられる。

| | ① | ② | ③ | ④ | ⑤ | ⑥ |
|---|---|---|---|---|---|---|
| ア | F | F | G | G | H | H |
| イ | G | H | F | H | F | G |
| ウ | H | G | H | F | G | F |

問3　図1中の等温線Pに該当するものを，次の①～④のうちから一つ選べ。
3

①　1月0℃　　②　1月10℃　　③　7月20℃　　④　7月30℃

問4　次の図2中の①～④は，図1中のカラチ，シンガポール，ビエンチャン，ラルナカのいずれかの地点における月降水量を示したものである。ビエンチャンに該当するものを，図2中の①～④のうちから一つ選べ。 4

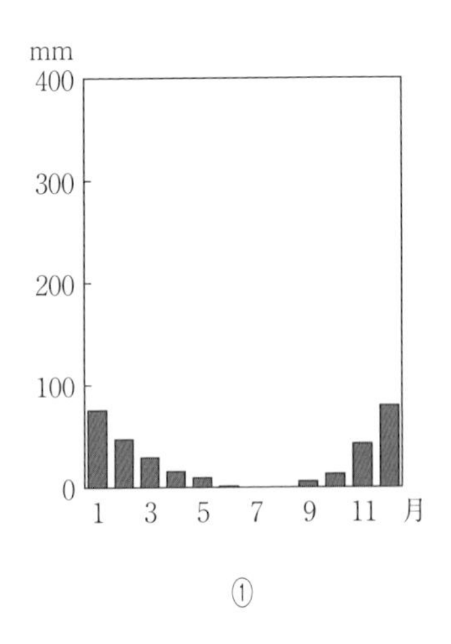


①

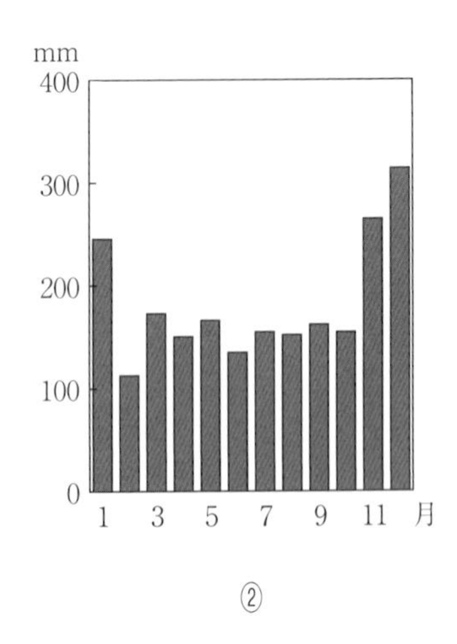


②

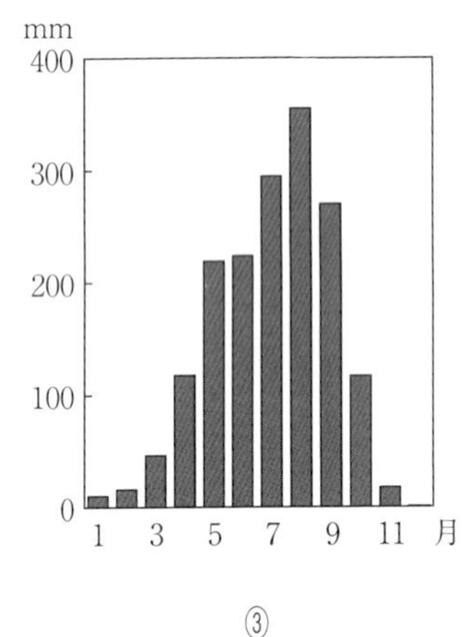


③

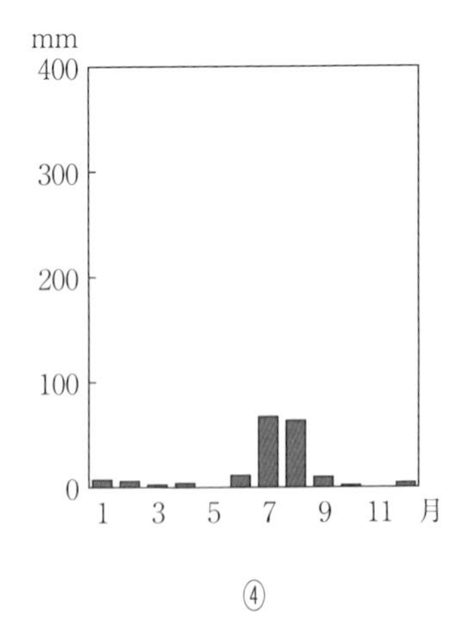


④

『理科年表』より作成。

図　2

問5　次の文章は，図1中のJ(北海道)，K(ミンダナオ島)，L(ニュージーランド北島)の島に分布する主たる成帯土壌に関して，それらの特徴について述べたものであり，文章中の空欄**カ**～**ク**には下の**X**～**Z**の文のいずれかが該当する。空欄**カ**～**ク**と**X**～**Z**との正しい組合せを，下の①～⑥のうちから一つ選べ。［5］

土壌のうち，気候や植生の影響を強く受けた性質をもつものを成帯土壌とよぶ。Jでは，［カ］ため，やせた灰白色の土壌が分布する。また，Kでも，［キ］ため，やせた赤色の土壌が分布する。逆に，Lでは，［ク］ため，比較的肥沃な褐色の土壌が分布する。

X　樹木の落葉などによる有機物から腐植が生成される

Y　有機物の分解は進むが，多量の降水により腐植は洗脱され金属分が多く残る

Z　有機物の分解が進みにくく，降水が酸性となり土壌中から諸成分を溶脱する

| | ① | ② | ③ | ④ | ⑤ | ⑥ |
|---|---|---|---|---|---|---|
| カ | X | X | Y | Y | Z | Z |
| キ | Y | Z | X | Z | X | Y |
| ク | Z | Y | Z | X | Y | X |

問6　日本において，都市開発にともなって生じるようになった豪雨による災害について述べた次の文章中の下線部a～cについて，正誤の組合せとして正しいものを，下の①～⑧のうちから一つ選べ。 6

第二次世界大戦後の日本では，産業発展にともない都市部への人口流入が顕著となり，自然環境を改変しながら都市開発が行なわれるようになった。そのため，これまではたんなる自然現象に過ぎなかった事象でも，災害となるケースが増えている。日本の多くの都市が立地している沖積平野は，a河川氾濫による堆積作用で形成された地形であり，とくに氾濫原や三角州で宅地化が進行すれば，いくら強固な河川堤防を建設しても，浸水被害の危険性は免れない。

また，現在の都市は，地表面がアスファルトやコンクリートなどでおおわれているため雨水が地中に浸透せず，豪雨の際にはb短時間に小河川や下水道に雨水が流入し，排水処理能力を上回れば浸水被害をもたらす。また，通常時より地中に多くの水分を含む海岸部に造成された埋立地では，豪雨の際にはc地盤が流動化して建物などが傾いたり砂が吹き出したりする液状化現象が生じることもある。

|  | ① | ② | ③ | ④ | ⑤ | ⑥ | ⑦ | ⑧ |
|---|---|---|---|---|---|---|---|---|
| a | 正 | 正 | 正 | 正 | 誤 | 誤 | 誤 | 誤 |
| b | 正 | 正 | 誤 | 誤 | 正 | 正 | 誤 | 誤 |
| c | 正 | 誤 | 正 | 誤 | 正 | 誤 | 正 | 誤 |

## 第2問　予備校の夏期講習で地理の講義を受講して，世界の農林水産業に興味をもったカツヤさんは，農林水産業のさまざまな統計データを調べてみた。カツヤさんが調べたことに関する次の問い(問1～6)に答えよ。

問1　カツヤさんは，主要穀物生産国の生産量や輸出量などについて調べた。次の図1は，小麦，米，トウモロコシについて，世界総生産量，総輸出量，および世界の上位5か国の生産量とそのうちの輸出量を示したものである。図1から読み取れることがらを述べた次ページのア～ウの文中の下線部について，正誤の組合せとして正しいものを，次ページの①～⑧のうちから一つ選べ。 7

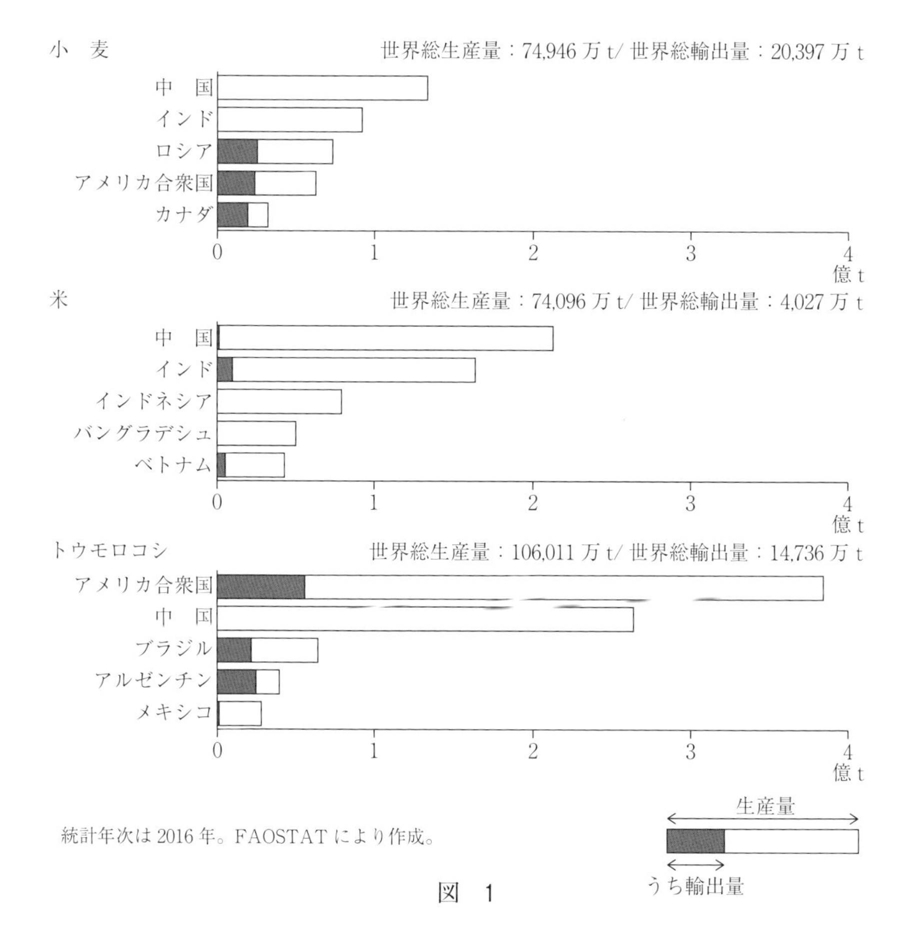

統計年次は2016年。FAOSTATにより作成。

図　1

ア　小麦は，中国やインドでは自給的な生産が中心であるが，これらの国々と比べてアメリカ合衆国やカナダでは商業的な生産がさかんである。

イ　米は，ほかの２つの穀物と比べて，世界全体でみると生産量に占める輸出量の割合が小さく，世界各地で広く生産されている。

ウ　トウモロコシ，生産量，輸出量ともに，アメリカ合衆国，ブラジル，アルゼンチン，メキシコの新大陸地域４か国で，世界全体の８割を超えている。

| | ① | ② | ③ | ④ | ⑤ | ⑥ | ⑦ | ⑧ |
|---|---|---|---|---|---|---|---|---|
| ア | 正 | 正 | 正 | 正 | 誤 | 誤 | 誤 | 誤 |
| イ | 正 | 正 | 誤 | 誤 | 正 | 正 | 誤 | 誤 |
| ウ | 正 | 誤 | 正 | 誤 | 正 | 誤 | 正 | 誤 |

問2　カツヤさんは，嗜好品や工業原料となる農作物の輸入国について調べた。次の図2中のカ～クは，コーヒー豆，茶，綿花のいずれかの輸入量について，世界の上位10か国とそれらが世界に占める割合を示したものである。カ～クと農作物名との正しい組合せを，次ページの①～⑥のうちから一つ選べ。［8］

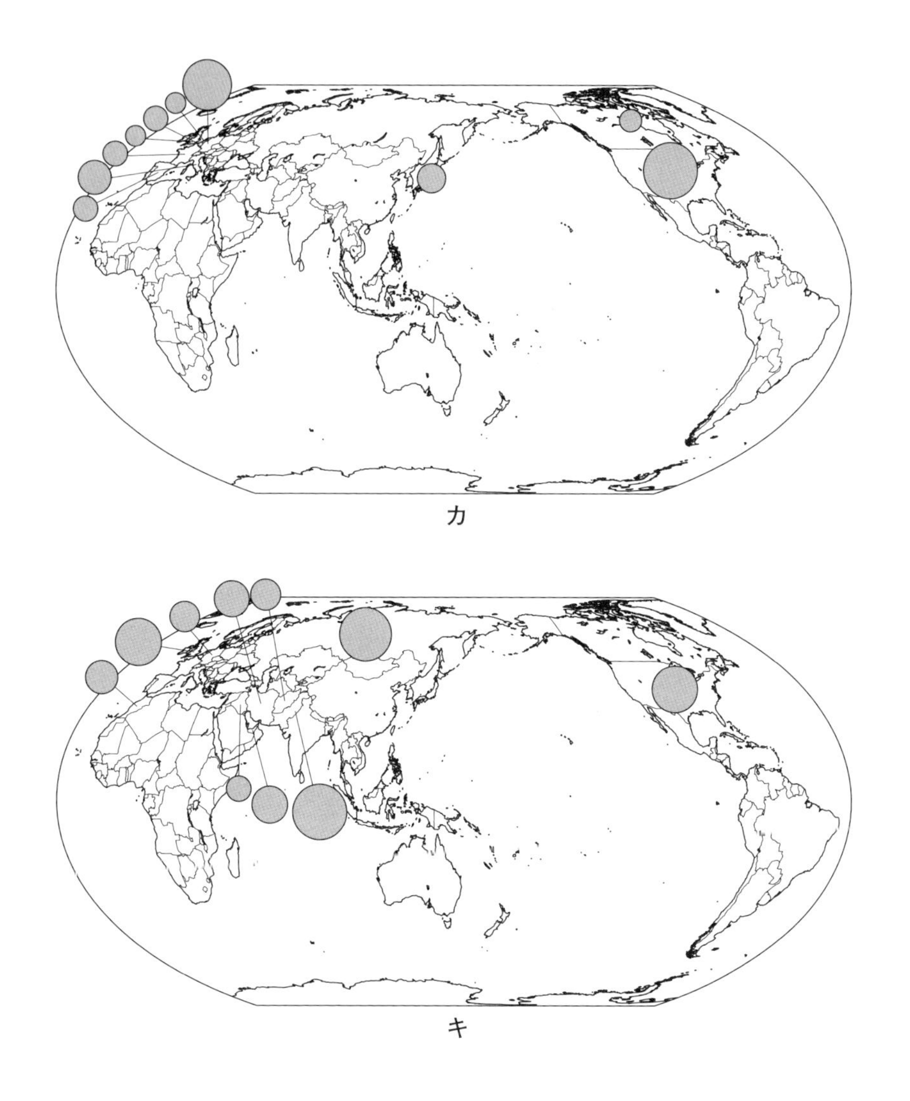

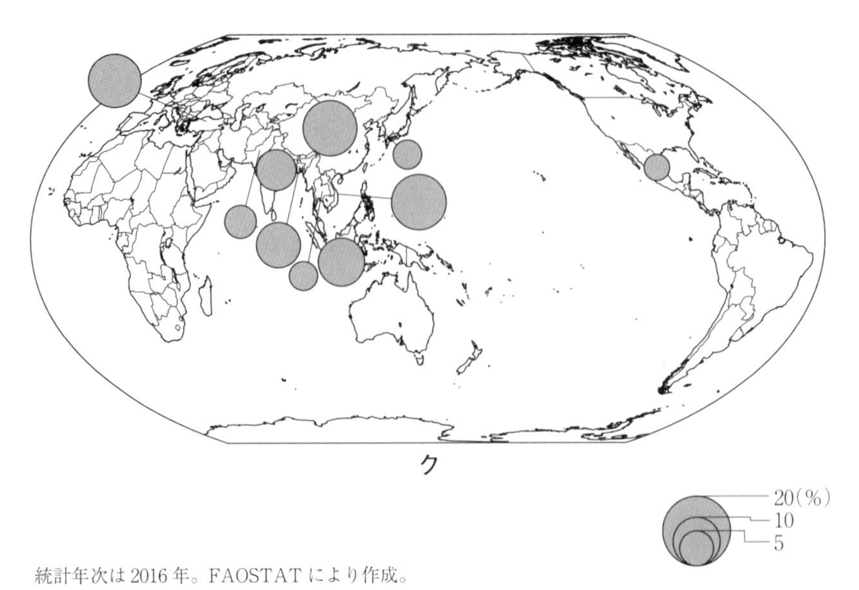


統計年次は2016年。FAOSTATにより作成。

図　2

| | カ | キ | ク |
|---|---|---|---|
| ① | コーヒー豆 | 茶 | 綿花 |
| ② | コーヒー豆 | 綿花 | 茶 |
| ③ | 茶 | コーヒー豆 | 綿花 |
| ④ | 茶 | 綿花 | コーヒー豆 |
| ⑤ | 綿花 | コーヒー豆 | 茶 |
| ⑥ | 綿花 | 茶 | コーヒー豆 |

問3　カツヤさんは，世界各国の農林水産業の就業者や農牧地について調べた。次の表1は，いくつかの国における農林水産業関連の諸指標を示したものであり，①〜④はイギリス，ウルグアイ，カナダ，タイのいずれかである。イギリスに該当するものを，表1中の①〜④のうちから一つ選べ。 9

表　1

| | 総就業人口に占める農林水産業就業人口の割合（%） | 農業従事者1人あたりの農地面積(ha) | 国土面積に占める耕地の割合（%） | 国土面積に占める牧場・牧草地の割合（%） |
|---|---|---|---|---|
| ① | 33.3 | 1.2 | 41.7 | 1.6 |
| ② | 8.2 | 82.9 | 14.0 | 68.6 |
| ③ | 1.9 | 202.9 | 5.3 | 1.6 |
| ④ | 1.1 | 37.1 | 25.0 | 45.8 |

統計年次は，総就業人口に占める農林水産業就業人口の割合が2016年，農業従事者1人あたりの農地面積が2012年，国土面積に占める耕地の割合，国土面積に占める牧場・牧草地の割合が2015年。
『世界国勢図会』，『データブック オブ・ザ・ワールド』により作成。

問4　カツヤさんは，世界各国の木材伐採高について調べた。次の図3は，いくつかの国における木材伐採高に占める用材の割合と針葉樹の割合を示したものであり，①～④は，ケニア，スウェーデン，中国，マレーシアのいずれかである。中国に該当するものを，図3中の①～④のうちから一つ選べ。 10

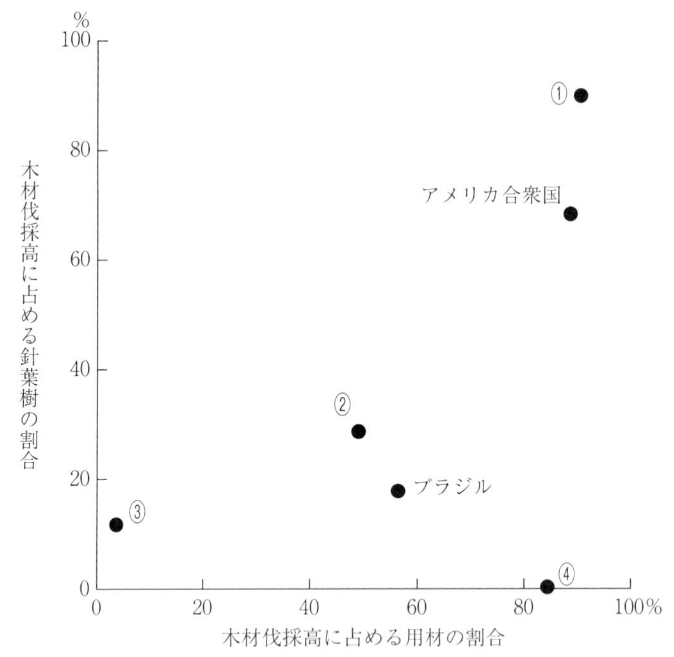


統計年次は2016年。
『世界国勢図会』により作成。

図　3

問5　カツヤさんは，世界の水産業の生産量や貿易額について調べた。次の表2は，漁業生産量，水産物の輸出額，輸入額について世界の上位6か国を示したものであり，A～Cはアメリカ合衆国，中国，ペルーのいずれかである。また，下のサ～スの文は，表2中のA～Cのいずれかの国における水産業の特徴について述べたものである。A～Cとサ～スとの正しい組合せを，下の①～⑥のうちから一つ選べ。 11

表　2

| | 漁業生産量（万t） | | 水産物の輸出額（億ドル） | | 水産物の輸入額（億ドル） | |
|---|---|---|---|---|---|---|
| 第1位 | A | 1,602 | A | 203 | B | 208 |
| 第2位 | インドネシア | 658 | ノルウェー | 108 | 日　本 | 142 |
| 第3位 | インド | 508 | ベトナム | 73 | A | 91 |
| 第4位 | B | 491 | タ　イ | 59 | スペイン | 72 |
| 第5位 | ロシア | 477 | B | 56 | フランス | 62 |
| 第6位 | C | 383 | インド | 56 | イタリア | 62 |

統計年次は2016年。
『世界国勢図会』により作成。

サ　アンチョビー漁がさかんで，食用のほかフィッシュミール(魚粉)に加工して飼料や肥料としても利用される。

シ　海面漁業だけでなく，湖沼や河川で行われる内水面漁業も活発で，コイやウナギの養殖がさかんに行なわれている。

ス　スケトウダラやサケなどの漁獲が多いが，資源保全のために漁獲枠を設定するなどの規制も行なわれている。

| | ① | ② | ③ | ④ | ⑤ | ⑥ |
|---|---|---|---|---|---|---|
| A | サ | サ | シ | シ | ス | ス |
| B | シ | ス | サ | ス | サ | シ |
| C | ス | シ | ス | サ | シ | サ |

問6　カツヤさんは，先日の地理の講義で，インドでは宗教上の理由などから牛肉を食べない人々がとても多いということを知った。このことを客観的な数値で示すために，インドにおける１人１年あたりの牛肉供給量を概算することにした。この概算に必要とされるインドについての年次統計データとして**適当でないもの**を，次の①～⑤のうちから一つ選べ。 12

① 牛の飼育頭数　　② 牛肉の生産量

③ 牛肉の輸出量　　④ 牛肉の輸入量

⑤ 人口

## 第3問　人口や都市についての課題の探求に関する次の問い(**A**・**B**)に答えよ。

**A**　2年B組では，地理の授業で学んだ人口分野について，放課後にグループに分かれてさらに調べることにした。世界と日本の人口に関する次の問い(問1～3)に答えよ。

問1　1班では，人口の多い国の分布を知るために，人口大国の位置を世界地図に示してみた。次の図1は，人口8,000万人を超える18か国を示したものである。図1から読み取れることがらやそれに関連することがらについて述べた文として最も適当なものを，次ページの①～④のうちから一つ選べ。

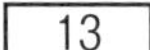
13

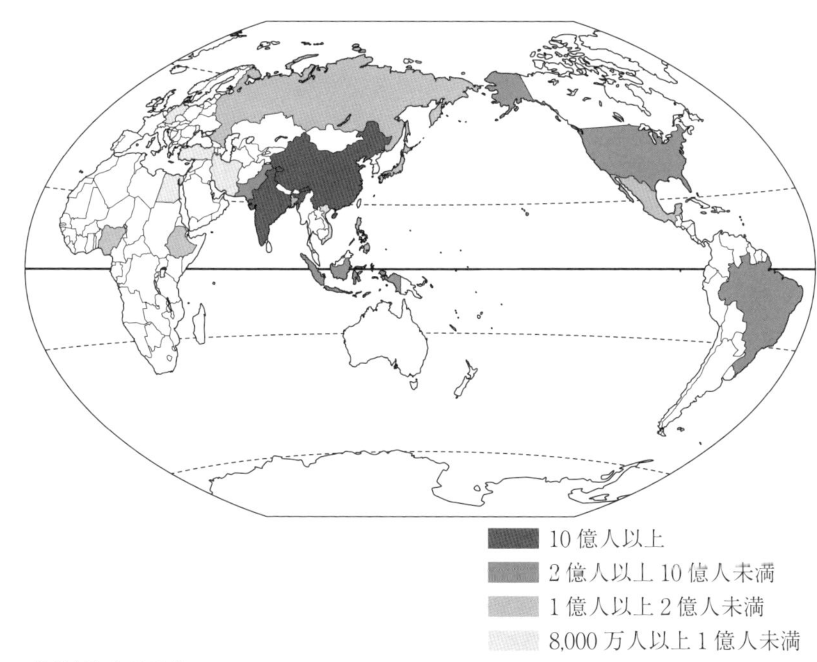


統計年次は2018年。
『データブック オブ・ザ・ワールド』により作成。

図　1

問題編

試行調査・第1回

試行調査・第2回

予想問題・第1回

予想問題・第2回

① 人口10億人以上の国はいずれも人口抑制策がとられたため，現在は人口が減少している。

② 人口2億人以上10億人未満の国はいずれも発展途上国であり，現在，人口が急増している。

③ 人口1億人以上2億人未満の国はいずれも，居住のための気候条件としては厳しい環境といえる乾燥帯や寒帯は，国内に分布していない。

④ 人口8,000万人以上の国は，オセアニアを除く，アジア，アフリカ，アングロアメリカ，ヨーロッパ，ラテンアメリカの各地域に存在する。

問2　2班では，世界各国の人口動態を知るために出生率と死亡率を調べてみた。次の図2は，いくつかの国における出生率と死亡率を示したものであり，①～④は，アメリカ合衆国・オーストラリア，イタリア・ドイツ，エチオピア・ガーナ，韓国・シンガポールのいずれかの国群である。韓国・シンガポールに該当するものを，図2中の①～④のうちから一つ選べ。 14

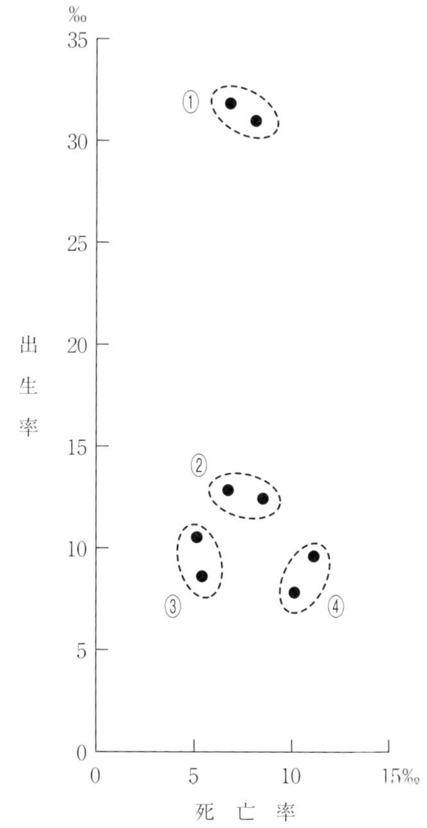


統計年次は2016年，2015年のいずれかのもの。
『世界国勢図会』により作成。

図　2

問3　3班では，日本の人口問題について考察するために，統計資料集で年齢階級別人口構成の変化を調べた。次の図3は，日本における1970年，1990年，2015年の年齢階級別人口構成を示したものである。図3を題材として日本の人口問題について話し合った会話文中の空欄**ア**と**イ**にあてはまる語句の正しい組合せを，次ページの①～④のうちから一つ選べ。 15

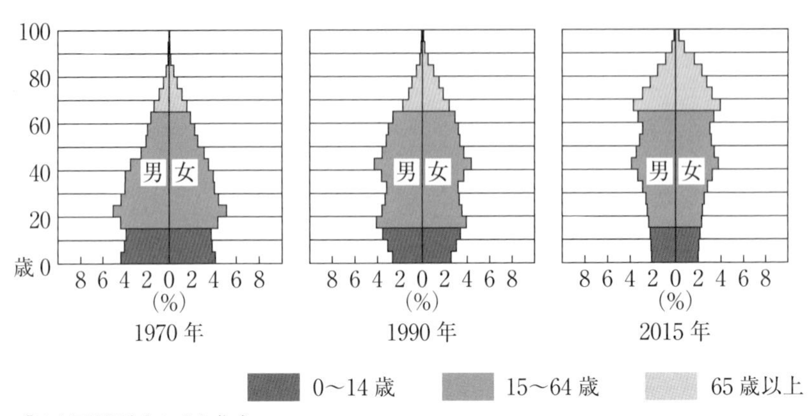


『日本国勢図会』により作成。

図　3

S先生　「おばんです。みなさん，とても勉強熱心ですね。」

トシヒコ　「ははははははは。」

イヅミ　「日本の年齢階級別人口構成の変化から，現在の人口問題について考えようと思っています。」

S先生　「1970年代以降の年齢階級別人口構成には，どのような変化が読み取れますか。」

ヒロノブ　「年少人口割合が低下し，老年人口割合が上昇したことがわかります。」

S先生　「そうですね。いわゆる少子高齢化の進行ですね。また，ほかの先進諸国と比べて，日本は少子高齢化の進行が(　**ア**　)という特徴があります。」

トシヒコ　「それは深刻な問題ですよね。」

S先生　「では，高齢化の課題については，どのようなことが考えられるでしょうか。」

イヅミ　「年金や介護保険など社会保障の費用が増大して国の財政を圧迫し，（　イ　）への経済的負担が大きくなることが考えられます。」

ヒロノブ「それに少子高齢化が進行すると，生産年齢人口も減少するので，労働力不足も課題になってくると思います。」

トシヒコ「今後は外国人労働者を受け入れる議論が必要ですね。」

| | ① | ② | ③ | ④ |
|---|---|---|---|---|
| **ア** | 遅い | 遅い | 速い | 速い |
| **イ** | 生産年齢人口 | 老年人口 | 生産年齢人口 | 老年人口 |

**B**　今月の３年Ｂ組の地理の授業では，日本の村落・都市分野がテーマとして扱われた。日本の村落・都市に関する次の問い(問４～６)に答えよ。

問４　古い時代に成立した村落の立地には，地形条件が大きく関わっているということを授業で学んだユキノさんは，それをノートにまとめてみた。次の表１は，地形条件と村落の立地の関係を示したものである。表１中の①～⑤の地形条件のうち，居住に適する場所の条件と実際に村落が立地する場所の関係として**適当でないもの**を一つ選べ。 16

表　1

| 地形条件 | 居住に適する場所の条件 | 実際に村落が立地する場所 |
|---|---|---|
| ①　扇状地 | 生活用水が得られること | 扇　端 |
| ②　台　地 | | 崖　下 |
| ③　氾濫原 | 水害を避けられること | 自然堤防 |
| ④　海岸平野 | | 浜　堤 |
| ⑤　山間部 | 土砂災害を避けられること | 南向き斜面 |

問5　高度経済成長期以降の日本では，経済・産業の発展にともない農村部から都市部への人口移動が顕著になり都市化が進展したことを授業で学んだマサルさんは，日本の大都市について人口関連のデータを，統計集などを使って調べてみた。次の図4中の**カ**～**ク**は，大阪市，札幌市，横浜市のいずれかにおける，それぞれが属する道府県人口に占める各都市の人口割合の推移を示したものである。**カ**～**ク**と都市名との正しい組合せを，下の①～⑥のうちから一つ選べ。 17

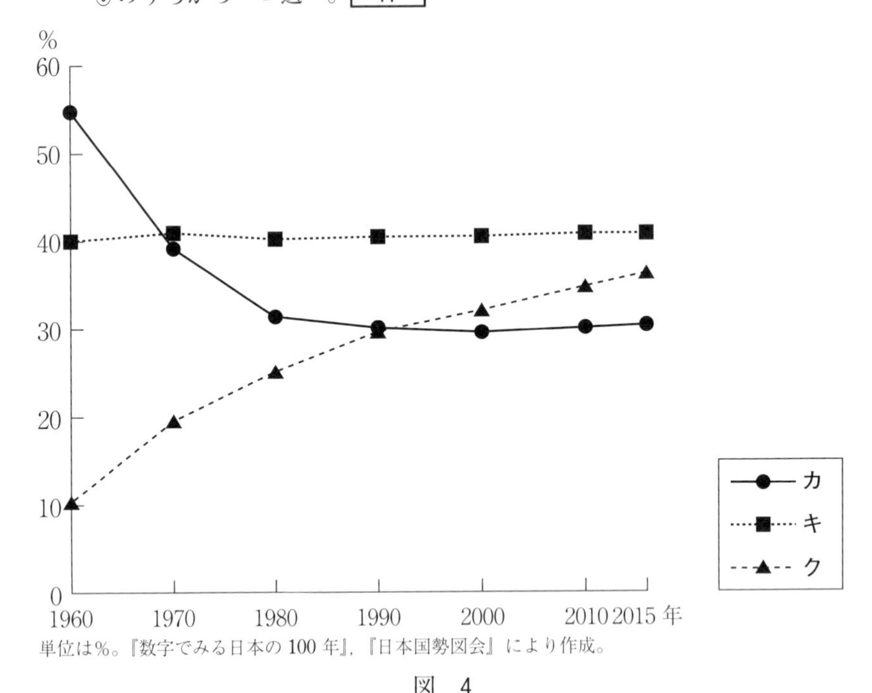

単位は%。『数字でみる日本の 100 年』，『日本国勢図会』により作成。

図　4

| | カ | キ | ク |
|---|---|---|---|
| ① | 大阪市 | 札幌市 | 横浜市 |
| ② | 大阪市 | 横浜市 | 札幌市 |
| ③ | 札幌市 | 大阪市 | 横浜市 |
| ④ | 札幌市 | 横浜市 | 大阪市 |
| ⑤ | 横浜市 | 大阪市 | 札幌市 |
| ⑥ | 横浜市 | 札幌市 | 大阪市 |

問6　レイコさんは，授業後の休憩時間に資料集を持参して職員室へ質問に行った。次の図5は，この資料集に掲載されている東京都の郊外を示した地形図である。図5のような地域の特徴について，下の会話文中の空欄**サ**と**シ**にあてはまる文の正しい組合せを，次ページの①～④のうちから一つ選べ。 18

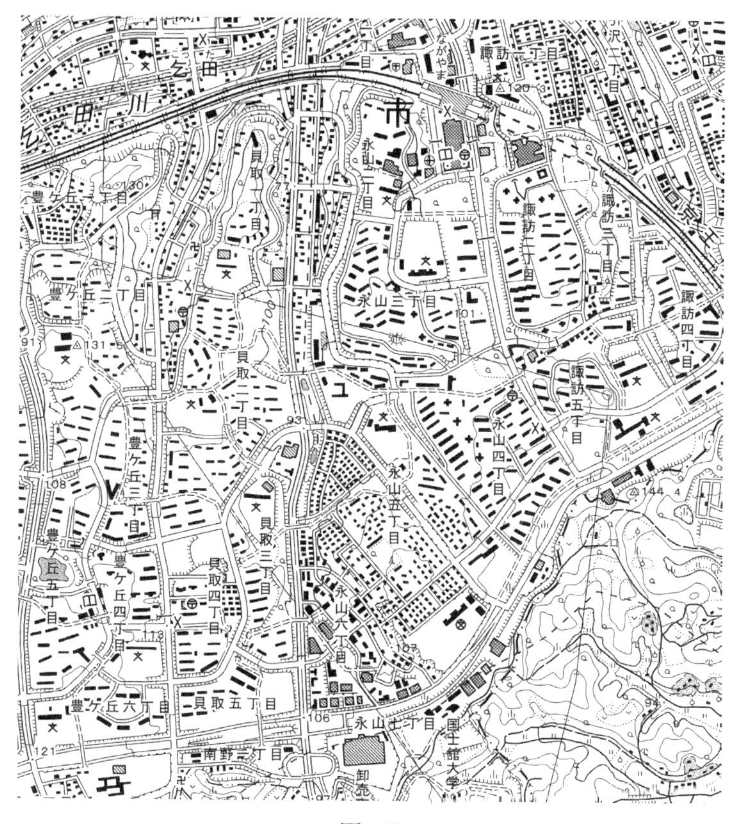


図　5

レイコ　「この地形図中に広がる市街地は，高度経済成長期に計画されたニュータウンですか。」

K先生　「そうだね。授業で話しましたが，このようなニュータウンの都市機能には，どのような特徴がありましたか。」

レイコ　「はい，　サ　の都市です。」

K先生「このバカちんが！　それはイギリスの大ロンドン計画でのニュータウンの特徴じゃないか。」

レイコ「あっ，そうでしたね。ちゃんと復習し直します。」

K先生「そして授業で話しましたが，これらのニュータウンは，完成時に若年勤労者世帯が一斉に入居する場合が多いので居住世代に偏りがあって，現在になってさまざまな問題が生じるようになりました。」

レイコ「そのひとつは［　シ　］が課題でしたね。」

K先生「何ば考えとろうとかいな！　このようなニュータウンが開発されてから，もう40年以上も経過しているんだぞ。」

レイコ「あっ，そうでしたね。ちゃんと復習し直します。」

K先生「大学入学共通テストというのは，このような思考力が試されます。もちろん，人間は間違えることによって成長するので安心しなさい。人間っていうのは，人と人の間で生きています。わからないことがあれば何でも質問に来なさい！」

レイコ「はい，ちゃんと復習し直します。」

P　工場や事務所などの職場と住宅の両機能を備えた職住近接型
Q　住宅機能を中心とした東京都心部への通勤が前提の職住分離型

X　小学校や中学校の不足
Y　建物のバリアフリー化

① サ―P　シ―X　② サ―P　シ―Y
③ サ―Q　シ―X　④ サ―Q　シ―Y

**第4問** 高校生のナオコさんは，東南アジアについての課題研究に取り組んだ。次の図1をみて，ナオコさんが調べたことに関する下の問い(問1～6)に答えよ。

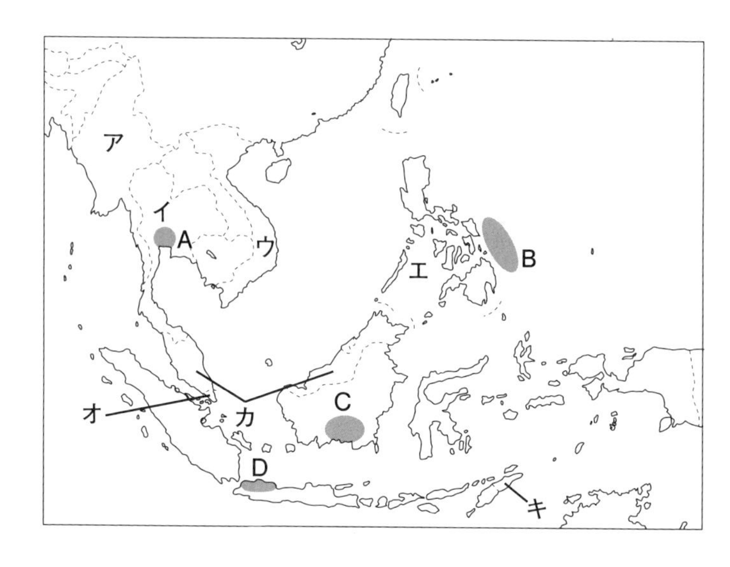


図 1

問1 ナオコさんは，東南アジア各地の自然環境について調べた。図1中のA～Dの地域の自然環境について述べた次の文①～④のうちから，最も適当なものを一つ選べ。 19

① Aの地域は，国際河川の河口部にあたりエスチュアリーがみられる。
② Bの地域は，水深200m未満の浅海が広がる大陸棚となっている。
③ Cの地域は，熱帯雨林が分布するが一部では森林破壊も進んでいる。
④ Dの地域は，季節風の影響を受けて6~8月前後の時期に雨季となる。

問題編

試行調査・第1回
試行調査・第2回
予想問題・第1回
予想問題・第2回

問2　ナオコさんは，東南アジア諸国では農林産物や鉱産資源の生産・産出が，重要な経済活動の一つであることを知った。これらの産品のうち4つのものについて，おもな生産国や世界における順位をまとめるために，次の図2を作成した。図2中の①～④は，東南アジア諸国における米，すず鉱，石炭，天然ゴムのいずれかの生産・産出について，世界生産量第1～5位，第6～10位に含まれる国を示したものである。天然ゴムに該当するものを，図2中の①～④のうちから一つ選べ。 20

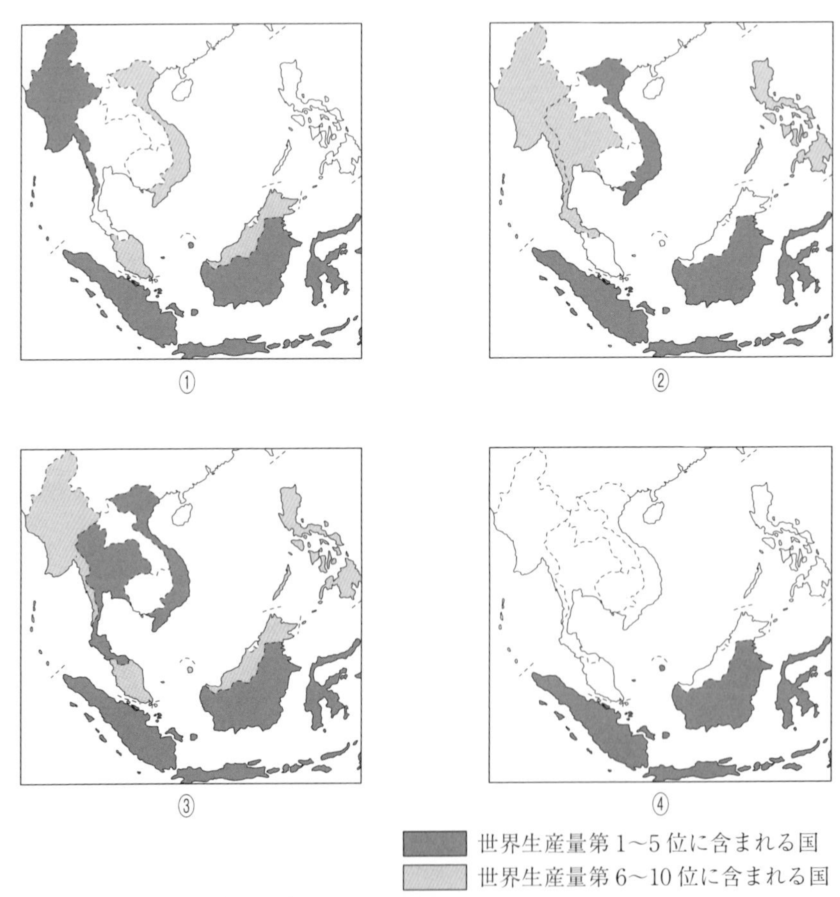


統計年次は2016年，2015年のいずれか。
『データブック オブ・ザ・ワールド』により作成。

図　2

問3　ナオコさんは，第二次世界大戦以前の東南アジアは，ほとんどの地域が欧米諸国の植民地であったことを知り，現在の各国の旧宗主国(かつて植民地として支配を行なっていた国)を調べた。東南アジア諸国と旧宗主国との組合せとして適当なものを，次の①～⑤のうちから一つ選べ。 21

① インドネシア ― フランス　② カンボジア ― イタリア
③ タ　イ ― アメリカ合衆国　④ ブルネイ ― イギリス
⑤ ラオス ― オランダ

問4　ナオコさんは，東南アジアの文化の多様性について調べた。図1中の**イ**，**エ**，**オ**，**キ**の国における言語(民族)や宗教について述べた次の文①～④のうちから，最も適当なものを一つ選べ。 22

① **イ**の国では，シナ＝チベット語族に属する民族が多数を占め，中国から伝わった大乗仏教が広く信仰されている。
② **エ**の国では，フィリピノ語と英語が公用語で，植民地時代に広まったキリスト教のカトリックが広く信仰されている。
③ **オ**の国では，中国系，マレー系，インド系など複数の民族が居住し宗教も多様であるが，先住民のマレー系を優遇する政策がとられている。
④ **キ**の国では，古くからアラブ人との交易がさかんであったためイスラム教が伝わり，現在でも国民の多数が信仰している。

問5　ナオコさんは，東南アジア諸国は近年経済発展の著しい国が多いことを知り，各国の経済や産業の政策について調べた。図1中の**ア**，**ウ**，**オ**，**カ**の国で実施された経済や産業の政策について述べた次の文①～④のうちから，**適当でないもの**を一つ選べ。 23

①　**ア**の国では，隣国との国境地帯にマキラドーラゾーン(保税輸出加工工業地域)を指定し，組立型工業の集積地が形成された。

②　**ウ**の国では，社会主義を維持しながらも市場経済の導入による経済成長策がとられ，諸産業の成長につながった。

③　**オ**の国では，厳しい罰則規定を設けて街の美化や緑化を実施し，観光業や金融業の発展に貢献した。

④　**カ**の国では，日本をはじめ韓国などを模範とした工業化政策を推進し，東アジアなどから多くの外国資本が進出した。

問6　ナオコさんは，東南アジア諸国のほとんどがASEAN（東南アジア諸国連合)に加盟し，経済・政治両面での協力関係を強めていることを知り，世界の他地域の国家間協力機構と比較するために，次の表1を作成した。表1中の①～④は，ASEAN，EU（ヨーロッパ連合)，MERCOSUR（南米南部共同市場)，NAFTA（北米自由貿易協定)のいずれかにおける人口密度，GDP（国内総生産)，貿易総額を示したものである。ASEANに該当するものを，表1中の①～④のうちから一つ選べ。 24

表　1

| | 人口密度<br>(人／$km^2$) | GDP<br>(億ドル) | 貿易総額<br>(億ドル) |
|---|---|---|---|
| ① | 144 | 27,650 | 25,670 |
| ② | 117 | 173,065 | 113,067 |
| ③ | 22 | 222,907 | 56,364 |
| ④ | 22 | 30,742 | 5,686 |

ASEAN10か国，EU28か国，NAFTA 3か国，MERCOSUR 6か国の合計値。統計年次は2017年。
『世界国勢図会』などにより作成。

**第5問**　中学校で同級生だったジュンコさん，マサコさん，モモエさんの3人は，ひさびさに故郷である和歌山県新宮(しんぐう)市で集まることにした。次の図1を見て，この地域調査に関する下の問い(問1～6)に答えよ。

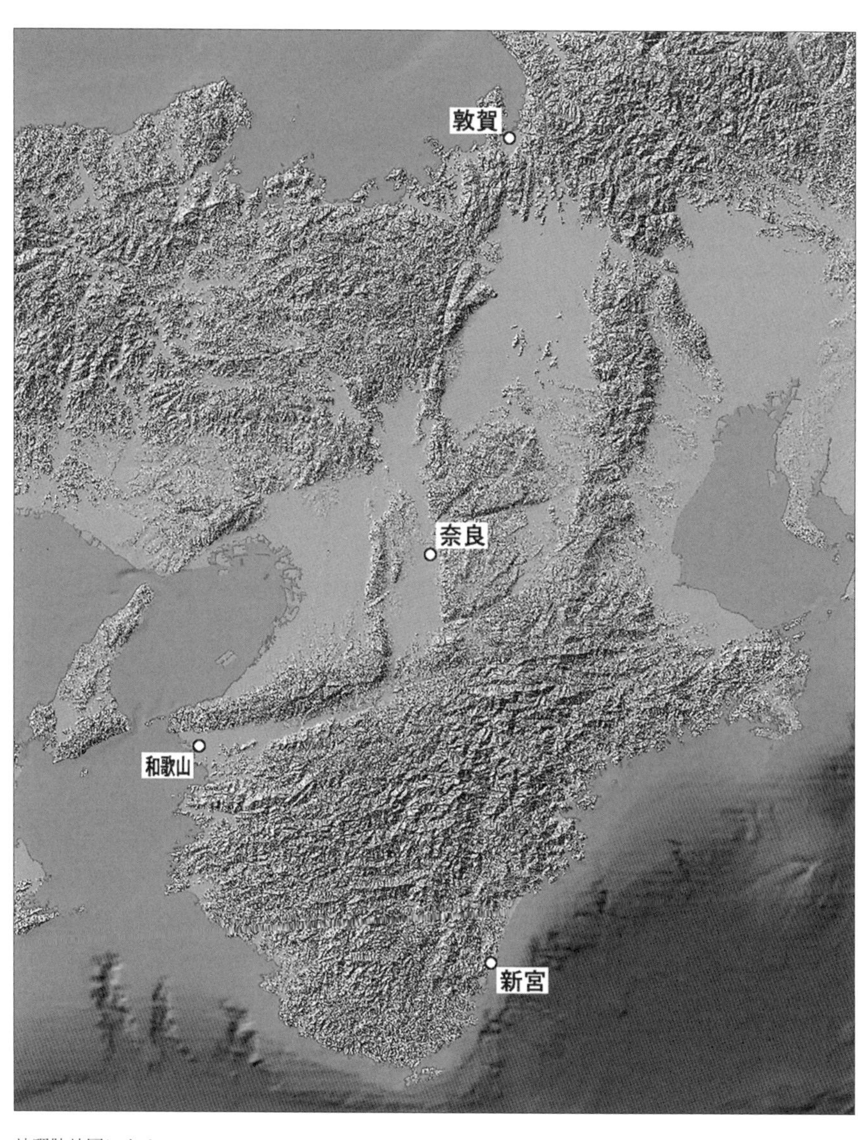


地理院地図による。

図　1

問1　新宮駅に集合することになった3人は，自宅からさまざまな交通機関を利用して異なる経路で新宮駅へ向かった。次の表1は，3人それぞれの自宅の所在地，利用した交通機関，途中の経由地で撮影した写真を，次ページの図2中の**A**～**C**は，3人が新宮駅へ向かう経路上の地点を示したものである。また，108ページの**ア**～**ウ**の文は，図2中の**A**～**C**のいずれかの地点から新宮市の市街地へ向かう経路の様子について述べたものである。モモエさんが通った経路上の地点と経路の様子との正しい組合せを，109ページの①～⑨のうちから一つ選べ。［25］

表　1

| | ジュンコ | マサコ | モモエ |
|---|---|---|---|
| 自宅の所在地 | 奈良県奈良市 | 福井県敦賀市 | 和歌山県和歌山市 |
| 利用した交通機関（順不同） | 私鉄（民営鉄道）線と一般道のみを走る路線バス | JR線の新幹線と在来線 | 一般道と自動車専用道路を走る自家用車（ドイツ車） |
| 途中の経由地で撮影した写真 | 西南日本外帯にあたる山地の内陸部に位置する渓谷 | 国内最多雨地域の一つに位置するリアス海岸 | 本州最南端に位置する陸繋島と陸繋砂州（トンボロ） |

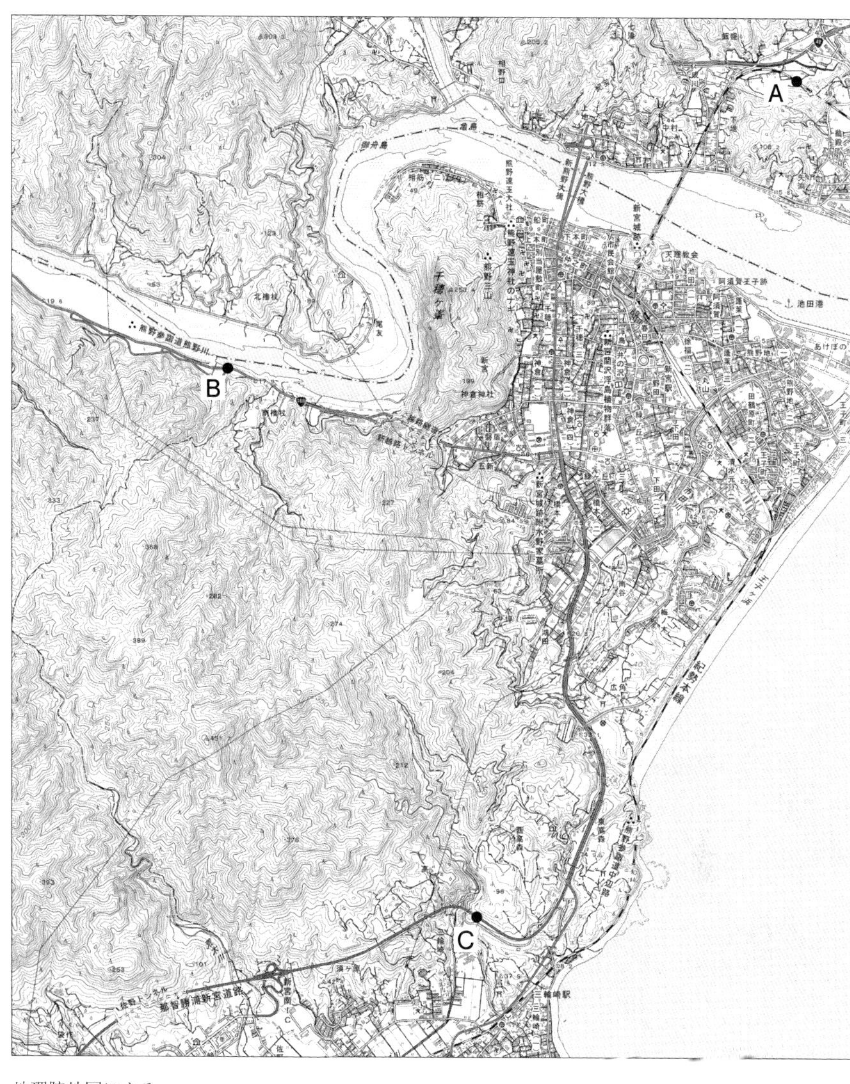


地理院地図による。

図　2

**ア**　海を進行方向右側に見ながら大きく左にカーブしたのち，丘陵地の間を通り抜けて，新宮市の市街地に入った。

**イ**　大きく左にカーブしたのち，小さな低地を通り過ぎ，河川を渡りトンネルを抜けて，新宮市の市街地に入った。

**ウ**　河川を進行方向左側に見ながら山地の間の谷沿いを進んだのち，トンネルを抜けて，新宮市の市街地に入った。

| | ① | ② | ③ | ④ | ⑤ | ⑥ | ⑦ | ⑧ | ⑨ |
|---|---|---|---|---|---|---|---|---|---|
| 経路上の地点 | A | A | A | B | B | B | C | C | C |
| 経路の様子 | ア | イ | ウ | ア | イ | ウ | ア | イ | ウ |

問2　3人は新宮駅に集まった。1月ではあるものの，比較的暖かく天気も快晴であった。駅前の寿司屋でさんま寿司を食べながら，新宮市とそれぞれ現在の自宅のある地域の冬の気候についての話題になった。次の表2は，新宮市と敦賀市，奈良市，和歌山市における1月の平均気温，日照時間，平均風速を示したものである。表2に関連して，冬の各地域の気候についての次ページの会話文中の下線部①～⑥のうちから，**適当でないもの**を二つ選べ。ただし，解答の順序は問わない。 26 ・ 27

表　2

| | 1月の平均気温(℃) | 1月の日照時間(時間) | 1月の平均風速(m/s) |
|---|---|---|---|
| 新宮市 | 7.2 | 179.5 | 3.0 |
| 敦賀市 | 4.5 | 62.3 | 4.4 |
| 奈良市 | 3.9 | 116.7 | 1.7 |
| 和歌山市 | 6.0 | 134.8 | 4.3 |

気象庁の資料により作成。

ジュンコ　「新宮に来てみると，奈良にくらべたら少し暖かく感じるわ。」

マサコ　「そうね，やっぱり①沿岸を暖流の黒潮が流れている影響が大きいんだと思うよ。」

ジュンコ　「海の影響ってすごいね。奈良は②海から離れた内陸にあるから冬は冷え込むんだよね。」

モモエ　「それに新宮は太平洋に面しているから，③温暖な小笠原気団におおわれることが多いからよ。」

マサコ　「なるほどね。あと，今日もそうだけど，新宮の冬はお天気がよい日が多いよね。」

モモエ　「冬は④季節風が北側の山を越えてくるから乾燥した風になるのよ。」

ジュンコ　「サンタモニカのことを思い出すわ。」

マサコ　「冬の敦賀は曇天(どんてん)つづきで雪や雨の日ばかりだから，うらやましい気候だわ。」

ジュンコ　「⑤沿岸を寒流の千島海流が流れている影響が大きいんだろうね。だから雪や雨の日が多くなるんじゃないのかしら。」

マサコ　「それに冬の敦賀は風も強いのよ。」

モモエ　「敦賀や和歌山のように，冬に海からの風が吹き込みやすい⑥海岸部では風が強く吹く傾向にあるのかな。」

マサコ　「たしかに，海上は風をさえぎる障害物が何もないからね。」

ジュンコ　「日本の気候っていうのは，海流，気団，風などが複雑にからみ合ってつくりだされているわけね。」

モモエ　「それはともかく，早くさんま寿司を食べましょうよ。」

問3　翌日，平日の昼間の時間帯に，3人はそれぞれ別々に新宮市の中心市街地を散策した。次ページの写真1中の**カ**～**ク**は，次の図3中の**E**～**G**の地点で撮影したものであり，次ページの文章は，各地点についての3人の説明である。文章中の下線部**a**～**c**について，正誤の組合せとして正しいものを，下の①～⑧のうちから一つ選べ。 28

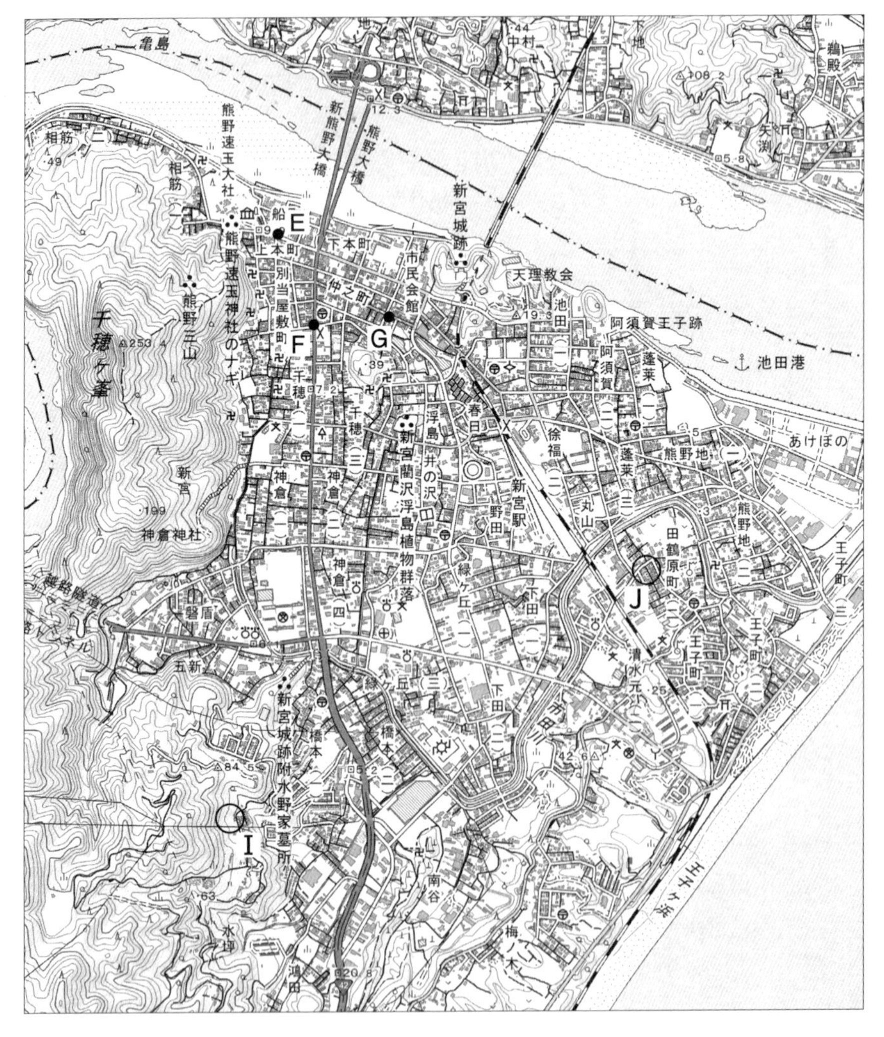

地理院地図による

図 3

カ

キ

ク

写　真　1

ジュンコ　カはE地点付近で撮影した写真で，世界遺産に登録されている a 神社に向かう参道にあたる。年始などには多くの参詣者でにぎわうだろう。

マサコ　キはF地点付近で撮影した写真で，b 幹線道路の国道に面して郵便局，警察署，税務署のほか，商店や金融機関などが建ち並ぶ。駐車場が併設されている施設もあり，平日でも人の出入りが比較的多い。

モモエ　クはG地点付近で撮影した写真で，街の中心商店街にあたる。アーケードが設置され，天候に関係なく快適に買い物ができ，c 土・休日には多くの買い物客でにぎわうだろう。

| | ① | ② | ③ | ④ | ⑤ | ⑥ | ⑦ | ⑧ |
|---|---|---|---|---|---|---|---|---|
| a | 正 | 正 | 正 | 正 | 誤 | 誤 | 誤 | 誤 |
| b | 正 | 正 | 誤 | 誤 | 正 | 正 | 誤 | 誤 |
| c | 正 | 誤 | 正 | 誤 | 正 | 誤 | 正 | 誤 |

問4　その日の午後，ジュンコさんとモモエさんは，中学校の先輩で市役所の防災対策課に勤務するシンイチさんを訪ねた。2人の両親はそれぞれ高齢で，新宮市内の実家に暮らしており，災害時に被害が予測される範囲などを地図上に示したハザードマップ(防災地図)を見せてもらうことにした。図3中の**I**はジュンコさんの，**J**はモモエさんの実家のある地域を示している。**I**および**J**の地域で予測される災害による被害を，次の①～④のうちからそれぞれ**すべて**選び，**I**については［29］に，**J**については［30］に答えよ。

① 河川氾濫による浸水　　② 急傾斜地の崩壊
③ 津波による浸水　　④ 土石流

問5　その日の夕方，3人は，シンイチさんの友人で製材業関連の仕事に就いているトモカズさんを訪ねた。製材業は新宮市の主要産業のひとつで，紀伊山地の森林資源を背景に近世より熊野川を利用した原木の集散地となり，明治期以降に発達した。次の図4は，新宮市の製材業における材料となる原木(国産材，外材)の入荷量と工場数の推移を示したものである。3人は，図4の資料を見ながらトモカズさんから新宮市の製材業の話を聞いた。図4から読み取れることがらを3人がメモした次ページの文章中の下線部①～④のうちから，**適当でないもの**を一つ選べ。 31

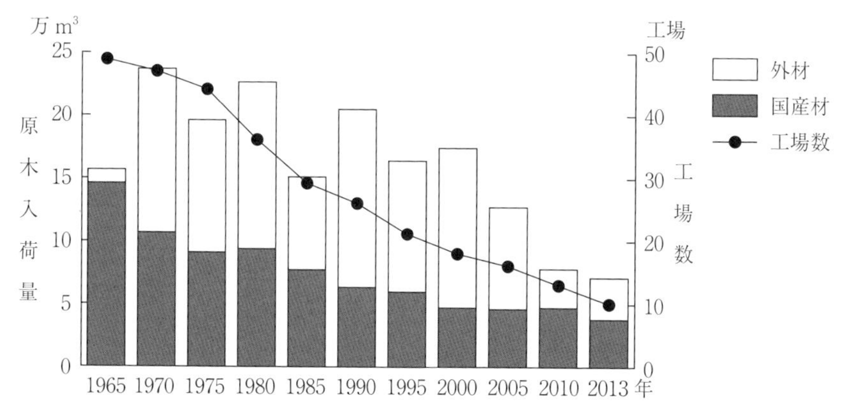

新宮木材協同組合の資料により作成。

図　4

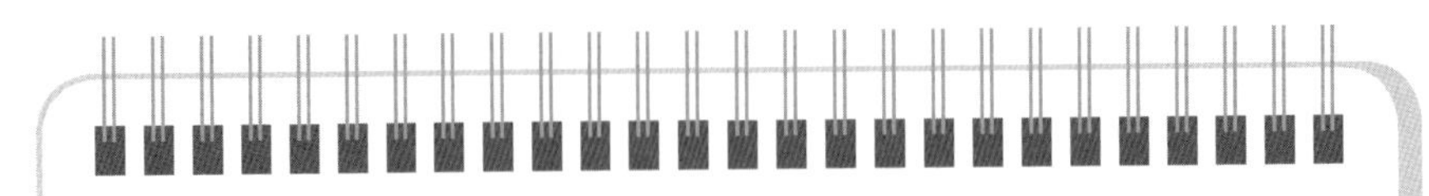

- 国産材の供給逼迫(ひっぱく)や木材の輸入自由化などによって，1960 年代後半には①外材の入荷量が急激に増加している。
- 1970 年からの 30 年間において，工場の大規模化が進展したことによって，②1 工場あたりの原木入荷量は増加傾向となっている。
- 1980 年代以降は，国内での木材需要の停滞・減少や海外からの木製品輸入の増加などによって，2013 年現在③工場数は約半数に減少した。
- 2000 年代以降は，輸出国での規制などによって外材の入荷量は減少傾向となり，2010 年以降は④原木入荷量のうち国産材の割合のほうが大きくなっている。

問 6　高校の先生であるマサコさんは，自宅にもどったあと，次ページの図 5 に示した定期試験の問題を作成した。図 5 の問題の正答を，図 5 中の①～④のうちから一つ選べ。 32

問　次の図は，和歌山県の市町村における人口，人口密度，労働力率，65歳以上人口の割合を，統計地図の一つである階級区分図で表現したものである。この階級区分図は，単位となる領域の面積に大小がある場合，面積が増加するとそれにともなって増加する性質のある指標に用いるのは不適当とされる。市町村別の階級区分図で表現する指標として**適当でないもの**を，次の①～④のうちから一つ選べ。

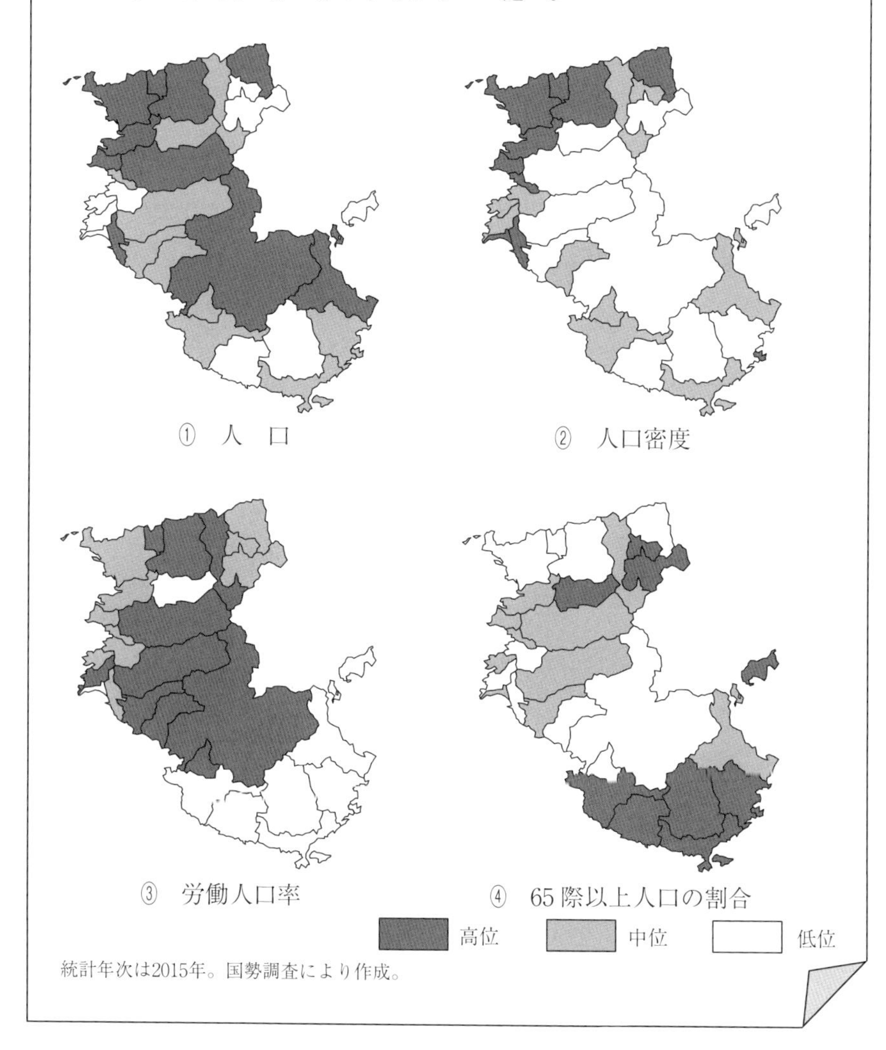


図　5

# 予想問題
# 第2回

100点／60分

**第1問**　昨年度の大学入学試験の「地理B」で，満足できる得点がとれなかったトヨカズさんは，自然環境分野の対策として，自然環境の成因についての理解が不足していたことに気づいた。そのため，アフリカ大陸を題材として自然環境分野を再度学習し直すことにした。次の図1を見て，アフリカ大陸の自然環境に関する下の問い(問1～5)に答えよ。

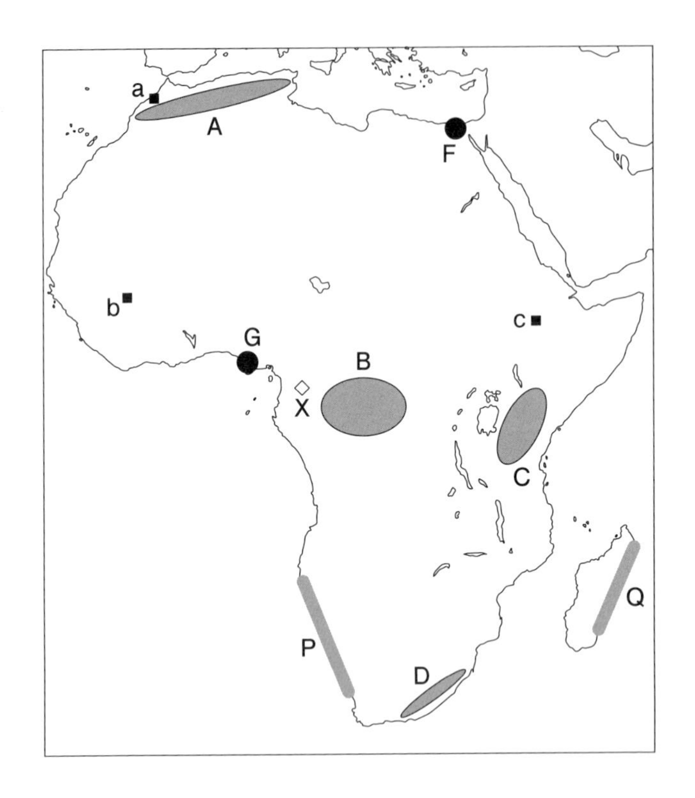


図　1

問1　トヨカズさんは，大地形の分野について，プレートテクトニクスと地体構造の面から地形の成因を再度学習し直した。図1中のA～Dの地域の地形とその成因について述べた文として**適当でないもの**を，次の①～④のうちから一つ選べ。［　1　］

①　Aの地域には，アルプス山脈やヒマラヤ山脈の形成と同時期の造山運動によってつくられた褶曲山地がみられる。

② Bの地域には，ゆるやかな沈降運動によってつくられた安定陸塊に属する盆地がみられる。

③ Cの地域は，プレートの広がる境界付近にあたり，その影響でつくられた火山が分布する高原がみられる。

④ Dの地域は，プレートの狭まる境界付近にあたり，その影響でつくられた古期造山帯に属する褶曲山地がみられる。

問2 トヨカズさんは，小地形の分野について，それらの成因と世界での代表的な事例を再度学習し直した。図1中のFとGに共通してみられる地形について，その成因を述べた次の文ア，イと，下の図2中に示したその代表的な事例がみられる場所カ～クとの正しい組合せを，下の①～⑥のうちから一つ選べ。 2

ア 河口周辺付近の低地に海水が侵入して入り江となった。

イ 河口周辺付近に砂泥が堆積して低平な平野となった。

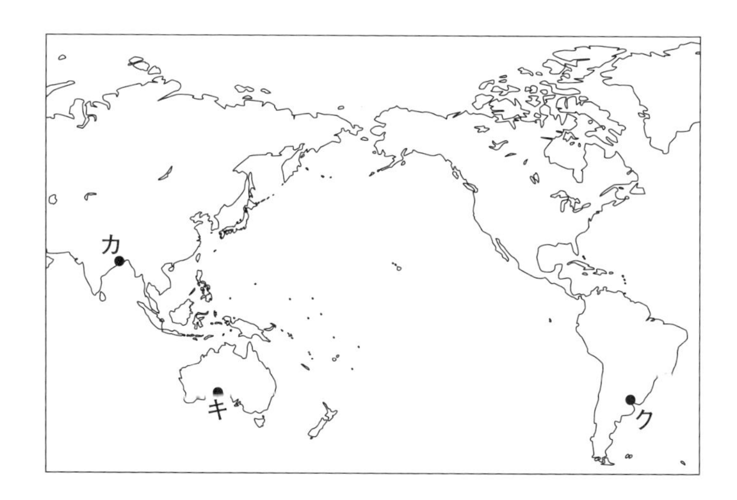


図 2

| | ① | ② | ③ | ④ | ⑤ | ⑥ |
|---|---|---|---|---|---|---|
| 成　因 | ア | ア | ア | イ | イ | イ |
| 代表的な事例がみられる場所 | カ | キ | ク | カ | キ | ク |

問3　トヨカズさんは，気候の分野について，各地の気温や降水量の季節変化とそれらに影響を与える気候因子との関係を再度学習し直した。次の図3中の**サ**～**ス**は，図1中の**a**～**c**のいずれかの地点の月平均気温と月降水量を示したものである。図3中の**サ**～**ス**について述べた下の文中の下線部について，正誤の組合せとして正しいものを，下の①～⑧のうちから一つ選べ。［3］

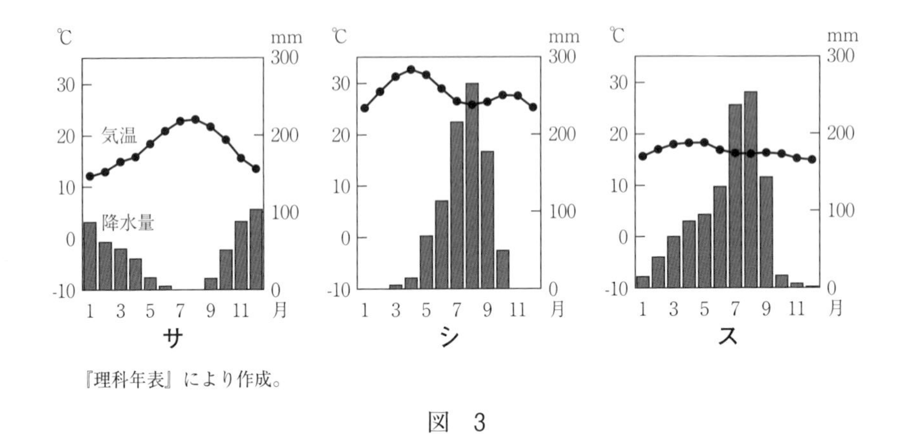


『理科年表』により作成。

図　3

**サ**　1月前後に湿潤，7月前後に乾燥となっていることから，1月前後に海洋からの偏西風の，7月前後に亜熱帯高圧帯の影響を受ける地点**a**だろう。

**シ**　1月前後に乾燥，7月前後に多雨となっていることから，1月前後に亜熱帯高圧帯の，7月前後に海洋からの偏西風の影響を受ける地点**b**だろう。

**ス**　年間を通して気温が15～20℃程度で年較差が小さいことから，標高が高く比較的低緯度に位置する地点**c**だろう。

| | ① | ② | ③ | ④ | ⑤ | ⑥ | ⑦ | ⑧ |
|---|---|---|---|---|---|---|---|---|
| **サ** | 正 | 正 | 正 | 正 | 誤 | 誤 | 誤 | 誤 |
| **シ** | 正 | 正 | 誤 | 誤 | 正 | 正 | 誤 | 誤 |
| **ス** | 正 | 誤 | 正 | 誤 | 正 | 誤 | 正 | 誤 |

問4　トヨカズさんは，気候の分野について，年間を通して降水量が多い地域や少ない地域とそれらの成因を再度学習し直した。図1中のPおよびQの地域の降水量の特徴とその成因について述べた文として最も適当なものを，次の①～⑧のうちからそれぞれ一つずつ選び，Pについては 4 に，Qについては 5 に答えよ。

① 沖合を寒流が流れ大気が安定するため，年中降水量が少ない。
② 沖合を寒流が流れ大気が不安定となるため，年中降水量が多い。
③ 沖合を暖流が流れ大気が安定するため，年中降水量が少ない。
④ 沖合を暖流が流れ大気が不安定となるため，年中降水量が多い。
⑤ 海洋からの貿易風の風下側にあたるため，年中降水量が少ない。
⑥ 海洋からの貿易風の風上側にあたるため，年中降水量が多い。
⑦ 海洋からの偏西風の風下側にあたるため，年中降水量が少ない。
⑧ 海洋からの偏西風の風上側にあたるため，年中降水量が多い。

問5　トヨカズさんは，植生の分野について，森林や草原の形成と気候との関係を再度学習し直した。図1中のX地点とその周辺にみられる植生と気候との関係について述べた次の文章中の空欄タとチに該当する語の正しい組合せを，下の①～④のうちから一つ選べ。 6

植物の生育には，温度，水，太陽光などが影響し，森林や草原といった植生は気候条件と密接にかかわっている。X地点とその周辺は，年間を通して気温が高く降水量も多いため，植物の生育にとって有利な環境であるといえ，多種類の( タ )広葉樹からなる森林が形成されている。なかには50m以上にも達する高木もみられ，高さの異なる樹木の樹冠が層をなしており，地表面(林床)には直射日光が( チ )ため，下草は多く生えない。

| | ① | ② | ③ | ④ |
|---|---|---|---|---|
| タ | 常　緑 | 常　緑 | 落　葉 | 落　葉 |
| チ | 強烈にあたる | 届きにくい | 強烈にあたる | 届きにくい |

## 第2問　第2次産業，第3次産業に関する次の問い(問1～6)に答えよ。

問1　次の表1は，石炭と原油について，産出量，輸出量，輸入量の世界上位5か国と世界合計を示したものであり，次ページのA～Cは，表1からの読み取りを，e～gはそれに関連することがらを述べた文である。表の読み取りとして最も適当なものと，それに関連することがらとの正しい組合せを，次ページの①～⑨のうちから一つ選べ。 7

表　1

| | 石　炭(万t) | | | 原　油(万t) | | |
|---|---|---|---|---|---|---|
| | 産出量 | 輸出量 | 輸入量 | 産出量 | 輸出量 | 輸入量 |
| 1位 | 中　国<br>341,060 | オーストラリア<br>38,930 | 中　国<br>25,555 | サウジアラビア<br>52,280 | サウジアラビア<br>37,302 | アメリカ合衆国<br>38,828 |
| 2位 | インド<br>66,279 | インドネシア<br>36,958 | インド<br>19,095 | ロシア<br>52,172 | ロシア<br>25,284 | 中　国<br>38,101 |
| 3位 | インドネシア<br>45,600 | ロシア<br>16,612 | 日　本<br>18,597 | アメリカ合衆国<br>43,805 | イラク<br>18,736 | インド<br>21,393 |
| 4位 | オーストラリア<br>41,320 | コロンビア<br>8,333 | 韓　国<br>12,789 | イラク<br>22,034 | カナダ<br>16,128 | 日　本<br>15,617 |
| 5位 | ロシア<br>29,495 | 南アフリカ共和国<br>6,994 | ドイツ<br>5,776 | カナダ<br>20,333 | アラブ首長国<br>12,024 | 韓　国<br>14,554 |
| 世界合計 | 626,643 | 130,315 | 125,181 | 396,604 | 221,448 | 224,187 |

統計年次は2016年。
『世界国勢図会』により作成。

【表の読み取り】

A　石炭の供給量は中国が世界最大である。

B　原油の供給量はロシアが世界最大である。

C　石炭と比べ原油は産出国で消費される傾向が強い。

【関連することがら】

e　石油危機後，石炭エネルギーの見直しが行なわれた。

f　世界の原油産出量に占める中東地域の割合が低下した。

g　エネルギー革命を経ずに今日にいたった。

| | ① | ② | ③ | ④ | ⑤ | ⑥ | ⑦ | ⑧ | ⑨ |
|---|---|---|---|---|---|---|---|---|---|
| 表の読み取り | A | A | A | B | B | B | C | C | C |
| 関連することがら | e | f | g | e | f | g | e | f | g |

問２　次の図１中の①～④は，アラブ首長国連邦，ノルウェー，ブラジル，フランスのいずれかにおけるエネルギー源別発電量を示したものである。ブラジルに該当するものを，図１中の①～④のうちから一つ選べ。 8

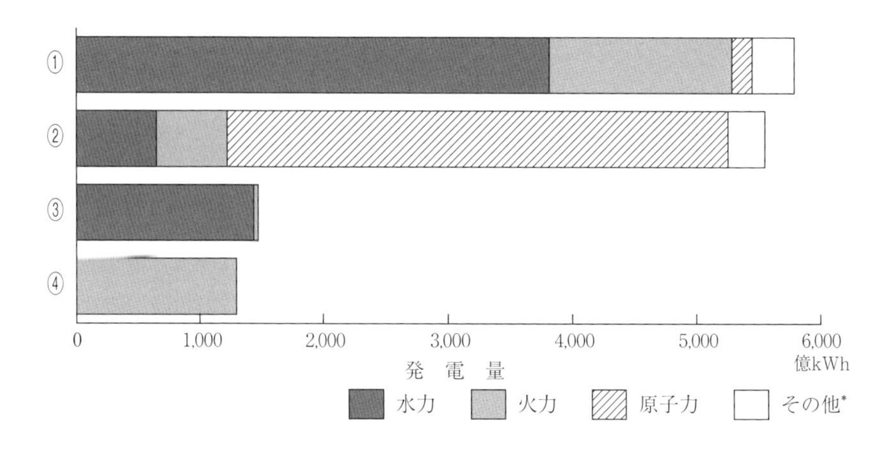


*地熱・太陽光・風力などによる発電量。
『世界国勢図会』により作成。統計年次は2016年。

図　1

問3　次の文ア～ウは，鉄鉱，銅鉱，ボーキサイトのいずれかの原料資源について述べたものである。また，下の図2中のⅠ～Kは，これらの原料資源の主産地を示したものである。ア～ウとⅠ～Kとの正しい組合せを，下の①～⑥のうちから一つ選べ。

9

ア　精錬に多くの電力を必要とし，その素材は航空機産業や建設業などで利用される。

イ　かつては日本でも多く産出され，電気関連産業の発展とともに需要が拡大した。

ウ　「産業の米」とよばれる基礎素材となるもので，重工業の発展には欠かせない。

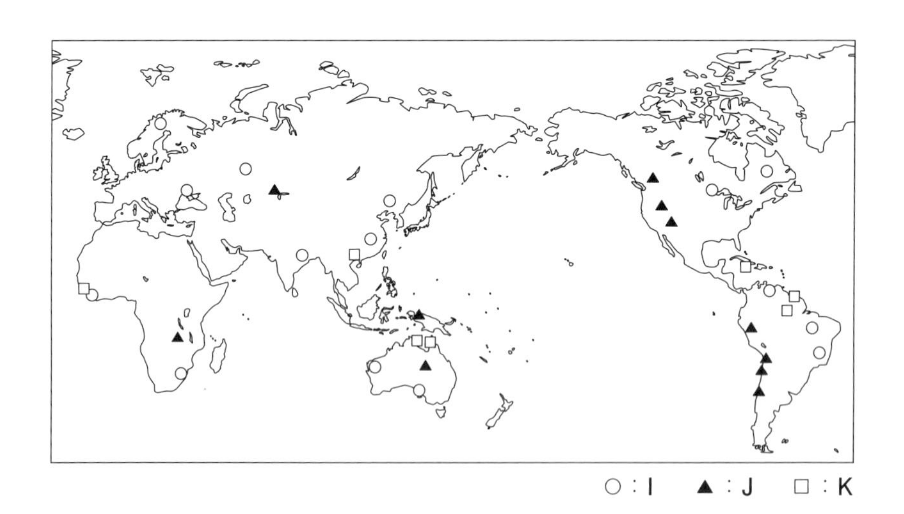


図　2

| | ① | ② | ③ | ④ | ⑤ | ⑥ |
|---|---|---|---|---|---|---|
| ア | I | I | J | J | K | K |
| イ | J | K | I | K | I | J |
| ウ | K | J | K | I | J | I |

問4　ウェーバーの工業立地論について述べた次の文章中の下線部**カ**と**キ**について正誤の組合せとして正しいものを，下の①～④のうちから一つ選べ。 10

ドイツの経済学者ウェーバーは，各種工場はその業種の特色によって，生産費のなかでもとりわけ**カ**原料や製品の輸送費が最小となる場所に立地するという工業立地論を体系化した。たとえば，原料が特定の場所にしか存在しない場合で，原料の重量に比べて製品の重量が大きくなるような業種では，工場は**キ**消費市場に立地するほうが有利になると考えた。

| | ① | ② | ③ | ④ |
|---|---|---|---|---|
| **カ** | 正 | 正 | 誤 | 誤 |
| **キ** | 正 | 誤 | 正 | 誤 |

問5　工業(製造業)の国際化とそれに関連することがらについて述べた文として最も適当なものを，次の①～④のうちから一つ選べ。 11

① アメリカ合衆国では，製造業の空洞化の進展により，知的財産権の使用料などの国際取引では受取額より支払額のほうが大きくなっている。

② 中国では，豊富な労働力と成長する消費市場を求めて，先進国の多国籍企業の本社や研究開発部門が集積している。

③ 日本では，国内の労働力不足や原油の安定供給などを理由に，石油化学工業において製造拠点の中東諸国への移転が加速している。

④ EU（ヨーロッパ連合）では，航空機産業において域内各国の企業が参画し，部品生産から最終組み立てまで国際分業が行なわれている。

問6　下の表2は，日本を訪れる外国人の延べ宿泊者数と，その上位8か国について宿泊先上位5都道府県の割合を示したものである。表2から読み取れるデータと，日本を訪れる外国人の訪問先の傾向についての仮説として**最も適当でないもの**を，下の①～④のうちから一つ選べ。 12

表　2

| | 延べ宿泊者数（万人泊） | 上位5都道府県（%） | | | | | | | | | |
|---|---|---|---|---|---|---|---|---|---|---|---|
| 中　国 | 1,759.6 | 東京都 | 24.3 | 大阪府 | 16.1 | 北海道 | 9.9 | 千葉県 | 7.3 | 愛知県 | 6.3 |
| 台　湾 | 1,139.0 | 東京都 | 16.8 | 大阪府 | 13.5 | 北海道 | 12.9 | 沖縄県 | 8.5 | 京都府 | 5.7 |
| 韓　国 | 1,102.0 | 大阪府 | 21.0 | 東京都 | 14.4 | 福岡県 | 13.6 | 北海道 | 12.1 | 沖縄県 | 10.4 |
| ホンコン | 625.9 | 大阪府 | 19.6 | 東京都 | 18.9 | 北海道 | 12.9 | 沖縄県 | 7.9 | 福岡県 | 5.1 |
| アメリカ合衆国 | 478.2 | 東京都 | 45.9 | 京都府 | 10.9 | 大阪府 | 6.5 | 神奈川県 | 6.3 | 千葉県 | 6.2 |
| タ　イ | 260.5 | 東京都 | 26.3 | 北海道 | 15.4 | 大阪府 | 15.1 | 千葉県 | 8.9 | 山梨県 | 5.9 |
| オーストラリア | 180.9 | 東京都 | 38.8 | 京都府 | 13.4 | 大阪府 | 10.0 | 北海道 | 8.2 | 千葉県 | 5.5 |
| シンガポール | 170.2 | 東京都 | 35.0 | 北海道 | 20.5 | 大阪府 | 12.8 | 京都府 | 5.2 | 千葉県 | 4.6 |
| 外国人合計 | 7,293.4 | 東京都 | 26.3 | 大阪府 | 14.8 | 北海道 | 9.9 | 京都府 | 6.4 | 沖縄県 | 5.6 |

統計年次は2017年。従業者数10人以上の宿泊施設。
観光庁『宿泊旅行統計調査』により作成。

① オーストラリアやアメリカ合衆国のデータから，自国とは異なった文化環境の地域への訪問が相対的に多い傾向があるという仮説を立てることができる。

② 中国やホンコンのデータから，自国とは異なった地形環境の地域への訪問が相対的に多い傾向があるという仮説を立てることができる。

③ シンガポールやタイのデータから，自国とは異なった気候環境の地域への訪問が相対的に多い傾向があるという仮説を立てることができる。

④ 台湾や韓国のデータから，自国の近隣地域への訪問が相対的に多い傾向があるという仮説を立てることができる。

## 第3問　現代世界の諸課題や国際関係，世界各国の国民生活に関する次の問い（問1～6）に答えよ。

問1　次の図1中のA～Dの地域で発生した環境問題について述べた文として**最も適当でないもの**を，下の①～④のうちから一つ選べ。 13

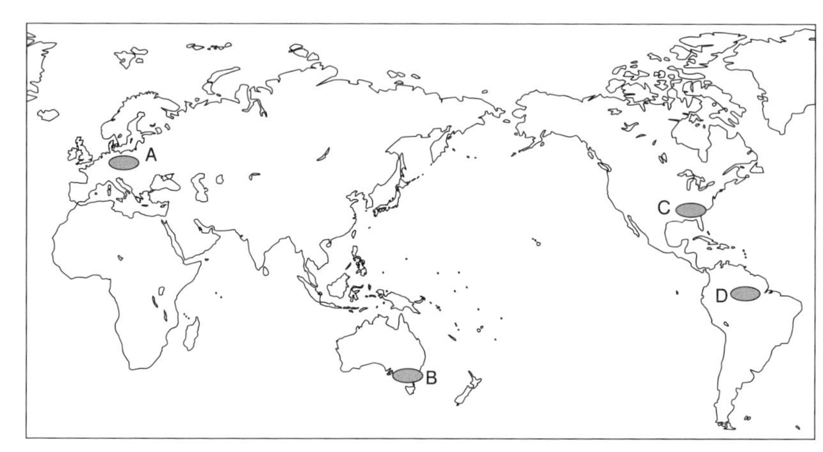


図　1

①　Aの地域では，石炭エネルギーへの依存度が高いことなどから，酸性度の強い降水によって森林被害がみられた。

②　Bの地域では，とくに春季から夏季にかけて紫外線量が増加し，サングラスの着用など紫外線対策が必要とされた。

③　Cの地域では，排水設備を整えずに耕地への過剰な灌漑が行なわれたため，表土の塩性化が起こった。

④　Dの地域では，牧場開発をはじめとする農牧地の拡大などで，森林の破壊が顕著となった。

問2　世界の都市における都市内交通について述べた文として適当なものを，次の①～④のうちから一つ選べ。 14

① アムステルダムでは，レンタル自転車や自転車専用道の整備によって，自転車が都市内の重要な交通手段の一つとして機能している。
② カイロでは，市内中心部に乗り入れる自動車から課徴金を徴収し，新たな道路建設の財源にあてるロードプライシング制度を導入している。
③ ソウルでは，ハブ＝アンド＝スポーク方式によって，都市の中心部から放射状に路面電車(トラム)の路線が敷設され，都市内移動の利便性がはかられている。
④ ニューヨークでは，通勤時の鉄道の混雑を緩和するため，郊外の駅で鉄道からバスに乗り換えて市内中心部へ向かうパークアンドライド方式を推奨している。

問3　世界では宗教を背景とした民族間の対立が発生している。次の図2中のP～Rは，2つの異なった宗教の対立がおもな原因となった民族紛争の発生地点を示したものであり，次ページの表1中のア～ウは，それらいずれかの対立する2つの宗教を示したものである。P～Rとア～ウとの正しい組合せを，次ページの①～⑥のうちから一つ選べ。 15

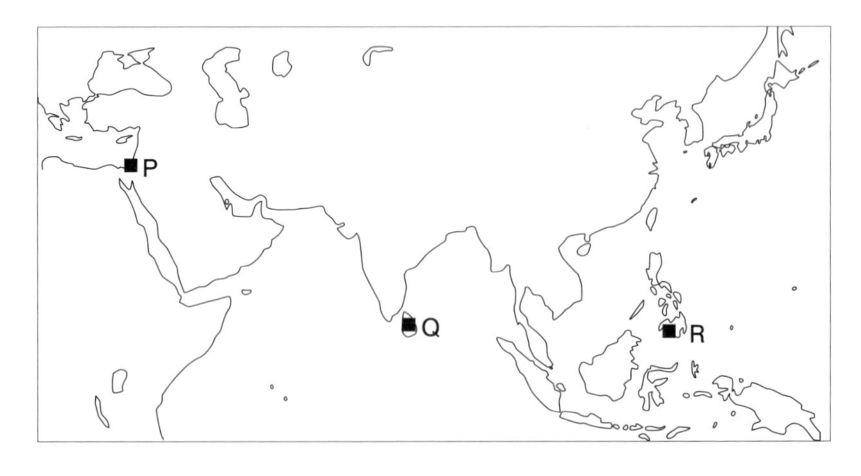


図 2

表 1

| | 対立する2つの宗教 | |
|---|---|---|
| ア | イスラム教 | キリスト教 |
| イ | イスラム教 | ユダヤ教 |
| ウ | ヒンドゥー教 | 仏 教 |

| | ① | ② | ③ | ④ | ⑤ | ⑥ |
|---|---|---|---|---|---|---|
| P | ア | ア | イ | イ | ウ | ウ |
| Q | イ | ウ | ア | ウ | ア | イ |
| R | ウ | イ | ウ | ア | イ | ア |

問4 次の表2中の①～⑤は，アメリカ合衆国，インド，シンガポール，中国，ドイツのいずれかの国における貿易依存度*，日本への輸出額，日本からの輸入額を示したものである。インドに該当するものを，表2中の①～⑤のうちから一つ選べ。 16

* GDP（国内総生産）に対する輸出額および輸入額の割合。

表 2

| | 貿易依存度（%） | | 日本への輸出額（億円） | 日本からの輸入額（億円） |
|---|---|---|---|---|
| | 輸 出 | 輸 入 | | |
| ① | 113.0 | 100.0 | 10,760 | 25,841 |
| ② | 39.2 | 31.5 | 28,693 | 23,056 |
| ③ | 18.6 | 15.0 | 191,937 | 158,977 |
| ④ | 11.5 | 17.2 | 6,072 | 12,153 |
| ⑤ | 7.9 | 12.0 | 90,149 | 154,702 |

統計年次は，貿易依存度が2017年，日本への輸出額，日本からの輸入額が2018年。
『世界国勢図会』，『日本国勢図会』により作成。

問5　先進国から発展途上国への経済的援助の一つにODA（政府開発援助）がある。次の図3中の①～④は，アルジェリア，フィジー，ベネズエラ，ミャンマーのいずれかの国における経済協力実績額上位3か国とその割合を示したものである。フィジーに該当するものを，図3中の①～④のうちから一つ選べ。 17

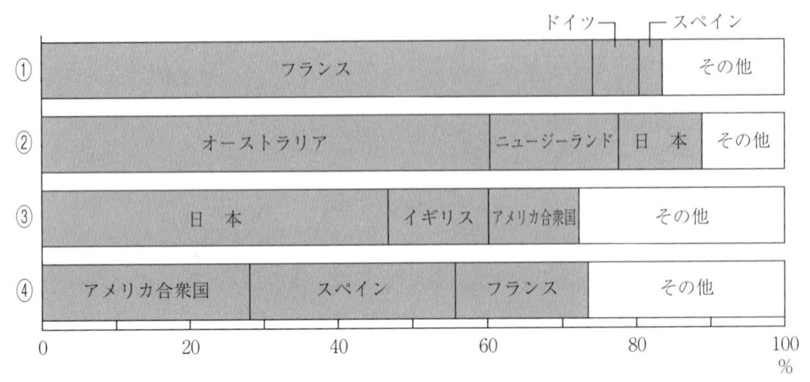


統計年次は2016年。
『政府開発援助（ODA）国別データブック』により作成。

図　3

問6　次の表3は，アメリカ合衆国，イギリス，韓国，南アフリカ共和国における家計の目的別消費支出の割合を示したものである。韓国に該当するものを，表3中の①～④のうちから一つ選べ。 18

表　3

| | 食　料 | 医療・保健 | 娯楽・文化 | 教　育 | その他 |
|---|---|---|---|---|---|
| ① | 26.6 | 8.3 | 4.2 | 3.0 | 57.9 |
| ② | 16.5 | 5.2 | 7.0 | 6.2 | 65.1 |
| ③ | 12.5 | 1.6 | 12.4 | 1.4 | 72.1 |
| ④ | 9.0 | 19.0 | 9.0 | 2.6 | 60.4 |

単位は%。統計年次は，韓国，南アフリカ共和国が2007年，アメリカ合衆国が2006年，イギリスが2005年。『データブック オブ・ザ・ワールド』により作成。

**第4問** 地誌的な考察方法の一つに，2つの地域を類似性や対照性の視点から比較して地域的特徴をとらえる方法がある。アメリカ合衆国とインドに関する次の文章を読み，図1・2を見て，下の問い(問1～6)に答えよ。

アメリカ合衆国とインドは，ⓐ経度上において地球の反対側に位置している。ともに広大な国土をもつため，ⓘ多様な自然環境が展開し，ⓤこれに関連する農牧業もさまざまである。エネルギー資源も豊富であるが，その産出やⓔ供給の構成に相違もみられる。産業の分野では，とりわけⓞ第3次産業においては両国のつながりは深い。また，ともに多民族国家であるが，ⓚ生活・文化面での相違も多い。

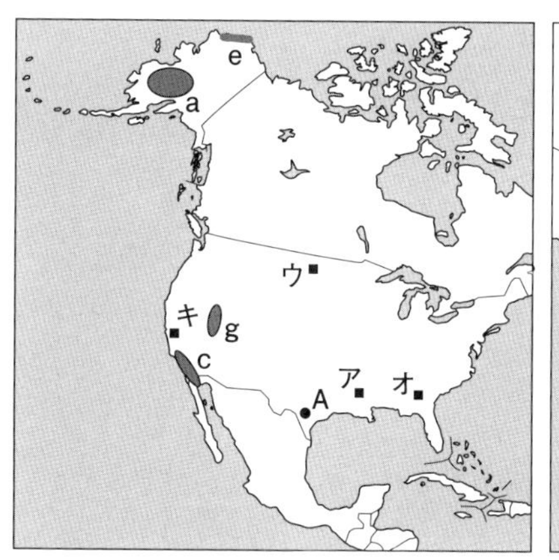


図 1

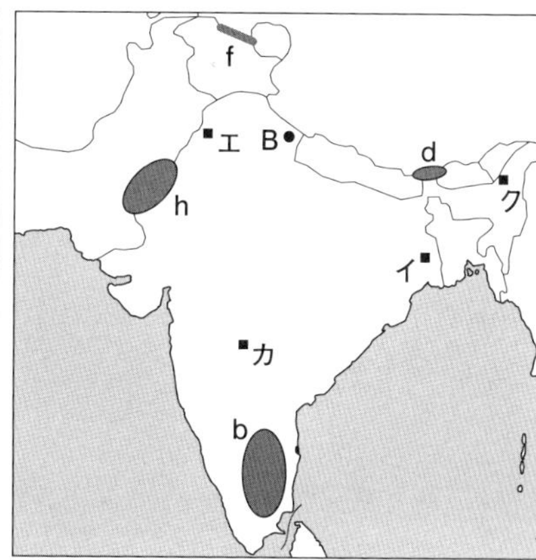


図 2

問1　下線部ⓐに関して，図1中のA地点と図2中のB地点の経緯度の正しい組合せを，次の①～⑧のうちから一つ選べ。 19

| | A | B |
|---|---|---|
| ① | 北緯20度，西経100度 | 北緯20度，東経80度 |
| ② | 北緯20度，西経100度 | 北緯30度，東経80度 |
| ③ | 北緯20度，西経120度 | 北緯20度，東経60度 |
| ④ | 北緯20度，西経120度 | 北緯30度，東経60度 |
| ⑤ | 北緯30度，西経100度 | 北緯20度，東経80度 |
| ⑥ | 北緯30度，西経100度 | 北緯30度，東経80度 |
| ⑦ | 北緯30度，西経120度 | 北緯20度，東経60度 |
| ⑧ | 北緯30度，西経120度 | 北緯30度，東経60度 |

問2　下線部ⓘに関して，図1・2中のa～hにおけるアメリカ合衆国とインドの自然環境について述べた文として最も適当なものを，次の①～④のうちから一つ選べ。 20

① a・bの両地域は，安定陸塊に属するなだらかな高原が広がっている。
② c・dの両地域は，プレートの狭まる境界付近に位置し火山活動が活発である。
③ e・fの両地域は，寒冷な気候下であるため一部には氷河がみられる。
④ g・hの両地域は，降水量が非常に少なく砂漠が分布する。

問3　下線部ⓤに関して，図1・2中の**ア**～**ク**付近におけるアメリカ合衆国とインドの農牧業について述べた文として最も適当なものを，次の①～④のうちから一つ選べ。 21

① **ア**・**イ**の両地域付近では，米が栽培されているが，その労働生産性は**ア**のほうが**イ**よりも高い。

② **ウ・エ**の両地域付近では，小麦が栽培されているが，**ウ**ではセンターピボット方式で，**エ**ではフォガラとよばれる地下水路で灌漑によって行なわれる。

③ **オ・カ**の両地域付近では，綿花が栽培されているが，ともにかつてはアフリカ系の奴隷労働力が用いられた。

④ **キ・ク**の両地域付近では，ぶどうが栽培されているが，ともに夏季(高日季)に乾燥，冬季(低日季)に湿潤となる気候に適するためである。

問4　下線部㊁に関して，次の図3は，アメリカ合衆国とインドにおける一次エネルギーの供給構成を示したものであり，①～④は，原油，石炭，天然ガス，バイオ燃料と廃棄物*のいずれかである。天然ガスに該当するものを，図3中の①～④のうちから一つ選べ。 22

*固形バイオ燃料，液体バイオ燃料，バイオガス，産業廃棄物，都市廃棄物。

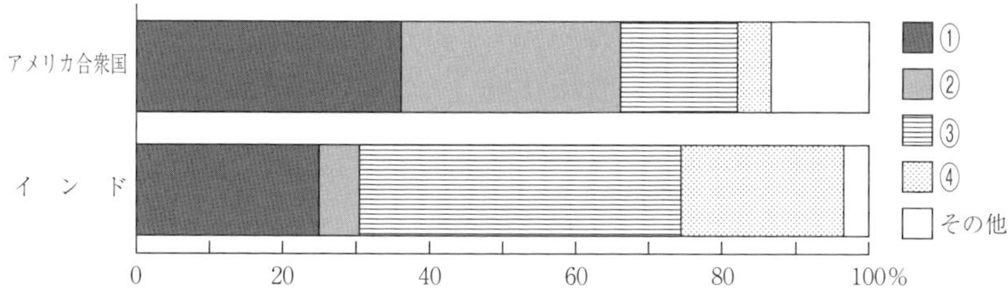


統計年次は2016年。
『世界国勢図会』により作成。

図 3

問5　下線部㊂に関して，インドにおける情報通信技術(ICT)産業の発展は，アメリカ合衆国の企業が業務の請負先としての利点を見出したことが契機となった。インドにおけるこの利点について述べた文として**適当でないもの**を，次ページの①～④のうちから一つ選べ。 23

① 数学やコンピュータ技術の教育に力を入れており，理工系の優れた技術者が多い。

② イギリス植民地であった歴史から，英語に堪能（たんのう）な人材が豊富である。

③ 時差のちがいを利用して，両国間で24時間連続した業務が可能である。

④ 国内の通信網が整備されており，インターネット利用者の割合がきわめて高い。

問6 下線部㋕に関して，次の表1は，アメリカ合衆国とインドにおける生活・文化面の3つの指標を示したものである。インドに該当するものの正しい組合せを，下の①～⑧のうちから一つ選べ。 24

表 1

| | | |
|---|---|---|
| 1人1日あたり肉類供給量 | サ | シ |
| （g） | 317 | 11 |
| 日刊新聞発行紙数 * | ス | セ |
| （紙） | 6,730 | 1,355 |
| GDPに占める医療費の割合 | ソ | タ |
| （%） | 17.1 | 4.7 |

* 新聞の種類の数(タイトル数)。
統計年次は，1人1日あたり肉類供給量が2013年，日刊新聞発行紙数，GDPに占める医療費の割合が2014年。
『日本国勢図会』，『データブック オブ・ザ・ワールド』により作成。

| | ① | ② | ③ | ④ | ⑤ | ⑥ | ⑦ | ⑧ |
|---|---|---|---|---|---|---|---|---|
| 1人1日あたり肉類供給量 | サ | サ | サ | サ | シ | シ | シ | シ |
| 日刊新聞発行紙数 | ス | ス | セ | セ | ス | ス | セ | セ |
| GDPに占める医療費の割合 | ソ | タ | ソ | タ | ソ | タ | ソ | タ |

**第5問** 定時制高校に通うケンさんは，地理の授業の課題に出された地域調査に取り組むことになり，福岡県福岡市近郊を調査地域に選んだ。次の図1を見て，この地域調査に関する下の問い(問1～6)に答えよ。

地理院地図による。

図 1

問1　ケンさんは，調査の準備として過去に発行された地形図を入手することにした。そこで入手先にその方法を電話で問い合わせた。次の電話での会話文中の空欄**ア**と**イ**にあてはまる語句の正しい組合せを，下の①～④のうちから一つ選べ。 25

担当者「はい，（　**ア**　）国土地理院九州地方測量部でございます。」
ケン　「あの，お忙しいところすみません。自分は，○○ケンと申します。」
担当者「どのようなご用件でしょうか。」
ケン　「はい，旧版地形図の抄本を交付していただきたいのですが。」
担当者「地形図でしたら，縮尺2万5千分の1と5万分の1のものは，日本全国すべての地域のものがございます。」
ケン　「比較的（　**イ**　）に表現したものがよいのですが。」
担当者「それなら，縮尺2万5千分の1のものがよいと思います。」
ケン　「ご親切に，ありがとうございます。」
担当者「それでは，当庁舎の交付窓口までお越しいただき，抄本交付申請書などのご記入と，手数料の収入印紙のご準備をお願いします。」
ケン　「承知しました。ありがとうございました。失礼します。」

| | ① | ② | ③ | ④ |
|---|---|---|---|---|
| **ア** | 国土交通省 | 国土交通省 | 文部科学省 | 文部科学省 |
| **イ** | せまい範囲を詳細に | 広い範囲を概略的に | せまい範囲を詳細に | 広い範囲を概略的に |

問2　ケンさんは，予備調査として図書館へ行き，書籍や各種資料，統計書などを使って文献調査を行なった。郷土資料の記述から，福岡市の中心市街地がある「博多区」の東側に隣接する「志免町（しめまち）」は，古くから石炭の産地であることがわかった。また，統計書で「志免町」の人口推移も調べてみた。次の図2は，文献調査からケンさんが作成したレポートの一部である。図2中の空欄**カ**と**キ**にあてはまる町の人口増減に影響を及ぼしたと考えられる最も大きな社会的背景として適当なものを，下の①～⑥のうちからそれぞれ選び，**カ**については 26 に，**キ**については 27 に答えよ。

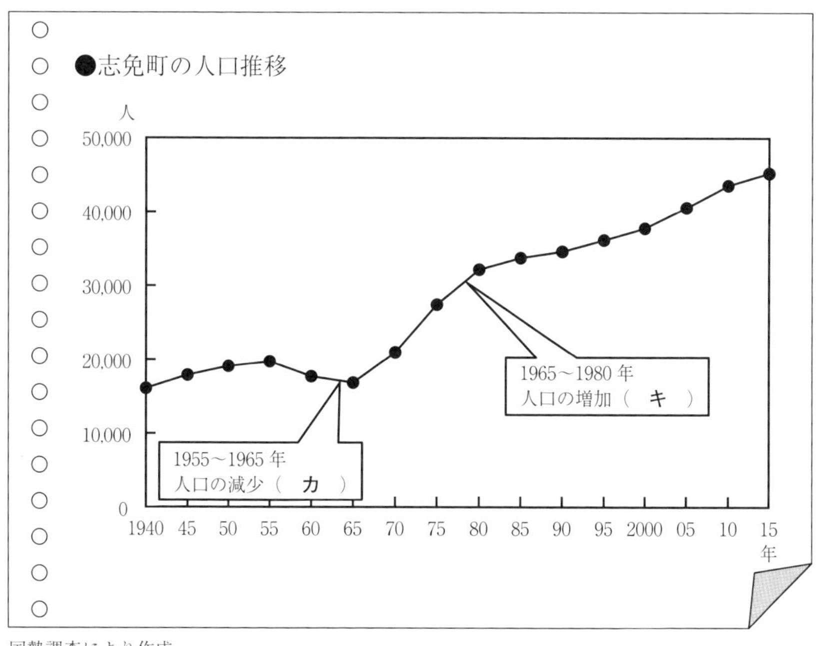


国勢調査により作成。

図 2

① ベビーブームによる出生数の増加
② 急激な高齢化進展による死亡数の増加
③ 福岡大都市圏の地価下落
④ 人口の過密化による住環境の悪化
⑤ 福岡市のベッドタウンとしての住宅開発
⑥ 町の主要産業の衰退

問3　ケンさんは，予備調査として図1中の「志免町」の一部にあたる地域の変化について，新旧の地図で比較することにした。次ページの図4は，1952年に発行された2万5千分の1地形図と，これとほぼ同じ範囲の2019年の地理院地図である。また，下の図3は，図4から読み取ったこの地域の変化についてケンさんが作成したレポートの一部である。図3中の文の下線部①～⑥のうちから，**適当でないもの**を二つ選べ。ただし，解答の順序は問わない。 28 ・ 29

●志免町の地形改変や土地利用などの変化について

- 南西部の丘陵地は①地形が改変され，住宅地となった。
- 河川改修が行なわれ，②一部は流路が変化し護岸工事も実施された。
- 養蚕業の衰退で，③桑畑がすべて田に変わった。
- 「志免鉱業所」付近の住宅の一部は，④新たに建てかえられた。
- 町役場は⑤北方へ移転し，場所が変わった。
- 「酒殿（さかど）駅」の南側では，⑥森林が伐採されて老人ホームが建設された。

図 3

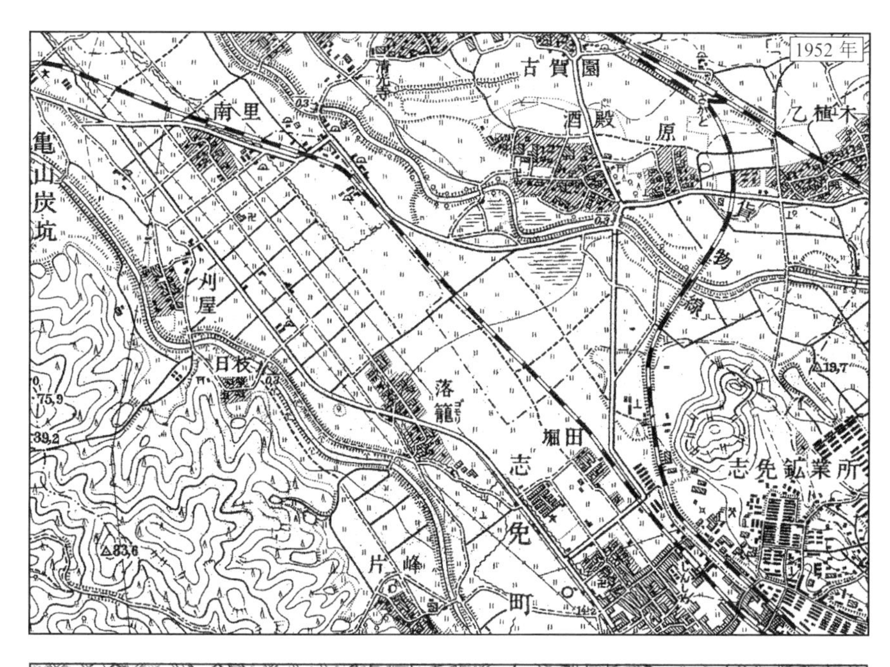
1952 年
古賀園
清水寺
南里
酒殿
原
乙植木
亀山炭坑
刈屋
日枝
落籠
堀田
志免町
片峰
貨物線
志免鉱業所
75.9
39.2
83.6
19.7

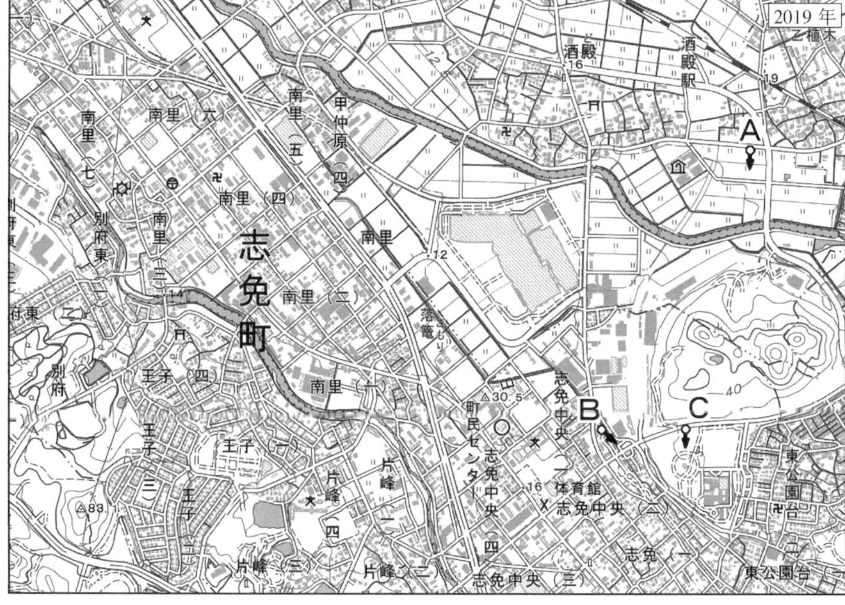
2019 年
酒殿
酒殿駅
乙植木
A
南里（六）
南里（七）
南里（五）
甲仲原（四）
南里（四）
別府東
南里（三）
南里
志免町
南里（二）
府東（二）
落籠
別府
王子（四）
南里（一）
町民センター
志免中央（一）
B
C
40
王子（一）
王子（三）
王子
片峰（四）
片峰（一）
志免中央（四）
体育館
志免中央（二）
東公園台（二）
片峰（三）
片峰（二）
志免中央（三）
志免（一）
東公園台
△30.5
△83

地理院地理による。

図　4

問4　ケンさんは，図4の「志免町」の一部にあたる地域へ現地調査に出かけた。無口で不器用な性格のケンさんは，聞き取り調査は苦手なため，その代わりに汗を流せばよいと考え，観察調査として街を歩き回り石炭産業に関する事物を探して写真撮影を行なった。下の写真1中の**サ**～**ス**は，図4中の**A**～**C**のいずれかの地点において矢印の方向を撮影したものである。**サ**～**ス**と**A**～**C**との正しい組合せを，下の①～⑥のうちから一つ選べ。 30

**サ**　石炭を採掘するための坑口(こうぐち)の跡

**シ**　石炭を運搬するための鉄道の跡

**ス**　石炭を採掘する際(さい)に出る質の悪い石炭や石などを積み上げた山

写真　1

| | ① | ② | ③ | ④ | ⑤ | ⑥ |
|---|---|---|---|---|---|---|
| サ | A | A | B | B | C | C |
| シ | B | C | A | C | A | B |
| ス | C | B | C | A | B | A |

問5　現地調査を終えたケンさんは，街角の食堂に入り，ビールとしょうゆラーメン，カツ丼を注文した。次の文章は，食堂の店員から聞いた食料供給と食の安全性についての話題を示したものである。文中の下線部**タ**～**ツ**の正誤の組合せとして正しいものを，下の①～⑧のうちから一つ選べ。 31

うちの店では，なるべく地元で採れた農畜産物を食材にした料理を出すようにしています。お客さんが今召し上がっている料理も，福岡県産の大麦，小麦，豚肉などを使っています。これを**タ**地産地消とよぶそうです。農畜産物の生産者と消費者の結びつきが強まり，食の安全性の面で**チ**トレーサビリティも明確となるばかりか，**ツ**フードマイレージの低減にも有効であるといわれています。

| | ① | ② | ③ | ④ | ⑤ | ⑥ | ⑦ | ⑧ |
|---|---|---|---|---|---|---|---|---|
| **タ** | 正 | 正 | 正 | 正 | 誤 | 誤 | 誤 | 誤 |
| **チ** | 正 | 正 | 誤 | 誤 | 正 | 正 | 誤 | 誤 |
| **ツ** | 正 | 誤 | 正 | 誤 | 正 | 誤 | 正 | 誤 |

問6　ケンさんは，調査結果をまとめるためにGIS（地理情報システム）ソフトとパソコンを使って，地形景観を3D化する技能を試してみた。少年時代を過ごしたなじみある福岡県の筑豊地方の地図データをダウンロードし，「志免町」の現地調査でも見られたボタ山(石炭を採掘する際に出る質の悪い石炭や石などを積み上げた山)の3D画像を作成した。次ページの図6中の①～④は，次の図5の2万5千分の1地形図中のXで示したボタ山を，ナ～ネのいずれかの方向から見た3D画像である。ナの方向に該当するものを，図6中の①～④のうちから一つ選べ。 32

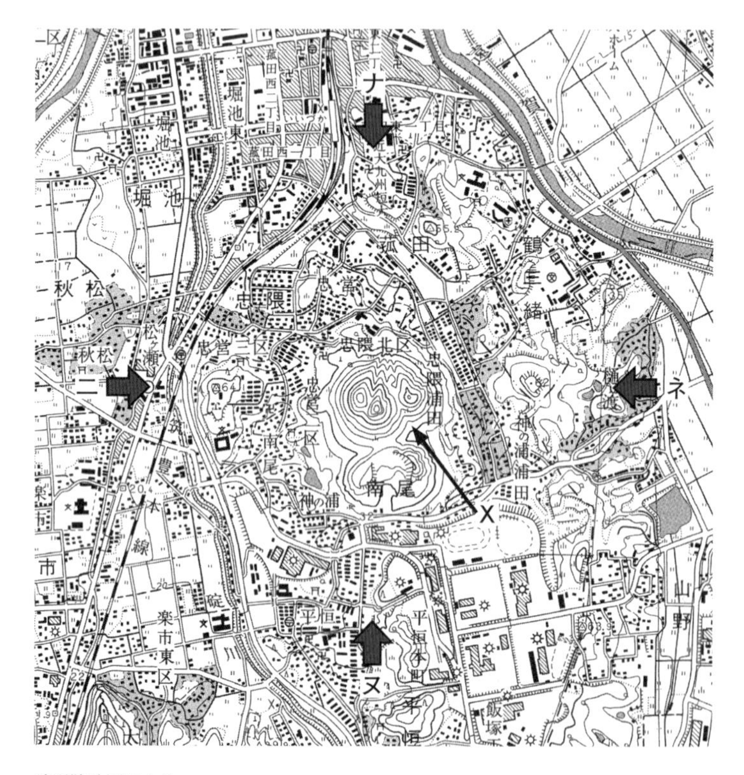


地理院地図による。

図　5

①

②

③

④

図　6

写真提供：㈱アフロ（AFLO）
㈱ユニフォトプレスインターナショナル
NASA（アメリカ航空宇宙局）
Google LLC